짬짬이 하는 기초영문법

Essentials of English Grammar
between times

여인천 교수
(영문학박사)

법문 북스

머리말

　이 책을 선택한 학생이 영어를 처음 시작하는 초보자라고 생각하고 설명을 최대한 쉽게 하려고 노력했다. 미국어가 아닌 나라에서 외국어로서 영어를 어느 정도 활용할 수 있을 정도의 실력을 얻기 위한 방법으로서 영어문법만이 여러분에게 가장 빠른 지름길을 제공하리라고 감히 말한다. 문법을 끝낸 후에야 그것을 기반으로 각자가 특히 하고 싶은 영역(독해, 영작, 회화)을 좀 더 깊이 공부하기 바란다. 문법을 어느 정도 알게 되면 나머지 분야는 분명히 쉽게 접근하기 마련이다.

한빛대학교 연구실에서

2009. 2.

※ 책의 특징 ※

1. **문법의 양은 최소한으로 줄였다**

    … 짧은 시간에 정복할 수 있도록
    … 꼭 필요한 문법들만 정리하여서

2. **초보자들을 위해서 쉽고 간결하게 정리하였다**

    … 모든 예문에 해석을 달아 놓았으며
    … 설명을 가능한 쉽고 반복적으로

3. **문장의 형식을 33 patterns로 정리하였다**

    … 대개 문장을 5형식으로 정리하고 있지만
    … 문장을 33형식으로 볼 수 있으면 독해에 도움이

4. **동사, 준동사, 연결사는 특별히 중요하다**

    … 동사는 문장의 구조분석에 꼭 필요하기에
    … 준동사와 연결사는 독해에 꼭 필요하기에

5. **문장 분석방법을 소개하였다**

    … 문장의 분석이 빠르게 되면
    … 독해의 속도가 빨라질 수 있어서

6. **영문독해 방법론에 대해 정리하였다**

    … 글을 빨리 읽는 속독법을 정리하여서
    … 글의 주제를 빨리 찾는 훈련으로서

7. **영어회화를 위해 기초문법을 정리하였다**

    … 의문문을 만드는 방법을 소개
    … 짧고 간단한 표현들을 정리

목 차 contents

1. 문법과 문장 english grammar and sentence ·············· 3
2. 문장의 구조 sentence structure (verb) ·············· 9
3. 문장의 재료와 품사 the main elements of a sentence and the eight parts of speech ·············· 49
4. 시제 tense ·············· 55
5. 동사의 변형 (준동사) transforms of a verb (verbals) ·············· 71
6. 연결사 (접속사와 전치사) connectives ·············· 139
7. 가정법 subjunctive mood ·············· 163
8. 명사와 대명사 noun and pronoun ·············· 175
9. 형용사, 부사, 비교 adjective, adverb, and comparative ·············· 207
10. 일치와 화법 agreement and narration ·············· 243
11. 관사와 조동사 auxiliary and article ·············· 257
12. 특수 구문 special patterns ·············· 279
13. 숙어 idiom ·············· 307
14. 영어사전 사용법 dictionary ·············· 313
15. 문장의 부호 punctuations ·············· 321
16. 독해방법론 reading skills ·············· 339
    (1) 문법적 독해방법 grammatical Reading ·············· 339
    (2) 문맥적 독해방법 contextual Reading ·············· 347
17. 영어회화를 위한 첫 걸음 the first step for speaking ·············· 357
18. 영문분석연습 analytical exercises in readings ·············· 393

1. 문법과 문장

  문법(文法, grammar)은 처음부터 마지막까지 단 한가지만을 이해시키고자 하는데 바로 "문장(文章, sentence)"이다. 그러면 문장은 어떻게 만들어지는가? 문장이 무엇인지 이해하려면 무엇을 알아야 하는가? 문장이 만들어지는 과정은 어떠한가? 아래와 같은 세 단계를 통해서 만들어진다.

철자 → [단어(→구)] → 절 + 품사 → 문장
1단계   2단계   3단계

  첫 번째 단계는 무엇인가를 만들고자 할 때 필요한 재료를 얻기 위해서 준비해야하는 가장 기본적인 단계이다. 영어로 말한다면 원료(原料, material)라고 할 수 있는 26개의 철자(綴字, alphabet)를 알아야하는 단계이다. 철자들은 모양과 소리만을 가지고 있을 뿐 어떠한 역할과 의미도 부여받지 못한 상태이므로 개별적인 모양과 소리의 특징을 무조건 암기하기만 되는 단계이다.

Aa[ei]   Bb[bi:]   Cc[si:]   Dd[di:]   Ee[i:]   Ff[ef]
에이   비   씨   디   이   에프
Gg[dʒi:] Hh[eitʃ] Ii[ai]   Jj[dʒei] Kk[kei]
쥐   에이치   아이   제이   케이
Ll[el]   Mm[em]   Nn[en]   Oo[ou]   Pp[pi:]   Qq[kju:]
엘   엠   엔   오   피   큐
Rr[ɑ:rr] Ss[es]   Tt[ti:]   Uu[ju:]   Vv[vi:]
아르   에스   티   유   브이
Ww[dʌbljù(:)]   Xx[eks]   Yy[wai]   Zz[zi:/ zed]
더블유   엑스   와이   지

  두 번째 단계는 원료인 철자들을 가지고 바로 사용할 수 있는 일

정한 형태(단어)를 만드는 단계이다. 형태들로는 단어와 구와 절이 있다. 단어(word)는 26개의 철자들 중에 특정의 철자들끼리 순서를 가지고 하나의 덩어리로 형성된 것을 말하는데, 덩어리인 단어에서 어느 철자 하나라도 없어지거나 또는 순서가 바뀌게 되면 그 순간 단어 자체가 망가지는 것이다. 이러한 불변의 덩어리인 단어들을 모두 찾아서 자료로 수집해서 기록해 놓은 책이 바로 영어사전(英語辭典, English dictionary)이다. 작게는 하나의 철자로 이루어진 단어인 "a(어떤, 하나의, 동일한, 등등), I(나는)"도 있고 그리고 많게는 45개의 철자들로 이루어진 단어인 "Pneumonoultramicroscopicsilicovolcanoconiosis(=pneumoconiosis,진폐증塵肺症)"도 있다.

구(phrase)는 기본적으로 단어를 가지고 만들 수 있는 것으로서, 적게는 두 개에서(*두개이하인 하나로는 구를 만들 수 없음) 많게는 그 수를 몇 개까지라고 제한할 수 없는 단어들을 가지고 만들어진 덩어리이다. 그 종류로 고정형(固定形, fixed words)과 불고정형(unfixed words, 不固定形)이 있는데, 고정된 형태의 구란 단어들의 품사가 무엇이든 간에 두 개 이상의 단어들이 마치 하나의 단어처럼 하나의 덩어리(묶음)로 형성이 되어 어느 단어 하나라도 없어지거나 또는 순서가 바뀌게 되면 그 순간 구 자체가 망가지는 것으로서 불변의 숙어(관용어구, idiom)로 기록되어 있는 것들이다. 불고정된 형태의 구란 위에서 말한 숙어인 구처럼 정해진 단어들의 묶음이 아니라 각각의 단어들이 상황(만들고자하는 뜻)에 따라서 언제든지 바뀔 수 있는 단어들의 덩어리(묶음)를 말한다. 영어사전에도 단어처럼 많은 구들이 자료로 기록되어있는데 앞서 말한 고정형은 숙어이기 때문에 구를 이룬 단어들 중에서 중요단어 아래 부분 어딘가에서 이탤릭체(italic style) 또는 진한 글씨체(bold face)로 소개가 되어 있지만, 불고정형은 숙어가 아니기 때문에 구를 이룬 단어들 중에서 어느 단어의 아래 부분을 찾아봐도 소개가 되어 있지 않다. (*숙어에 대한 설명은 13장을 참조하기 바란다.)

절(clause)은 기본적으로 단어 또는 구를 가지고 만들 수 있는 것으로서 "~접속사+문장(주부+술부+~)"의 형태를 가진다. 즉, 하나의 문장(=단문) 앞에 접속사가 합류해서 단어와 구보다 큰 하나의 덩어리(묶음)이다. 그러나 단어와 숙어인 구처럼 불변의 묶음이라고는 할 수 없다. 왜냐하면 문장도 바뀔 수 있고 또한 문장 앞에 올 수 있는 접속사도 고정되어 있는 것이 아니기 바뀔 수 있기 때문이다. (만약에 고정형이 있다면 속담을 말할 수는 있을 것이다.)

고정형(숙어): by the way 그런데, 여담이지만
in cold blood 냉혹하게, 태연히
so ~ that 너무나 ~해서 그 결과 ~하다
as soon as ~하자마자
look forward to ~을 기대하다
give up 포기하다
in front of ~앞에서
because of ~ 때문에

불고정형: in <u>the park</u> 공원에서
in <u>the school</u> 학교에서
<u>from</u> the school(park) 학교(공원)로부터
(in order) <u>to stay home</u> 집에 머무르기 위해서
<u>that</u> he is kind 그가 친절하다는 것을
<u>because</u> he is kind 그는 친절하기 때문에
because <u>she is young</u> 그녀는 어리기 때문에
<u>though</u> he is kind 그는 친절하지만
though <u>she is young</u> 그녀는 어리지만

그리고 3장에서도 더 자세하게 설명하겠지만, 철자를 가지고 만들어진 각각의 형태(단어, 구, 절)들을 구체적으로 사용하려면 문장 속에서의 위치를 지정해 주어야한다. 그런데 문법에서 각각의 단어(구, 절)가 문장구조 내에서 갈 수 있는 위치를 지정해주는 것이 바로 품사이다. 즉, 단어(구, 절)가 품사를 취해야만 비로소 문장

속에서 자신의 위치를 배정받기 때문에 그 둘의 관계는 결코 떨어져서는 설명할 수 없는 불가분의 관계인 것이다. 물론 단어(구, 절)가 품사를 취해서 많은 뜻들 중에서 어떤 뜻으로 사용될 것인지는 글의 문맥에 따라서 정해지는 것인데 16장에서 더 자세하게 설명하기로 한다.

세 번째 단계인 문장이란 글을 쓰는 사람(writer)이 전달하고자 하는 내용에 적합한 형태(단어, 구, 절)와 역할(팔품사)을 선택하여 일정한 배열규칙(문장의 5형식구조)[1])에 맞게 나열하여 만든 것을 말한다.

- **나는 어제 공원에서 그녀를 만났다.**
→I met her in the park yesterday.
단어: 나는 I, 어제 yesterday, 그녀를 her, 만나다 meet
구: 공원에서 in the park,
문장구조(배열규칙): 3형식=주어+완전타동사+목적어(+수식어)

- **나는 어제 너무 아파서 당신을 만나러 갈 수가 없었다.**
→I was so sick that I couldn't meet her yesterday.
단어: 나는 I, 아픈 sick, ~이다 be, ~할 수 있다 can,
　　　당신을 her, 어제 yesterday, 만나다 meet
구: 너무~해서-할 수 없다 so~that-can't
문장구조(배열규칙): 2,3형식=주어+불완전자동사+so+보어
　　　　　　　　　　+that+주어+can't+완전타동사+목적어

　　*I was tired. + *I went home to rest.

　　　→ and : I was tired **and** I went home to rest.
　　　　　나는 피곤해서 쉬려고 집에 갔다.

---

1) 문장구조는 동사가 자동사 또는 타동사에 따라서 적게는 5형식으로 많게는 33형식으로 나눌 수 있다. --다음 장에서 자세히 설명하고 있다.

→ for : I went home to rest, **for** I was tired.
　　　　나는 집으로 쉬러갔다, 왜냐하면 지쳤기 때문이다.

→ so~that : I was **so** tired **that** I went home to rest.
　　　　나는 너무 피곤해서 그 결과 쉬려고 집에 갔다.

→ though : **Though** I was tired, I went home to rest.
　　　　나는 너무 피곤했지만 집에 가서 쉬려고 발길을 옮겼다.

→ whenever : **Whenever** I was tired, I went home to rest.
　　　　나는 피곤할 때면 언제나 집에 가서 쉬었다.

2. 문장의 구조 (동사)

문장이 어떻게 만들어지는가에 대해서는 앞장에서 설명했으니, 이제부터는 글을 쓰는 사람이 말하고 싶은 내용을 옮겨놓는 일정한 문장구조(sentence structure)에 대해서 설명하고자 한다. 어느 나라이든지간에 그 나라에서 사용되는 정해진 문장구조가 있을 것이다. 만약에 사람들이 정해진 구조가 없이 상황에 따라서 제 맘대로 아무렇게 만들어서 사용하라고 한다면 언어소통에서 많은 문제점들이 발생할 것이 분명하다. 그래서 각 언어마다 그 나라의 표준이 되는 일정한 문장구조를 만들어 고정시켜놓고 사람들에게 그 범위 안에서 사용하도록 학습시키고 있는 것이다. (*그 구조 범위 안에서 벗어나는 경우란, 글을 잘 쓰는 문필가들이 문법의 범위 안에서 고정된 구조들을 서로 잘 혼합하거나 약간 변형시켜서 새로운 구조를 만들어내는 경우이거나 아니면 학습된 지식이 없는 사람들이 문법에 어긋나게 사용하는 경우일 것이다.)

속담에 "구슬이 서 말이라도 꿰어야 보배라".(It takes more than pearls to make a necklace. or Nothing is complete unless you put it in final shape.)라는 말이 있듯이 아무리 많은 단어와 구들을 알고 있다하더라도 그것들을 표준이 되는 정해진 문장구조 안에서 옮겨놓지 않으면 아무런 의미가 없는 쓰레기 더미(a trash heap)일 뿐일 것이다. 영어에서 표준(기본)이 되는 문장구조는 학자들에 따라서 다소 다를 수가 있는데, 일반적으로 문장의 주요소인 '주어(subject), 동사(verb), 보어(complement), 목적어(object), 수식어(modifier)'를 중심으로 만들어지는 5형식 구조를 기본으로 볼 수 있을 것이다. 그러나 문장구조를 단지 5개로만 분석하다보면 실재로 글을 읽을 때 많은 어려움을 겪게 될 것이다. 왜냐하면 5개의 문장구조는 구조의 중심이 되는 동사(動詞, verb)의 성질(자동사, 타동사)을 설명하기에 편리하기에 주로 사용되는 구조이기 때문이다. 즉, 동사의 성질을 이해시키기 위해서 가장 편리한 구조라는 것이다. 그러므로 만약에 당신이 실전에 강해지려면 5개 구조가 아닌 그 이상의 구체적인 구조들에 대해서 알고 있어야 한다.

(1) 동사의 성질(disposition of verb)

그러면 영어에서 사용되는 고정된 구조들은 몇 가지가 있을까? 영국의 언어학자이자 사전편찬가인 혼비(A. S. Hornby, 1898-1978)는 자신의 저서 *Guide to Patterns and Usage in English* 에서 많은 문장구조들을 소개하고 있는데, 본고에서는 그 많은 문장구조들 중에서 현대 영어에서 잘 사용되고 있는 33개의 구조들을 선별해서 소개하고 설명하고자 한다. 우선, 동사의 기본적인 성질(정의)을 5형식 구조(문형)를 만드는 범위 안에서 설명하고자 한다.

```
주어+자동사+ ⓐ수식어구 ---------- 1형식
           ⓑ주격보어 ---------- 2형식

           ⓐ직접목적어 ----------3형식
주어+타동사+ ⓑ간접목적어+직접목적어 ---4형식
           ⓒ목적어+목적보어-------5형식
```

문장구조를 결정짓는 동사(動詞, verb)란 무엇인가? 동사란 주어(사람 또는 사물)가 말하고자하는 바를 겉으로 표출시키는 역할(일종의 대변인의 역할)을 한다. 그 표출방법은 두 가지로 나타나는데 동작(動作, act, move)과 상태(狀態, state, atmosphere)이다. 동작이란 외적인 것으로서 육안으로 확인 가능한 구체적인 움직임이라 할 수 있고 상태란 내적인 것으로서 육안으로는 확인이 불가능하지만 분위기로 알 수 있는 것을 말한다. 즉, 상태 동사란 '소유, 인식, 생각, 감정, 지각' 등을 표현하는 동사를 말한다.

He **hit** a ball with a bat. (주어의 동작)
그는 배트로 공을 쳤다.

He **ran** to school.
그는 학교로 달려갔다.

Bring me some water.
내게 물 좀 가져다주시오.

How are you **feel**ing this morning? (주어의 상태)
오늘 아침 기분은 어떠십니까.

He **is** a good student.
그는 착한 학생이다.

She **resembles** her mother.
그녀는 자기 어머니를 닮았다.

I badly **want** a new car.
새 차를 몹시 갖고 싶다.

The blue coat **belongs to** her.
푸른 코트는 그녀의 것이다.

그러면 동사는 자체적으로 어떠한 성질을 가지고 있어서 구체적으로 이떠힌 역할을 하는가? 동사가 주어의 입장을 두 가지로 대변한다. 즉, 자동사(自動詞, intransitive verb)로 대변하는 경우란 「自」가 "(본인)스스로~自"이기 때문에 주어가 다른 사람과는 무관하게 자기 자신의 이야기만을 하고 싶을 때 사용하고, 타동사(他動詞, transitive verb)로 대변하는 경우란 「他」가 "(타인에게)시킬~他"이기 때문에 주어가 다른 사람과 관계되는 이야기를 하고 싶을 때 사용한다. 즉, 자동사는 주어의 동작(행위)이 상대방에게 영향을 주지 않고 그 자신의 행위로 국한된 경우를 말하는 반면에 타동사는 주어의 동작이 본인에게만 국한되는 것이 아니라 상대방에게 어떤 식으로든 영향을 주게 되는 경우를 말한다. 아래 예문에서 sleep는 주어 혼자만의 동작으로 끝나는 것이지 그 동작이 상대방에게 어떤 영향도 주지 않고 있기 때문에 자동사이고, 그리고 kill은 주어의 동작으로 인해서 그 영향이 상대방인 snake가 죽임을 당했으므로 타동사이다.

He **slept**. (자동사)
그가 잤다.

Water **flows**.
물이 흐른다.

He **turned** pale.
그는 얼굴이 창백했다.

He has **become** a scientist.
그는 과학자가 되었다.

He **killed** a snake. (타동사)
그가 뱀을 죽였다.

He **shot** a bird.
그는 새를 쏘았다.

He **made** a box.
그는 상자 하나를 만들었다.
Flowers **make** our rooms cheerful.
꽃을 두면 방이 밝아진다.

동사의 성질을 좀 더 깊게 파고 들어가면, 동사는 완전(完全, complete)한 성질과 불완전(不完全, incomplete)한 성질을 가지고 있다. 동사가 완전한 성질을 가지고 있는 경우에는 동사 자체가 완전하기 때문에 다른 도움을 받을 필요가 없다. 그러나 동사가 불완전한 성질인 가지고 있는 경우에는 동사 자체가 불완전하기 때문에 반드시 보어(補語, complement))의 도움을 받아서 완전해질 필요가 있다. 그렇기 때문에 자동사가 불완전한 경우에는 반드시 그 앞의 주어를 도와주는 주격보어(主格補語, subjective complement)가 있어야 되며, 타동사가 불완전한 경우에는 반드시 그 앞의 목적어를 도와주는 목적격보어(目的格補語, objective complement)가 있어야 한다. 여기서 도와주는 것(주격보어와 목적격보어)과 그 대상(주어와 목적어)의 관계에서 일반적으로 명사는 동격관계를 이루고 형용사는 그 대상의 상태를 설명한다.

He **looks** happy. (he=happy)
그는 행복해 보인다.

He **became** a teacher. (he=teacher)
그는 선생이 되었다.

He **believed** me honest. (me=honest)
그는 내가 정직하다고 생각했다.

We **elected** him President. (him=president)
우리는 그를 대통령으로 선출했다.

We **want** you to study harder.(you=to study harder)
우리는 당신이 좀 더 열심히 공부하기를 원한다.

(2) 동사의 활용(practical usages of verb)

앞에서 우리는 술부의 동사가 어떠한 성질을 가지고 있느냐에 따라서 그 뒤에 따라오는 문장구조가 다양하게 이루어진다는 사실을 배워서 알게 되었다. 이제부터는 동사가 가지게 되는 성질인 자동사와 타동사에 대해서 보다 깊게 연구해보기로 한다. 대부분의 동사들은 자동사와 타동사의 성질 모두를 가지고 있는 것이 일반적이지만, 적은 수의 동사들에 한하여서는 두 가지 성질 중에 한 가지만 가지고 있는 경우도 있다는 것이다.

> The road **makes** toward Rome. (vi)
> I will **make** a new suit for you. (vt)
> He **differs** with me entirely.　 (only, vi)
> She **completed** her homework.　(only, vt)

그리고 동사가 자동사의 성질을 가지고 있다고 해서 1, 2형식 문형 모두를 만들 수 있는 것이 아니라, 각각의 동사 성질에 따라서 만들 수 있는 문형이 한정되어 있다는 것이다. 마찬가지로 동사가 타동사의 성질을 가지고 있다고 해서 3, 4, 5형식 문형 모두를 만들 수 있는 것이 아니라, 각각의 동사 성질에 따라서 만들 수 있는 문형이 한정되어 있다는 것이다. 그러므로 우리는 각각의 동사들이 자동사와 타동사로서 만들 수 있는 특정 문형들을 영어사전을 통해서 자주 보고 암기하도록 해야 한다. 각각의 동사들이 만들 수 있는 문장구조 (sentence structures or patterns)는 일정하게 한정되어 있기 때문에 대부분 반복되고 있음을 확인하게 될 것이다. 그러한 반복되는 구조들의 커다란 골격들은 이후에서 33개의 문장구조로 소개할 것이다.

아래의 예문들에서 'make' 동사는 자동사와 타동사의 성질을 가지고서 「1, 2, 3, 4, 5」문형이 모두 가능한데, 'command' 동사는 자동사와 타동사의 성질을 가지고서 「1, 3, 5」문형만을 만들 수 있으며,

'invite' 동사는 타동사의 성질만 있는 동사로서 「3, 5」 문형만을 만들 수 있다.

- **make(vi 1,2 / vt 3,4,5)**

The road **makes** toward Rome.　　(1형식)
길은 로마로 통한다.

He will **make** an excellent scholar. (2형식)
그는 훌륭한 학자가 될 것이다.

God **made** man.　　　　　　　　(3형식)
신(神)이 인간을 창조하셨다.

I will **make** you a new suit.　　(4형식)
내가 당신에게 새 옷을 만들어 드리겠습니다.

He **made** her his wife.　　　　　(5형식)
그는 그녀를 아내로 삼았다.

His jokes **made** us all laugh.　　(5형식)
그의 농담은 우리를 모두 웃겼다.

I took pains to **make** myself understood. (5형식)
내가 말한 것을 이해시키기 위해 애먹었다.

- **command(vi 1 / vt 3,5)**

God **commands** and man obeys.　　(1형식)
신은 명하고 인간은 그에 따른다.

Our eyes **commanded** far and wide.　(1형식)
우리의 눈은 멀리까지 바라볼 수 있었다.

Great men **command** respect.　　　(3형식)
위대한 사람들은 존경할 만하다.

He **commanded** me to do it.　　　(5형식)
그는 나에게 그것을 하라고 명령했다.

I **commanded** him to do it.　　　(5형식)
=I **commanded** (that) he (should) do it. (3형식)
그에게 그것을 하라고 명령했다.

• invite(vt 3,5)

The bill **invited** much discussion. (3형식)
그 법안은 많은 논의를 일으켰다.

We **invited** her to have dinner.　(5형식)
=We **invited** her to dinner.　　　(3형식)
우리는 그녀에게 저녁식사에 초대했다.

또한 자동사와 타동사에 따라서 갖게 되는 뜻(meaning)의 범위(차이점?)에 대해서도 알아보기로 한다. 동사들이 자동사일 때에 또는 타동사일 때에 그 의미가 일반적으로 약간의 차이만 있을 뿐 폭 넓게 생각하면 같은 뜻으로 볼 수 있는 경우들이 많이 있긴 하지만, 그러나 전혀 다른 의미들도 많이 가지고 있기 때문에 「독해·영작·회화」할 때 문맥(Context)에 따라서 많은 뜻들 중에서 잘 선택하여야 한다. 예를 들자면, 'make'라는 동사는 자동사와 타동사의 성질 모두를 가지고 있는데 각각의 문형에 따른 그 의미가 각기 달라지고 있음을 아래에서 확인할 수 있다.

The road **makes** toward Roma. (1형식/~으로 향하다)
She will **make** a good wife. (2형식/~가 되다)
He **made** the football team. (3형식/~에 입단하다)
I will **make** you a new suit. (4형식/~을 만들어주다)
I **make** him an American. (5형식/~이라 생각한다)

예를 들자면, 아래는 동사가 그 성질에 따라서 많은 차이가 있다는 것을 보여주기 위해서 'meet'라는 동사의 뜻을 영어사전인 「프라임(PRIME)영한사전」을 참고하여 옮겨 놓아 보았다.

타동사(vt): ① ~을 만나다, ~와 마주치다(encounter); ~와 스쳐 지나가다, ~와 얼굴을 대하다(confront). [SYN.] ⇨ VISIT.
② (소개받아) 처음으로 만나다, ~와 아는 사이가 되다.
③ ~에서(약속하고) 만나다, 마중하다, ~도착을 기다리다.
④ (운명·죽음 따위에) 직면하다, 겪다.
⑤ (적·곤란 따위에) 맞서다, ~에 대처하다, ~에 대항하다.
⑥ (주문·요구·필요 따위에) 응하다, (의무·조건 따위를) 채우다, 충족시키다(satisfy).
⑦ 지급하다(pay), (어음 등을) 결제하다.
⑧ (길·강 따위가) ~에서 만나다, ~에서 교차하다, ~와 합치다, ~와 합류하다.
⑨ ~에 부딪치다, ~와 충돌하다.
⑩ ~에 동의하다.
⑪ ~의 앞에 모습을 나타내다.

자동사(vi): ① 만나다, 마주치다.
② 회견[회담]하다.
③ 『~/ +부』 회합하다(together); (회의 따위가) 열리다.
④ (소개 받아) 서로 아는 사이가 되다.
⑤ 합의하다, 의견이 일치하다, 합치하다.
⑥ 대전하다, 교전하다.

⑦ 『~/ +전+명』 (몇 개의 길·선 등이) 하나로 합쳐지다, 교차하다; (실 등의 양 끝이) 상접하다.
⑧ (성질 따위가) 하나로 결합하다, 조화되다; 겸비하다.

When shall we **meet** again? ①만나다(vi)
They **meet** together once a month. ③회합하다(vi)
Where does this river **meet** the Mississippi? ⑧합류하다(vt)
The two streets **meet** here. ⑦교차하다(vi)
He **met** a bill(his liabilities). ⑦지불하다(vt)
She **met** a calamity with a smile. ⑤대항하다(vt)
Her hand **met** his face in a violent blow. ⑨부딪치다(vt)

그러므로, 하나의 문장 속에 쓰여 진 동사의 정확한 의미를 선택할 때 다음과 같은 사항들을 고려하여 해석하여야 한다. 첫째로, 동사 뒤의 문장구조(보어·목적어·수식어)를 통해 자동사(vi)인지 타동사(vt)인지를 확인하고 동사가 이끌고 있는 형식을 파악한다. 둘째로, 글 전체의 문맥과 일치하는 지문(parenthesis)을 찾아서 알맞은 동사의 뜻을 선택한다. 그리고 같은 문형이라도 어떤 문장구조로 이루어졌느냐에 따라서 그 의미가 달라지기도 한다.

He **made** her **his secretary**. (5형식/~로 **채용했다**)
　(make + o + 명사)
He **made** her **drink**. (5형식/**억지로~하게 시키다**)
　(make + o + 원형부정사)
Too much food **made** him **ill**. (5형식/~가 **되게 하다**)
　(make + o + 형용사)
What do you **make** this bird **to be**? (5형식/~**생각하다**)
　(make + o + to be ~)
I **made** myself **understood** in English. (5형식/~을 시키다)
　(make + o + 과거분사)

(3) 문장구조(sentence structure)

이제부터 소개되는 문장의 33가지 구조만 정확히 이해할 수 있다면 독해를 통해서 부딪치게 되는 모든 문장의 구조들을 쉽게 분석하여 밝혀내는데 도움이 될 것이며, 또한 영작을 하고자 할 경우에도 많은 도움이 될 것이다. 만약에 고정된 문장구조에서 변화하는 것이라고 한다면 글을 쓰는 사람이 재료의 형태(단어, 구, 절)와 수식 어구(부사, 조동사, 형용사의 제한적 용법)중에서 어떤 것들을 선택하여 얼마나 많이 사용하느냐에 따라서 문장이 길어질 수도 있다는 것이다.

1.(P1) 주어+be동사(+수식어구).

간단하게 보이지만 동사 뒤에 수식어로서 부사류의 단어형과 구형들이 함께 쓰이게 되면 길고 복잡한 구조를 가지게 된다.

>My friend is here.
>내 친구는 여기에 있습니다.

>My friend is in a good health.
>=My friend is well.
>내 친구의 건강은 좋습니다.

>How long have you been here?
>얼마나 오랫동안 여기 계셨나요?

2.(P2) 주어+be동사+<u>주격보어</u>(n, pron, a).

'주어+be(vi)+형용사' 구문이 그 뒤에 목적어를 취하고자 할 때 '전치사(preposition)'을 통해서 가능하다. 이 경우에 '~be+형용사+전치사'를 하나의 덩어리로서 숙어(idiom)로 또는 '~전치사+목적어(n)'을 하나의 덩어리로서 부사구로 구분할 수 있다. 자주 사용되는 동사들로 'sure, sorry, grateful, glad, certain, anxious, delighted, afraid, thankful, surprised, proud, fond, ~'가 있다.

My friend is a teacher.
내 친구는 선생님입니다.

It is me.
바로 저입니다.

My friend is asleep.
내 친구는 자고 있습니다.

My friend is happy to meet her.
내 친구는 그녀를 만나서 행복해 합니다.

My friend is fond of that.
=My friend liked that.
내 친구는 그것을 좋아합니다.

My friend was fond (of) that he walked.
내 친구는 그가 걷는 것을 좋아합니다.

It was difficult (for me) to find the house.
=For me to find the house was difficult.
=The house was difficult for me to find. 무생물주어(O)
=I was difficult to find the house. 생물주어(×)
나는 그 집을 찾는데 매우 힘들었습니다.

It was very kind (of you) to look after the poor people.
=You were very kind to look after the poor people. (0)
=The poor people were very kind of you to look~. (×)
당신이 그 가난한 사람들을 돌보는 것은 매우 좋은 일입니다.

*The sun is down. 해가 졌다.
*The book is out. 그 책이 출판 되었다.
*Class is over. 수업이 끝났다.
*The baby is already up. 아기는 이미 깨어 있다.

(주의) 부사가 보어의 역할을 하는 경우도 있다. 즉,
부사가 주어의 동작과 상태를 설명하면 보어로 본다.

3.(P2) S+be동사+<u>주격보어</u>(명사구, 명사절).

Be동사 뒤에 부정사와 현재분사가 쓰일 경우에는 그 문장의 주어로 인칭대명사가 쓰였으면 부정사는 형용사의 서술적 용법으로 'Be to용법 (해석 : 예정, 운명, 가능, 조건, 의무)을 이루고, ⓥing는 진행형'을 이룬다. 그리고 Be동사 뒤에 부정사와 현재분사가 쓰였을 지라도 주어로 추상명사가 쓰였으면 부정사는 명사적 용법으로 주격보어이고, ⓥing 또한 동명사로서 주격보어이다.

My hobby is <u>to meet</u> friends. (부정사 : 명사적 용법)
나의 취미는 친구들을 만나는 것이다.

I <u>am to</u> meet friends tomorrow. (부정사 : 서술적 용법)
나는 내일 친구들을 만날 예정이다.

My hobby <i>is</i> <u>meeting</u> friends.
(불완전자동사 be/동명사 : 명사적 용법)
나의 취미는 친구들을 만나는 것이다.

I *am* meeting friends. (조동사 be/현재분사:진행형)
나는 지금 친구들을 만나고 있는 중이다.

She has *been* kind since childhood.
(불완전자동사 be/과거분사: 완료형)
그녀는 어린 시절 때부터 (변화 없이 줄곧) 성질이 온순하다.

She has *been* loved by all. (조동사 be/과거분사: 완료형)
그녀는 모든 사람들로부터 사랑을 받고 있다.

(주의)
The trouble is that all shops are shut.
문제는 모든 상점들이 문을 닫았다는 것이다.

This is why I love you.
이것이 내가 당신을 사랑하는 이유이다.

The problem is how to get there.
문제는 어떻게 그곳에 가느냐이다.

4.(P2) It+불완전vi(be동사)+주격보어+명사구 또는 명사절.
    가주어(formal subject)   진주어(real subject)

원래 동사를 포함하고 있는 명사구 또는 명사절이 주어로 쓰였다가 간결성의 원칙에 의해서 주어자리에 가주어(it)를 대신 놓고 명사구와 명사절은 진주어로서 문장 뒤로 보낸 경우이다.

    It was kind (of you) to help me.
    =You were kind to help me.
    =It was kind (your or you) helping me.
    =It was kind that you helped me.

친절하게도 (당신이) 나를 도와주시니 고맙습니다.

It was difficult (for you) to help me.
=It was difficult that you helped me.
당신이 나를 돕는다는 것은 어려운 일이었다.

It is necessary for him to go right away.
=It is necessary that he (should) go right away.
그는 곧 떠 날 필요가 있다.

(주의)
It was a mystery when he left home.
그가 집을 언제 떠났는지는 미스터리였다.

It depends on you whether we go or not.
우리가 갈지 안 갈지는 당신에게 달렸다.

5.(P1) There(Here)+be동사+주어.

1형식의 변형으로서 주어와 동사가 수식어인 부사가 문두로 나가는 바람에 도치가 된 상황이다(주어+동사+there/here →There/Here+동사+주어). 이 때 주어인 명사 앞에 쓸 수 있는 수식어에 따라서 주의할 부분들이 있다. There+be+(a, an, some, no, many, any, much, little, another, two,~) 불특정의 주어(n) / Here+be+(the, that, this, one's) 특정의 주어(n).

There is a book.
→A book is on the desk.(×)
책이 있습니다.

Here is the book.

→The book is on the desk.(O)
(여기에) 바로 그 책이 있습니다.

There are many books.
많은 책들이 있습니다.

Here are the books (that) you are looking for.
여기에 당신이 찾고 있는 바로 그 책들이 있습니다.

6.(P1) There+be동사+명사(주어)+형용사(분사, ~).
   = 명사(주어)+be동사+형용사(or분사)

1형식의 변형인 "There+be+명사" 뒤에 형용사가 덧붙여진 경우이다.

There are many boys absent today.
=Many boys are absent today.
오늘 많은 아이들이 결석했다.

There is a man waiting to see you.
=A man is waiting to see you.
어떤 분이 당신을 만나기위해서 기다리고 있습니다.

There was little sugar left in the pot.
=Little sugar was left in the pot.
단지 속에는 설탕이 조금밖에 남지 않았다.

7.(P1) 주어+완전vi(+수식어구).

완전자동사들로 'arise, begin, bloom, blow, breathe, burn, care, chance, come, die, do, drink, eat, fall, flow, float, go, happen, laugh, matter, rain, remain, sit, rise, run, seem, shine, sleep, snow, swim, teach, thunder, tremble, wonder, write, arrive, be,~' 그리고 이 동사들과 함께 쓰여서 완전 자동사 구를 이루는 부사들로 'under, past, by, through, over, along, around, across, about, up, down, off, in, on, to, out, back,~'가 있다.

> (주의) 수동태 문장에서도 특히 능동태인 3형식과 4형식(직접 목적어를 주어로 앞세운 경우)은 수동태로 전환되면 모두 1형식으로 바뀐다는 사실이다. 그밖에 수동태에서 4형식(간접목적어를 주어로 앞세운 경우)은 3형식으로 전환되고 5형식은 2형식으로 전환된다.

We all breathe, drink and eat.
우리 모두는 숨쉬고, 마시고, 먹는다.

The court sits next week.
다음 주에 법정이 열린다.

We waited (for) half an hour.
우리는 30분 동안 기다렸다.

We must turn back.
우리는 반드시 돌아가야만 한다.

He looks as if he had seen a ghost.
－In fact, he didn't see a ghost.
그는 마치 (그 자신이) 직접 귀신을 본 것처럼 보인다.

She came to meet you.
그녀가 당신을 만나기 위해서 왔다.

8.(P1) There(Here)+완전vi+주어.

1형식의 변형으로서 주어와 동사가 수식어인 부사가 문두로 나가는 바람에 도치가 된 상황이다. 이 문형에 쓰이는 동사들로는 일반적으로 '존재, 발생, 출현'의 의미를 가진 동사들인 'arise, arrive, begin, burst, come, develop, remain, rise, sit, stand, start, emerge, enter, exist, hang, lie, live, run, result, follow, grow, occur, fall, reach. appear to be, seem to be, happen to be, used to be,~'가 있다.

There followed a long period of peace.
오랜 기간 동안의 평화가 이어졌다.
=평화가 오랫동안 지속되었다.

There entered a strange woman.
한 이상한 여성이 들어왔다.

Here come the other members of the party!
(여기) 그 일행의 다른 회원들이 오고 있네요!

There remains only for me to apologize.
단지 내가 사과하는 것만이 남아있을 뿐이다.

There seems to be no need to worry about it.
그것에 대해 걱정할 필요가 없는듯하다.

There stands our church on the hill.
언덕위에 우리 교회가 있다.

9.(P1) It+완전vi+Noun phrase or clause.

가주어와 진주어(seem, appear, happen, chance, follow, ~) 앞서 설

명한 4번에 나타난 구조와 같지만 문장 속의 동사가 be동사가 아닌 일반 동사들이라는 차이점을 가지고 있다.

    It doesn't matter whether she start now or later.
    그녀가 시작하는 것이 지금이든 나중이든 간에 중요한
    문제가 아니다.

    It remains (for us) to apply the law to the fact.
    (우리가) 그 사실에 대해 법을 적용하는 것만이 남아있다.

    It seems that he will be elected chairman.
    =He seems to be elected chairman.
    그가 의장으로 선출될 것으로 보인다.

10. (P1,3) 주어 + 완전vi + 전치사 + 목적어. (idiom)
주어 + 완전vi + (전치사) + 명사절.

자동사는 목적어를 취할 수 없지만 뒤에 전치사의 도움을 받아서 목적어를 취할 수가 있다. 이 경우 동사구를 이루고 타동사구로서 역할을 한다. 단, 자동사와 전치사는 묶여있는 하나의 숙어로 취급한다. 그리고 전치사 뒤에 목적어로 that 명사절을 취할 경우에는 사용된 전치사가 생략된다. (agree upon, arrange for, aim at, become of, begin with, belong to, believe in, call on, care for, catch at, complain of, consent to, consist in, consist of, count on, decide upon, escape from, fail in, fall into, fix for, happen to, insist upon, laugh at, listen to, long for, object to, prepare for, pull down, rely upon, run over, shout for, succeed in, vote for, wait for, look out of, sit on, wait for,~)

    She failed in her duty.

그녀는 의무를 게을리 했다.

She failed in solving the problem.
그녀는 그 문제를 해결하는데 실패했다.

She complained (of) that he was late.
그녀는 그가 지각한 것을 불평했다.

She waited for me.
그녀는 나를 기다렸다.

11.(P5) 주어+<u>완전vi+전치사</u>+(대)명사+to부정사.

불완전 타동사화 된 동사구로서 '~+목적어+목적보어'의 문형을 만든다(appeal to, advertise for, hope for, arrange for, vote for, rely on, apply for, ask for, plan for, pray for, prepare for, provide for, send for, telephone for, ring for, wait for, count on, plead with, long for,~)

She waited for him to return home.
그녀는 그가 집에 돌아오기를 기다렸다.

She pleaded with me to give up the plan.(=persuade)
그녀는 내가 그 계획을 포기하도록 설득했다.

She longed for me to succeed.(=wish for, want)
그녀는 내가 성공하기를 원했다.

12.(P2) 주어+불완전vi+<u>주격보어</u>(n, a, participle).

주격보어로 현재분사를 취하는 경우에 있어서 'be동사'일 때는 완전

형용사화된 것들이 쓰이고, 일부의 '상태(appear, lie, sit, stand), 지속(keep, keep on, remain, go on), 왕래(com, go)동사들 일 때는 준동사의 성질을 가진 현재분사(분사구문의 부대상황)가 쓰인다. 과거분사를 취하는 경우는 'get, grow, become' 뒤에 쓰여 동작을 강조하고, 'remain, lie, stand, rest' 뒤에 쓰여 상태를 강조한다. 그리고 주격보어로 일반형용사를 취하는 동사들로는 고정된 성질과 상태를 나타내는 'Be-Group Verbs: 계속(keep, continue, remain, stand, lie, hold, be), 지각(sound, smell, taste, feel), 인상(seem, look, appear, ring)과 변화를 수반하는 성질과 상태를 나타내는 'Become-Group Verbs: become, grow, get, turn, make, go, come, fall, run, wear, prove, turn out, come out,~'가 있다.

These are books.
이것은 책입니다.

That book is mine.
그 책은 나의 것입니다.

She is a teacher.
그녀는 선생님입니다.

She became a teacher.
그녀는 선생님이 되었다.

The leaves are turning broun.
나뭇잎이 갈색으로 변하고 있다.

These roses smell sweet.
이 장미꽃들은 향긋한 냄새가 난다.

She came running to see me.

그녀는 나를 만나기위해서 달려왔다.

She got acquainted with him there.
그녀는 그곳에서 그와 알게 되었다.

The story is very interesting.
그 이야기는 매우 재미있다.

13.(P2) **주어＋불완전vi＋주격보어(noun, a).**

동사는 원래 완전자동사인데 불완전 자동사화 된 것으로 본다. 그래서 그 뒤에 따르는 보어를 유사보어(가짜보어)라 한다(marry, lie, sit, stand, blow, remain, break, ring＋형용사, die, live, part, fall, emerge, turn, look＋명사).

She married young.
＝When she married, she was young.
그녀는 젊어서 결혼했다.

She died a millionaire.
＝When she died, she was a millionaire.
그녀는 백만장자로 죽었다.

14.(P2) **주어＋불완전vi＋주격보어(to-infinitive).**

일부의 자동사들(seem, appear, happen, learn, get, look, turn out, chance, prove, come, grow, etc)은 뒤에 to-infinitive를 보어로서 취하는데, 특히 'seem, appear, prove'는 뒤에 'to be＋보어(n, a)'를 취할 경우는 'to be'를 생략할 수 있다. 그러나 서술형용사인 'asleep, afraid, awake,~' 앞에서는 'to be'를 생략하지 않는다.

She will learn to like it.
그녀가 그것을 알게 될 것이다.

She seems (to be) so young.
그녀는 매우 젊어 보인다.

She seems to be asleep.
그녀는 잠자는 것처럼 보인다.

15.(P2) 주어＋완전vi＋<u>prep.</u>(as)＋<u>주격보어</u>(n).

전치사 'as' 뒤에는 주로 '자격, 지위, 직능, 역할'의 무관사명사가 쓰인다. 그러나 개인 또는 개개의 물건을 의미할 때에는 부정관사와 함께 쓰인다.

He acted as captain.
그는 두목(선장)처럼 행동했다.

He died as principal.
그는 교장(의 직분을 감당하다가)으로 죽었다.

He functioned as boss.
그는 두목 노릇을 했다.

The word functions as object.
그 단어는 목적어로서 구실을 한다.

He lived as a saint.
그는 성인으로 (일생을) 살았다.

The book counts as a masterpiece.

그 책은 걸작의 하나로 보고 있다.

16.(P3) 주어+완전vt+D·O(n, pron).

가장 일반적인 3형식 구조이다. 이때 목적어로 명사와 대명사를 받은 경우인데, 특히 명사로서 동명사와 부정사를 받고 있음에 주의를 요한다.

She attended the meeting.
그녀는 그 회의에 참석했다.

A white dress becomes her.
흰 옷이 그녀에게 어울린다.

The box contains nothing.
그 상자 속에 아무것도 없다.

She was picking flowers.
그녀가 꽃을 따고 있다.

The climate does not suit me.
그 기후는 나에게 맞지 않는다.

She killed herself.(=suicide) (재귀목적어)
그녀가 자살했다.

She dreamed a strange dream. (동족목적어)
=She dreamed strangely.
그녀는 이상한 꿈을 꿨다.

17.(P3) 주어+완전vt+O(n, pron)+전치사+O(n, pron).

'전치사+명사'로 구(phrase)를 이루면 형용사구나 부사구로 처리하면 되고, '완전vt~전치사'로 구(phrase)를 이루면 일종의 동사구로서 숙어로 처리한다. 그리고 이 문형은 그 해석이 마치 4형식으로 되고 있지만 3형식 문형이고 또한 4형식이 3형식으로 전환된 문장도 아니다. 그러므로 위의 문형을 4형식구조로 다시 전환이 불가능하다. (add ~ to, bring ~ to, hand ~ to, lend ~ to, offer ~ to, owe ~ to, promise ~ to, remember ~ to, allow ~ for, aim ~ at, argue ~ into, talk ~ into, distinguish ~ from, prevent ~ from, relieve ~ from, tell ~ from, compare ~ with, provide ~ with, accuse ~ of, cure ~ of, deprive ~ of, remind ~ of, persuade ~ out of, help ~ out of, confer ~ on, congratulate ~ on, complement ~ on, spend ~ on, invest ~ in, support ~ by, play ~ on, ~)

They accused her of being a theft.
그들은 그녀를 절도혐의로 고발했다.

I can tell a sheep from a goat.
나는 양과 염소를 구별할 수 있다.

She helped him through the university.
그녀는 그를 도와 대학을 졸업하게 했다.

She devoted herself to the study of English.
그녀는 영어공부에 전력을 다했다.

(주의)
She built the house on the hill.(장소부사구)
그녀는 집을 건축했다 … 언덕위에

18.(P3) **주어+완전vt+부사+D·O(n, pron).**

목적어가 명사이면 '~vt+명사+부사, ~vt+부사+명사'로 쓸 수 있고, 목적어가 대명사이면 '~vt+대명사+부사'로만 쓸 수 있다.(bring about, carry out, clear out, find out, back up, bring in, drive in, lock up, get out, give away, knock down, laugh down, pack up, put on, sand back, take off, throw away, wind up, switch on or off, lay down,~)

> Overeating brought about his stomachache.
> 과식으로 그는 배탈이 났다.
>
> We must find out the truth of the matter.
> 우리는 그 문제의 진실을 밝혀야한다.

19.(P3) 주어+완전vt+D·O(noun phrase or clause).

완전타동사가 목적어로 부정사(n)와 동명사(n)를 취할 경우에는 일종의 숙어처럼 각각의 동사들을 암기해야 한다. 즉 목적어로 부정사와 동명사 모두 취해도 되는 동사(expect, begin, start, like, love, hate, prefer, bear, endure, continue, dread,~)들이 있고, 둘 중에 어느 하나만을 취해야 하는 동사(**only to-infinitive**: hope, care, decide, deserve, mean, afford, agree, choose, manage, pretend, promise, refuse, long, offer, wish, ~ / **only gerund**: enjoy, admit, avoid, consider, deny, finish, miss, give up, stop, appreciate, postpone, practise, suggest, mind, risk, help, grudge,~)들도 있다. 그리고 목적어로 명사절을 취하는 경우는 두 가지로 나누어지는데, 목적어로 종속접속사 '**that-clause**'를 취하는 동사들(suppose, wish, hope, think, hear, see, feel, believe, suggest, doubt, decide, admit, intend, hint, acknowledge, add, say, allow, argue, command, confess, declare, demand, demonstrate, deny, desire, expect, explain, fancy, imagine, know, mean, mind, move, notice, object, perceive, prefer, promise, fear, propose, prove, realize, recommend, regret, require, report, resolve, show, specify, state, sup- pose, understand, urge, wish,~)과 의문사인 **'wh-clause'**를 취하는 동사들(know, wonder, decide, tell, debate, see, find, out, suggest, show, deliberate, determine, discover, discuss, ask, doubt, imagine, reveal, say, suggest, understand,~)이 있으니 암기하기 바란다.

She began to study English.
= She began studying English.
그녀는 영어 공부를 시작했다.

She hopes to help me.
그녀는 나를 돕기 원했다.

She enjoyed playing tennis.
그녀는 테니스운동을 좋아한다.

She admitted (to her employer) that she had made a mistake.
그녀는 (고용주에게) 자신이 과오를 범했음을 인정하였다.

She will ask when the train leaves.
그녀는 기차가 언제 출발하는지를 물을 것이다.

We will decide who shall play in the team.
우리는 누가 그 팀에서 경기할건지를 결정할 것이다.

20.(P3) **주어 + 완전vt + D·O(의문사 + to infinitive).**

의문사(의문대명사, 의문부사) 및 종속접속사(whether, if)와 to-infinitive(n)가 결합되어 명사구를 이룬 것이다(be at a loss, know, decide, guess, learn, recollect, ask, consider, forget, remember, see, settle, tell, wonder, inquire, think, debate, discover, explain, observe, perceive, understand, find out, have an idea,~) ☞ tell=ascertain, decide about/think=form an opinion about.

She knows what to do now.
=She knows what she should do now.
그녀는 지금 무엇을 해야 할지를 알고 있다.

Let us consider what to do next.
다음으로 무엇을 해야 할지 생각해보자.

They wonder how to get there.
그들은 어떻게 그곳에 가야할지 생각하고 있다.

I don't know whether to accept her proposal.
나는 그녀의 청혼을 받아들여야할지 어떨지 모르겠다.

How can you tell which button to press?
당신은 어떤 버튼을 눌러야하는지 구별할 수 있나요?

21.(P4) 주어+완전vt+I·O(n, pron)+D·O(n, pron).

동사는 주로 '~에게-를 주다(수여하다)'로 해석이 되기 때문에 '수여동사'라고도 부르며 '주어+완전vt+D·O+전치사(to, for, or, …)+I·O'로 3형식의 문장전환 가능하다. 그리고 이 문형은 위의 '16-P3'과는 전혀 다른 문장구조이다. 전치사 'to'로 전환가능 동사: pay, lend, hand, pass, tell, do, wish, blow, deny, grudge, leave, give, read, owe, put, allow, make, sell, offer, show, send, award, write, allot, bring, cause, deal, fetch, grant, proffer, promise, recommend, refuse, render, restore, teach, throw,~ 전치사 'for'로 전환가능 동사: buy, leave, get, find, cook, earn, order, make, do, choose, spare, save, call, boil, play, cash, bring, build, fetch, gather, grow, order, paint, prepare, reach, write, ~ 그밖에 다른 전치사로 전환가능 동사들로 'give, strike, ask, envy, forgive, bring, catch, bear, play, save, take, cost,~'가 있다. 그리고 이중목적어(두 개의 직접목적어)를 취하는 특수의 수여동사들로 'pardon, forgive, envy, lose, save, charge, cause, cost, win, answer, strike, wish, owe, own,~'가 있는데 이러한 문형들은 3형식으로 문장전환이 안 된다.

※ 주어+완전vt+I·O+adv.+D·O.
(=주어+완전vt+D·O+adv.+prep.(to, for)+I·O.)

He gave the dog a bone.
=He gave a bone to the dog.
그는 개에게 뼈를 주었다.

He bought her a pink dress.
=He bought a pink dress for her.
그는 그녀에게 분홍색 드레스를 사주었다.

He asked her a question.
=He asked a question of her.
그는 그녀에게 질문을 하였다.

He played me a mean trick.
=He played a mean trick on me.
그가 나에게 비열한 속임수를 썼다.

I envy you your success.
→I envy your success to you.(×)
나는 당신의 성공이 부럽다.

*She gave them back their right.
=She gave their right back to them.
그녀는 그들에게 자신의 권리를 돌려주었다.

22.(P4) 주어+완전vt+I·O+D·O(noun clause).

직접목적어로 명사절인 'that-clause'과 'wh-clause'을 취한 경우이다(warn, convince, assure, tell, remind, satisfy, inform, promise, teach,~). 그리고 위의 '19-P3'에서 'that절'을 목적어로 취한 동사들 중에 이러한 문장구조를 취하는 동사들도 더러 있다.

He warned us that the roads were icy.
=He warned us of the icy state of the roads.
그는 우리에게 길이 얼음이 덮였다고 경고했다.

I convinced him that I was innocent.
=I convinced him of my innocence.
나는 그에게 나는 무죄라고 납득시켰다.

Tell me what your name is.
=Tell me your name.
나에게 당신의 이름이 무엇인지 말해주세요.

23.(P3) 주어+완전vt+전치사+O+D·O(noun phrase or clause).

'완전vt+D·O+전치사+O'로서 동사구를 이루는 일종의 숙어처럼 사용되는 것들인데 직접목적어가 명사구(명사절)로서 길기 때문에 문장의 끝으로 보낸 경우이다(spend on, explain to, add to, express to, confess to, admit to,~)

> I explained to him the impossibility of granting.
> 나는 그에게 승인의 불가능함을 설명했다.
>
> He confessed (to me) that he had broken the vase.
> 꽃병을 깨뜨린 것은 자기라고 그는 (내게) 실토했다.
>
> He spent much money on clothes.
> 그는 옷에 많은 돈을 들이다.

24.(P3) **주어+완전vt+it+전치사+O+O(to-infinitive, that-clause).**

직접목적어로 명사구(절)가 쓰였는데 그 자리에 가목적어(또는 형식목적어)를 놓고 명사(구)는 문장의 끝으로 보낸 문장구조이다. 그리나 직접목적어가 짧은 경우에는 '주어+vt+D·O+전치사+O'의 구조를 취한다.(take~upon, put~to, leave~to, owe~to, bring~to,~).

> He must leave it to her own judgement to decide whether she should offer her resignation.
> 그는 그녀가 사표를 제출할지 말지의 결정을 그녀 자신의 판단에 맡겨야 한다.
>
> She has taken it upon herself to support the family.
> 그녀는 가족의 부양을 떠맡기로 하였다.

25.(P4) **주어+완전vt+I·O+의문사+to-infinitive.**

의문사(의문대명사, 의문부사) 및 종속접속사(whether, if)와

to-infinitive(n)가 결합되어 명사구를 이룬 것이다(show, tell, ask, teach, advise, inform,~).

    I showed them how to do it.
    = I showed them how they should do it.
    나는 그들에게 그것을 어떻게 할지를 설명하였다.

    They told us where to shop cheaply.
    = They told us where we should shop cheaply.
    그들은 우리에게 어디에서 싸게 살 수 있는지 말해주었다.

    He advised me which to buy.
    = He advised me which I should buy.
    어느 것을 사면 좋을지 내게 조언해 주었다.

    She asked me what to do next.
    = She asked me what she should do next.
    그녀는 자신이 다음에 무엇을 살 건지를 내게 물었다.

26.(P5) **주어+불완전vt+O(n, pron)+목적보어(n, a).**

여기서부터(25-P5~30-P5)는 제5형식 문형으로서 '목적어와 목적보어'는 '주술관계'를 가진다는 사실을 주의하여야 한다. 즉, '주어+불완전vt+목적어+목적보어''=주어+완전vt+(that)+주어+불완전vi+주격보어'의 관계를 가진다는 것이다. → 목적어=주어, 목적보어=(불완전vi)주격보어.

    They considered **him innocent**.
    = They considered (that) **he was innocent**.
    그들은 그가 죄가 없다고 생각했다.

그리고 목적보어로 명사를 취하는 동사들(make, declare, elect, appoint, seduce, crown, name, call, vote, dye, find, leave, baptize, choose, designate, dub, entitle, nickname, nominate, style,~)과 형용사를 취하는 동사들(paint, push, fling, set, hammer, boil, dye, beat, shout, sleep, cut, make, strike, see, wish, find, like, bore, sing, leave, drink, hold, let, prove, get, break, keep, lick, open, raise, split, turn, want,~)이 있다. 그리고 '29-P5'문형을 통해서도 목적보어로 명사 또는 형용사를 가질 수 있다.

We appointed him manager.
우리는 그를 지배인으로 선임했다.

The insult left me speechless.
그 모욕에 나는 어안이 벙벙할 뿐이었다.

She boiled an egg soft.
그녀는 달걀을 반숙으로 하다.

She found the box empty.
그녀는 상자가 비어있음을 발견했다.

(주의)
She considered herself (to be) a genius.
그녀는 자신이 천재라고 생각했다.

27.(P5) 주어+불완전vt+O+목적보어(to부정사).

목적보어로 'to-infinitive(n)'을 취한 경우인데, 불완전타동사가 어떤 것이냐에 따라서 수동태의 방법이 다르게 나타난다. 그 주요한 동사들로 'warn, urge, allow, ask, dare, challenge, advise, mean, intend, order, enable, persuade, have known, lead, give, beg, cause, command, compel, decide, determine, encourage, entreat, force, get, hate, instruct, invite, leave, oblige, permit, prepare, press, remind, request, suffer, teach, tell, *want, wish, prefer, bear, help,*~'가 있다.

>He warned her not to believe him.
>=She was warned not to believe him.
>그는 그녀에게 그를 믿지 말라고 경고했다.

>They advised him to accept the offer.
> =He was advised to accept the offer by them.
>그들은 그에게 그 제안을 받아들이라고 권고했다.

>He doesn't want me to know that he is going away.
>=He doesn't want it for me to be known that he is going away.
>그는 자신이 멀리 떠나려는 것에 대해 내가 아는 것을 원치 않았다.

>He likes his wife to dress colourfully.
>=He likes his wife to be colourfully dressed.
>그는 자신의 아내가 화려하게 옷 입기를 원했다.

28.(P5) 주어+불완전vt+O+목적보어(원형부정사).

목적보어로 'to-infinitive'를 취한 경우인데, 앞의 동사가 '지각동사 (hear, feel, see, notice, watch, observe, have known, have found, smell, look at, listen to, perceive, behold,~)와 사역동사(let, have, make, bid, help,~)'가 쓰였을 때에는 그 목적보어에서 'to'가 생략이 되어 '원형부정사'를 갖게 된다. 특히 'set, help, hear'는 그 뒤의 일반인 주어(them, us, you)가 생략 될 경우에는 동사 뒤에 바로 원형부정사가 뒤따른다.

We heard the girl call out for help.
= The girl was heard to call out for help by us.
우리는 그 소녀가 도움을 요청하는 것을 들었다.

We made the girl study hard.
= The girl was made to study hard by us.
우리는 그 소녀에게 열심히 공부하라고 했다.

We have never known the girl lose her temper.(=see)
우리는 그 소녀가 화내는 것을 본적이 없다.

The medicine helps (you) take away headache.
그 약은 두통을 없애는데 도움이 된다.

29.(P5) **주어+불완전vt+O+(to be)+주격보어(n, a)**.

목적보어로 'to-infinitive(n)'을 취한 경우인데, 특정의 불완전타동사가 'to be+complement'를 목적보어로 받았는데 'to be'가 생략이 되어 결국 뒤의 보어(complement-n, a)만이 남아서 목적보어 구실을 하는 경우와 생략이 안 되어 그대로 쓰는 경우의 문장구조이다. 그 주요 동사들로 'consider, think, believe, report, guess, declare, suppose, know, find, presume, acknowledge, count, deny, esteem, imagine, judge, prove, suspect, take, feel(=think), understand,~' 가 있다.

I considered what he said (to be) important.
= I considered (that) what he said was important.
나는 그가 한 말이 중요하다고 생각한다.

All the neighbours supposed her (to be) a widow.

= All the neighbours supposed (that) she was a widow.
모든 이웃들은 그녀가 미망인이라고 생각했다.

30.(P5) 주어＋불완전vt＋O＋목적보어(participle).

목적보어로 '현재분사와 과거분사'를 형용사로서 받은 경우인데, 특정의 불완전타동사들만이 가능하다. 즉, 준동사인 현재분사를 받게 되는 경우에는 현재분사 속의 동사성질(vt, vi)에 따라 그것 뒤에 또 다른 능동태 문장(1형식~5형식)이 뒤따르게 됨을 주의하여야 한다. 그리고 과거분사를 받게 되는 경우에는 과거분사 속의 동사성질(vt)에 따라 그것 뒤에 수동태 문장(3형식동사→1형식으로, 4형식동사→1·3형식으로, 5형식동사→2형식으로)이 형성된다. 목적보어로 현재분사를 취하는 동사로는 'see, hear, smell, feel, notice, watch, glimpse, observe, perceive, listen to, look at, have, catch, find, get, imagine, keep, leave, set, start, ~'가 있고, 과거분사를 취하는 동사로는 'hear, see, make, find, want, have, get, feel, prefer, wish, like,~'가 있다.

We felt the house trembling.
우리는 그 집이 흔들리고 있음을 느꼈다.

I can smell something burning.
무엇인가 타는 냄새가 난다.

I must get my hair cut.
이발을 해야겠다.

I want this work finished quickly.
나는 이 일이 빨리 끝내지기를 원합니다.

31.(P5) 주어＋불완전vt＋it＋목적보어＋명사절, 명사구

(가목적어~진목적어)

직접목적어로 명사구(절)가 쓰였는데 그 자리에 가목적어(또는 형식목적어)를 놓고 명사(구)는 목적보어 뒤인 문장의 끝으로 보낸 문장 구조 이다. 그 동사들로 'think, conceive, consider, make, find, take, guess, believe, deem, count, know, hold,~'가 있다.

We think it very foolish of you to climb the mountain without a guide.
당신이 안내인도 없이 등산하는 것은 바보짓이라고 생각한다.

You will find it rather dull living alone in this big house.
당신은 이렇게 큰 집에서 혼자 사는 것이 다소 바보짓이라는
것을 알게 될 것이다.

I think it a great pity that he should have died so young.
나는 그가 그렇게 젊어서 죽었다는 것을 유감스럽게 생각한다.

32.(P5) 주어+불완전vt+O+전치사(as, like, for)+목적 보어(n, a).

목적보어로 '전치사(as, like, for)+목적보어(n, a)'를 받은 경우이다. 즉, 보어인 명사와 형용사 앞에 전치사가 있다는 것이 특이하다. 그 주요 동사들로서 'regard, look upon(on), give up, speak of, define, describe, recognize, acknowledge, know, count, think of, elect, imagine, consider, take, accept, treat, use, see, reveal, hold, hire, begin, mistake-for, carry-like, put-like, take-for, ~'가 있다.

I regarded the situation as serious.
나는 그 상황이 심각하다고 생각했다.

We gave him up as hopeless.

우리는 가망 없는 것으로 포기했다.

I looked upon her as belonging to the group.
나는 그녀가 그 그룹에 속한다고 생각했다.

He acknowledged himself as defeated.
그는 자신이 패배했음을 인정했다.

We regard the dove as the symbol of purity.
우리는 비둘기를 순결의 상징으로 생각한다.

We looked upon him as a man of ability.
우리는 그를 능력 있는 사람으로 생각했다.

They took my story for a lie.
그들은 내 얘기를 거짓말이라고 생각했다.

We regarded that as of importance.
우리는 그것을 중요하다고 생각했다.

33. (P1,2) It+be동사+~+that (s'+v'+c', o', ad'). (강조 구문)

가주어~진주어가 만든 「It+동사+~+that명사절」과 혼동해서는 안된다. 강조구문의 that는 관계사로 전환시킬 수 있지만 후자인 가주어와 진 주어 구문은 that을 관계사로 전환이 불가능하다.

It was her that(whom) I met in the park yesterday.
내가 어제 공원에서 만난 사람은 바로 그녀였다.

It was I that(who) met her in the park yesterday.
어제 공원에서 그녀를 만난 사람은 바로 나였다.

It was in the park that(where) I met her yesterday.
내가 어제 그녀를 만난 곳은 바로 공원 이였다.

It was yesterday that(where) I met her in the park yesterday.
내가 공원에서 그녀를 만난 때는 바로 어제였다.

3. 문장의 재료와 품사

 문법(grammar)이 하나의 문장이 어떻게 만들어지는가에 대한 그 과정을 설명하는 것이라면, 문장(sentence)은 문법에 의해서 문의 재료(단어, 구, 절)에 품사를 주어서 문의 주요소(주어, 동사, 보어, 목적어, 수식어)를 만들어 5형식의 어순에 따라서 나열된 것을 말한다. 앞 장에서 우리는 문장의 외형(外形, outward form)적인 '33개의 구조'에 대해서 설명했는데, 이제부터는 문장의 내형(內形, inward form)적인 것으로서 '문의 재료와 품사'에 대해서 설명하고자 한다.

 문장 속에 사용되는 재료들은 두 가지로 나눌 수 는 있다. 그러나 그 두 가지가 따로 분리되면 어떠한 용도로도 사용할 수 없는 것이 되어서 반드시 서로가 합쳐져서 어떤 의미와 역할을 가지게 만들어야한다. 하나는 우리가 눈으로 확인 가능한 일정한 형태(形態, form)를 가진 것들이고 또 하나는 우리가 눈으로 확인 불가능한 어떤 성질(性質, disposition)의 것들이다. "일정한 형태"를 가진 것들이란 바로 단어와 구와 절을 말하는 것이고 그리고 "어떤 성질"이란 바로 팔 품사를 말한다.

문장의 재료1 = 형태적 재료 = 단어, 구, 절
문장의 재료2 = 성질적 재료 = 8품사

 단어(單語, word)란 "하나이상의 철자들이 일정한 순서(또는 배열규칙)에 의해서 합쳐져서 일정한 의미를 가지고 있는 것들"을 말한다.

 in ~속에, ~에 있어서, ~상태로, ~에 대해서, …
 go 가다, 뻗치다, 통용하다, 견디다, 소멸하다, …
 school 학교, 연구소, 학파, 무리, …
 able 능력 있는, 훌륭한, ~할 수 있는, …

very 매우, 확실히, 그다지, 바로, …
and 그리고, ~와, ~하면서, 그러면, 그래서, …
he 그는, 그 사람이, …
hurrah! 만세, …
*a 하나의, 어떤, 같은, 일종의, 대략, ~라는 것, …

구(句, phrase)와 절(節, clause)이란 "두 개 이상의 단어들이 일정한 순서(또는 배열규칙)에 의해서 합쳐져서 하나의 단어와 같은 자격을 가지게 되고 또한 일정한 의미를 가지고 있는 것들"을 말한다. 이 때 그 자체 안에 「주부(s)+술부(v)~」의 관계가 있는 것을 절이라고 하고 그 것이 없으면 구라고 한다. 특히 구들은 관용어구 또는 숙어(熟語, idiom)라고 해서 암기하고 있기도 하다.

by the way (화제전환)그런데, 여담이지만; (길의)도중에서
give up 포기하다, 양보하다, 처분하다, …
in front of ~의 앞에, 입구 밖에서, 면전에서, …
as soon as ~하자마자, ~하자 곧, …
of use 유용한, 쓸모 있는, …
to know oneself ~자기 자신을 안다는 것은

that he is a student (접속사+주부+술부~)
because he was busy (접속사+주부+술부~)
who lives with his parents (접속사+주부+술부~)

품사(品詞, 8 parts of speech)란 문장 속에 사용되는 각각의 형태적인 재료(단어, 구, 절)들이 반드시 갖추어야 할 일종의 자격(資格, requirement) 또는 문장 속에서의 문법적인 기능(機能, function)[2]에

---

2) 품사를 분류하는데 있어서, 대체로 형태(form), 기능(function), 의미(meaning) 등을 기준으로 한다. 예를 들어, 명사는 형태적으로는 단어 뒤에 복수형 "-(e)s" 등이 있는 것으로 분류하고, 기능적으로는 단어가 문장 중에 "주어, 보어, 목적어, 동격"의 자리에 사용되는 것으로, 의미적으로는 단어가 "사람과 사물의 이름"을 나타내는 것으로 각각 분류할 수 있다.

3. 문장의 재료와 품사

따라서 붙여진 이름을 말하는데, 바로 "명사, 대명사, 동사, 형용사, 부사, 접속사, 전치사, 감탄사"이다. 그리고 위치(位置, position)라고 함은 모든 형태적인 재료(단어, 구, 절)들이 품사를 지정받으면 문장 속에서 어느 위치에 사용될 수 있는지가 결정된 것이다. 그래서 각각의 품사라는 명칭은 바로 위치를 설명하는 말로 보아도 된다. 그 기본적인 위치를 대략 설명한다면 아래와 같다.

명　사: 형상이 있건 없건 간에 모든 것에 붙여진 이름
　　→위치: 주어, 보어, 목적어, 동격

대명사: 명사를 대신해서 간단하게 표기할 때 사용하는 것
　　→위치: 주어, 보어, 목적어, 동격

형용사: 명사와 대명사를 설명하는데 사용하는 것
　　→위치: 보어, 명사 앞뒤에

부　사: 형용사, 동사, 다른 부사를 부가적으로 설명하는 것
　　→위치: 형용사나 부사 앞에, 동사 앞뒤에, 등등

동　사: 주어(명사, 대명사)의 동작과 상태를 설명하는 것
　　→위치: 주어 다음에 또는 조동사 뒤에

전치사와 접속사: 단어와 구와 절들을 서로 연결시켜서 구와 절을 만드는 것
　　→위치: 전치사는 명사 앞에, 접속사는 연결어로

감탄사: 느낀 감정을 겉으로 드러내는 것
　　→위치: 대개 문장 앞에

단어와 구와 절이 취할 수 있는 품사의 능력범위는 저마다 다르다.

경우에 따라서 어떤 것은 하나의 품사로만 사용되기도 하고, 또 다른 것들은 적게는 두 개의 품사에서 많게는 여섯 개의 품사까지 가지고 있는 것들도 있기 때문이다. 그리고 같은 단어일지라도 품사에 따라서 그 의미(意味, meaning)가 대개는 비슷하지만 전문적인 상황에서는 전혀 다른 의미를 가진다. 이상과 같은 품사의 지정(指定, assignment)3)과 의미의 범위(範圍, limits)는 이미 언어학자들에 의해서 연구되어 영어사전에 자료로 제공되어 있다.

- be : (v) ~(이)다, ~에 있다 (am, are, is, was, were)
- like : (v) 좋아하다 (a) ~와 같은, ~와 닮은 (prep) ~ 와 같이, ~와 마찬가지로 (ad) 대략, 아마, 마치 (conj) ~하(는) 듯이, 마치~처럼 (n) 취미, 기호; 비슷한 것(일, 사람)
- school : (n) 학교, 양성소, 연구소, 학파; 무리, (물고기의) 떼 (a) 학교(교육)의 (v) 교육하다, 학교에 보내다; 무리를 짓다
- on the table : (a) 탁자위에 있는 (ad) 탁자위에
- to study hard : (n) 열심히 공부하는 것 (a) 열심히 공하려는 (ad) 열심히 공부하기 위해서
- that she goes home : (n) 그녀가 집에 가는 것~ (ad) 그녀는 집에 가기 위해서~(목적)
- that she want to study : (a) 그녀가 연구하고 싶은~ (관계사)

단어와 구와 절이 일정한 품사를 지정받아서 문장 속에서 활동할 때에는 전혀 다른 이름(different names)으로 불려 지는데, 바로 문장의 주요소(sentence elements)인 「주어(subject), 동사(verb), 목적어(object), 보어(complement), 수식어(modifier)」를 말한다. 물론 보어는 주격보어(subjective complement)와 목적격 보어(objective complement)로 나누어지고 그리고 목적어는 간접목적어(indirect object)와 직접목적어(direct object)로 나누어진다. 이와 같

---

3) 단어는 8개의 품사를 취할 수 있고, 구는 7개의 품사를 취할 수 있고(단, 대명사 구는 잘 사용하지 않는다), 절은 3개인 명사와 형용사와 부사의 품사만을 취할 수 있다.

은 문의 주요소들이 하나의 문장을 구성할 경우에는 반드시 지켜야 할 어순(배열규칙)이 있는데, 예외적인 경우를 제외하고 문장의 주어는 항상 동사 앞에 그리고 보어와 목적어는 동사 뒤에 놓아야 하지만 수식어구(조동사, 부사, 형용사의 제한적 용법)들은 필요한 경우에만 사용할 수 있는데 그 수식대상에 따라서 그 위치가 다를 수 있다.

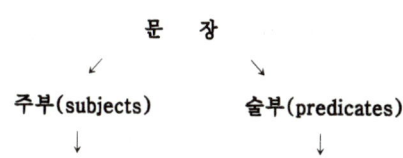

주어와 동사는 변함없이 그 어순(주어+동사)을 지키지만 동사 뒤의 보어와 목적어는 동사의 성질에 따라서 달라진다. 보어는 동사가 불완전 동사인 경우에만 쓸 수 있고 목적어는 동사가 타동사인 경우에만 쓸 수 있다. 그리고 수식 어구는 1형식의 ⓑ경우에만 사용될 수 있는 것이 아니라 모든 형식에서 필요에 따라 제한 없이 사용할 수 있다.

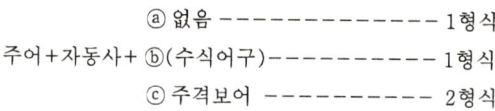

The tree/grows.(1)
나무는 자란다.

Many students/go/to school.(1)
많은 학생들이 학교로 가고 있다.

We/camped/at many lovely parks along the way to
New Hampshire.(1)
우리는 뉴햄프셔로 가는 길을 따라서 펼쳐있는 아름다운 공원에서 야
영을 했다.

Another famous painter of the late 14th and early 15th
centuries/was/ Buonarroti Michelangelo.(2)
14세기 후반과 15세기 초반에 활동한 또 한 명의 화가는 미켈란젤로이다.

The coffee/smells/good.(2)
커피 냄새가 좋다.

The deer/saw/the hunter.(3)
사슴이 사냥꾼을 보았다.

The man/married/a wealthy woman named Suji whom
he loved deeply.(3)
그 남자는 자신이 깊이 사랑한 수지라는 부유한 여인과 결
혼 했다.

He told/me/the end of the story.(4)
그는 내게 이야기의 결말을 말해주었다.

We/thought/him/a beggar.(5)
우리는 그가 거지라고 생각했다.

He/wanted/Michelangelo/to paint the tomb where he
would someday be buried.(5)
그는 미켈란젤로에게 언젠가 자신이 묻히게 될 무덤에 그림을
그려 줄 것을 원했다.

4. 시 제

 우리가 사용하는 문장에는 반드시 시간(time)적인 흐름을 나타내는 역할을 하는 것이 있어야한다. 그래야만 모든 일에 발생 순서를 알 수 있게 되어 서로 소통이 가능하게 된다. 이러한 역할을 대부분의 품사(명사 또는 부사 today, yesterday; 형용사 또는 명사 present, past)들이 할 수 있기는 하나 가장 대표적인 역할을 하는 것으로는 동사이다. 그러므로 그 문장(또는 글)에서 시간적인 흐름을 알고자 할 경우에는 동사를 보면 알 수 있다.[4] 시제(時制, tense)[5]에는 크게 세 가지가 있는데, 바로 단순시제(simple tense)와 완료시제(perfect tense)와 진행시제(progressive tense)이다. 특히 완료시제 동사는 동사의 과거분사형(규칙형ⓥed, 불규칙형 ⓥ?)을 가지고 만들고 진행시제는 동사의 현재분사형(ⓥing)을 가지고 만든다.

- 단순시제 동사: ⓥ　　　　He **goes**.
- 완료시제 동사: have+pp.　　He **has gone**.
- 진행시제 동사: be+ⓥing　　He **is going**.

단순시제로서 현재동사는 주어의 수가 3인칭 단수이면 동사의 어미에 "-(e)s"를 붙이고, 그 밖의 1(2)인칭의 단수와 복수이거나 또는

---

[4] 특히, 동양인 한국에서 사용하는 시간에 대한 생각과 서양인 미국(또는 영국)에서 사용하는 시간에 대한 생각에 차이점이 있으므로 주의를 요한다. 하루(24시간)를 기준으로 했을 때 한국은 세 등분으로 구분해서 '지금은 현재이고 지나간 것은 과거이고 앞으로 일어날 것은 미래로 보는데, 미국은 한국에서 생각하는 시간의 구분을 포함해서 더욱 세분화해서 사용한다. 즉 한국에서 사용하는 기본 시점인(현재, 과거, 미래)에 더해서 완료시제(현재완료, 과거완료, 미래완료)와 진행시제(단순진행-단순현재진행, 단순과거진행, 단순미래진행); 완료진행-완료현재진행, 완료과거진행, 완료미래진행)가 더 있다. 결과적으로, 하루를 한국은 3등분해서 사용한다면 미국은 12등분해서 본다는 것이다.

[5] 동사(또는 형용사) 따위가 나타내는 동작과 상태의 시간적 위치(현재, 과거, 미래 따위)를 나타내는 범주(때매김, 시상 時相, 시칭 時稱).

3인칭 복수이면 동사의 어미에 "-(e)s"를 붙이지 않다. 단순시제로서 과거동사는 규칙변화형(regular form)과 불규칙변화형(irregular form)인 있는데 규칙변화형은 동사원형 어미에 "-d" 또는 "-ed"를 붙이고 그리고 불규칙변화형일 때는 동사원형이 전혀 다른 모양으로 변화[6]한다. 이때는 주어의 수와 관계없이 과거형 동사를 그대로 쓴다.

> <u>He</u> goes. (주어가 3인칭 단수인 경우)
> <u>They</u> go. (<u>We</u> go. <u>I</u> go.)

특히, 단순시제로서 현재동사(ⓥ)는 "항구(恒久, permanency; happening all the time)적인 행위나 상태"를 나타내고 진행형(be+ⓥ ing)은 "일시적인 행위나 상태"를 표현한다.

> What do you **do** now?
> 요즘 무얼 하고 계세요? (직업이 무엇인가요?)
>
> What are you **doing** now?
> 지금 (여기서) 무얼 하고 있는 중인가요?

또한 단순현재시제[7]는 최근까지 계속해오고 있는 습관(習慣, habit; happening repeatedly)적인 행동을 표현할 때도 사용한다. 즉 과거 어느 시점부터 현재까지는 계속하고 있지만, 앞으로 영원히 하리라는 보장이 없는 경우이며 단순히 현재의 사실에만 중점을 둔 것이다. 그리고 과거에서 지금까지 계속되었고 앞으로도 변함없이 계속 될 일을

---

6) 동사에 따라서 불규칙변화형은 암기: A-A-A cut-cut-cut, A-B-B love-loved-loved, A-B-A run-ran-run, A-B-C speak-spoke-spoken

7) **단순현재시제**는 ①많은 사람들이 알고 있는 보편적인 사실에 대해 말하거나, ② 현재에도 행해지고 있는 반복적이면서 습관적인 일을 말하거나, ③언제까지나 변하지 않는 불변의 진리를 말하거나, ④과학적으로 증명이 된 사실을 말하거나, ⑤옛날이나 현재에도 누구에게나 통하는 속담이나 격언을 말할 때 사용된다.

표현할 때도 사용할 수 있다. 특히 진행시제(progressive tense)는 어떤 기준 시점의 순간에 하고 있는 일시적인 행동을 표현할 때 사용할 수 있다. 이때는 행동(activities)보다는 연속성(continuity)에 더욱 중점을 둔 경우이다.

Nurses **look after** patients in hospitals.
간호사들은 병원에서 환자들을 돌보는 일을 한다.

The earth **moves** round the sun.
지구는 태양주의를 돌고 있다.

The world **is** round.
세계는 둥글다.

Most animals **kill** only for food.
대부분의 동물들은 음식을 얻기 위해서만 죽인다.

Water **consists** of hydrogen and oxygen.
물은 수소와 산소로 이루어져 있다.

I **study** for three hours *every night*.
나는 매일 밤 세 시간씩 공부한다.

My classes **begin** at ten.
수업은 열시에 시작된다.

*I **am studying** English at Calvin Language School.
칼빈대 영어교육원에서 영어를 공부하고 있는 중입니다.

단순시제로서 과거동사는 규칙변화형(regular form)과 불규칙변화형(irregular form)이 있는데 규칙변화형은 동사원형 어미에 "-d"

또는 "-ed"를 붙이고 그리고 불규칙변화형일 때는 동사원형이 전혀 다른 모양으로 변화8)한다. 이때는 주어의 수와 관계없이 과거형 동사를 그대로 쓴다.

He went. (주어가 3인칭 단수인 경우)
They went. (We went. I went.)

특히, 단순시제로서 과거동사는 "과거에 발생했던 동작과 상태 (talking about actions or situations in the past)"를 이야기할 때 사용한다.

She **enjoyed** the party very much.
그녀는 그 파티를 즐겼다.

He **died** two years ago.
그는 2년 전에 죽었다.

Columbus **discovered** America in 1942.
콜럼버스는 1942년에 미국을 발견했다.

단순시제로서 미래동사는 법조동사인 will(shall)과 be going to 다음에 동사원형을 놓던지, 또는 진행형과 단순형동사로 표현하는 방법이 있다. 특히, 미래에 발생할 일에 대한 예측 또는 예언하고자 할 때는 will(shall)이나 be going to를 쓰고, 이미 계획하여 결정된 일을 하고자하는 경우는 현재진행형이나 be going to를 쓴다.9)

---

8) 동사에 따라서 불규칙변화형은 암기: A-A-A cut-cut-cut, A-B-B love-loved-loved, A-B-A run-ran-run, A-B-C speak-spoke-spoken

9) (참고)미래에 있을 어떤 동작과 상태에 대해서 말하고자 할 때 사용하는데 일반적으로 단순미래(사람의 의지로 좌우될 수 없는 자연현상·감정·운명·예상추측기대·성공·실패 등을 나타낸다)와 의지미래(사람의 의지에 따라서 좌우될 수 있는 경우인데 화자(Speaker)의 의지와 청자(Listener)의 의지가 있다)를 통해서 나타낸다. 단순미래로서 평서문은 1인칭(shall or will)·2인칭(will)·3인칭(will)이고

I think it **will** snow <u>tomorrow</u>.
내일 눈이 올 것이라고 생각한다.

I **am meeting** my sister <u>after class</u>.
수업 마치고 여동생을 만나기로 되어있다.

*Stop writing <u>when the bell **rings**</u>.
벨이 울리면 곧 쓰기를 멈춰라.

의문문은 1인칭(shall or will)·2인칭(will)·3인칭(will)이다. 의지미래로서 평서문은 1인칭(will)·2인칭(shall)·3인칭(shall)이고 의문문은 1인칭(shall)·2인칭(will)·3인칭(shall)이다. 앞에서 의지미래의 평서문은 화자(Speaker)의 의지를 나타내서 'I want(let) someone to+ⓥ~.'로 해석하고 의문문은 청자(Listener)의 의지를 나태내서 'Do you want(let) someone to+ⓥ~.'로 해석한다. 그리고 문장에 있어서 주어의 자진적 의사(be willing to)와 고집(insist on)을 나타낼 때에는 인칭여하를 막론하고 무조건 will을 써야 된다는 사실에 주의하여야 한다.

    I **shall** be 20 years old next year.
    You **shall** learn English.
    (=I want(let) you to learn English.)
    Shall she open the window.
    (=Do you want(let) her to open the window.)
    I **will** go to the dance, if I want to.
    (=I insist on going to the dance, if I want to.)

가까운 미래에 대한 주어의 의사 또는 자신 있는 추측을 나타낼 때 「be going to」를 쓴다. 이것을 「will」과 비교 할 때 'be going to'는 이미 하기로 결정한 일(when we have already decided to do something)을 하겠다 할 때 사용하고 'will'은 말하는 순간에 결정하게 된 일(when we decide to do something at the time of speaking)을 하겠다 할 때 사용하는 경향이 있다.

    A: My car has a flat tire. Can you repair it for me.
    B: Okay, but I can not do it now. I **will** repair it tomorrow.
    A: Can you repair my car? It has a flat tire.
    B: Yes, I know. He told me. I **am going to** repair it tomorrow.

*He **leaves** for London <u>tonight</u>.
그는 오늘밤 런던으로 떠난다.

다음으로, 완료시제는 동사를 과거분사10)로 만든 다음에 "have" 라는 조동사 뒤에 놓는다. 이때는 단순시제와 다르게 하나의 단어로 이루어진 것이 아니라 두 단어로 이루어진다는 특징을 가지고 있다. 그리고 영어에는 우리말과 다르게 진행시제가 더 있어서 단순진행시제와 완료진행시제가 있다. 물론 두 형태에 따른 차이점들로는 시점과 해석이다. 특히 완료진행형의 해석은 완료시제의 네 가지 해석 중에서 계속적 의미로 한다.

- 단순시제 동사: 현재 - 규칙변화형 ⓥ(e)s / 불규칙변화형 ⓥ(×)
                  과거 - 규칙변화형 ⓥ(e)d / 불규칙변화형 ⓥ(?)
- 완료시제 동사: have+pp.
- 단순진행 동사: be+ⓥing
- 완료진행형 동사: have been+ⓥing

동사가 시제를 취하면서 발생하는 차이점들이 세 가지가 있는데 아래와 같다. 첫째는 모양(模樣, form)의 차이가 분명하다. 위에서 설명한대로 단순시제형에서 현재시제는 주어의 수(數, number)에 따라서 동사의 어미에 "-s 또는 -es"가 붙는,11) 과거시제는 주어의 수와 상관없이 동사의 어미에 "-d 또는 -ed 또는 불규칙형이 붙는,12) 미래시제는 주어의 수와 상관없이 동사 앞에 법조동사 "will

---

10) 과거분사도 규칙변화형 "ⓥ(e)d"와 불규칙변화형 "ⓥ(?)"이 있음.

11) 동사가 단순현재시제인 경우에는 주어의 수에 따라서 영향을 받는데, 즉 주어가 1,2인칭이거나 3인칭 복수인 경우에 동사는 복수동사로 "동사그대로"를 쓰지만, 주어가 3인칭 단수인 경우에 동사는 "동사+s or es"를 쓰는 것을 말한다.

    I **go** to church.   (go)   They **go** to church. (go)
    She **goes** to church. (go)   She **comes** home.   (come)

또는 shall 또는 be going to"를 붙는 특징을 가지고 있다.

둘째는 시점(時點, point of time)의 차이가 분명 하다. 단순시제는 정확하게 알 수 있는 어느 특정의 한 시점에서 발생한 일을 다룰 때 사용하고, 완료시제는 어느 일이 한 시점에서 발생한 것으로는 볼 수 없고 두 시점에 걸쳐서 발생한 것으로 보이는 일을 다룰 때, 즉 두 시점 모두에 걸쳐있는 경우에 사용한다. 예를 들어서, 현재완료시제는 현재 이전인 과거의 어느 불특정 시간(즉, 정확히 언제부터 발생했는지가 중요하지 않다는 것)에 일어난 행동이 현재까지 관계를 맺고 있거나 또는 현재까지 상황이 반복되고 있거나 또는 현재까지 계속되고 있는 상황을 다룰 때 사용한다.

They **moved** into a new apartment **a year ago**.
=They moved into a new apartment a year ago,
but we don't know where they live now.
그들은 1년 전에 새 아파트로 이사를 갔다.
(현재 그들이 어디에 살고 있는지는 모른다.)

위의 예문에서 우리는 그들이 1년 전에 새 아파트로 이사 간 것은 알았지만 현재 그들이 아직도 그곳에 살고 있는지 아니면 다른 곳으로 이사 갔는지는 알 수 없다.

They **have moved** into a new apartment.

---

12) 단순과거시제 동사는 규칙형과 불규칙형이 있는데, 즉 규칙형이란 동사의 어미가 규칙적인 모양인 '-d or ed'을 가지게 되는 경우이고, 불규칙형이란 동사의 어미가 불규칙적인 모양을 가지고 있어서 사전 맨 뒤에 불규칙변화표를 통해서 소개해 주고 있다. 특히 동사가 과거형인 경우에는 주어의 수의 영향을 받지 않는다.

I **liked** her.   (like)   He **spoke** English.   (speak)
She **liked** him. (like)   They **wrote** a poem. (write)

=They moved into a new apartment a few days ago,
and they live in it now.
그들은 몇 일전에 새 아파트로 이사를 가서 현재 그 곳에 살고 있다.

위의 예문에서 우리는 그들이 새 아파트로 과거 어느 특정시간에 이사 갔는지 정확히는 모르겠고 또한 중요한 문제도 아니다. 하여튼 이사 간 것은 분명하고 그리고 그 결과 그들이 현재 그 새 아파트에서 살고 있다는 것은 알 수 있다.

They **have had** four testes so far in this semester.
=They had four tests until now, but I don't know exactly when they had tests in this semester.
그들은 이번학기 동안에 지금까지 네 번의 시험을 치렀는데
그러나 정확히 언제 치렀는지에 대해서는 모른다.

위의 예문에서 우리는 그들이 이번학기 동안에 현재까지 시험을 네 번이나 반복해서 치렀다는 것을 알 수 있지만 그 시험을 정확히 언제 치렀는지에 대해서는 알 수 없다.

They **have known** her for three years.
=They met her three years ago, and now they know her well.
그들은 3년 전에 그녀를 만났고 지금도 서로 잘 알고 지내는 사이다.

위의 예문에서 우리는 그들이 그녀와 3년 전부터 현재까지 계속해서 서로 알고 지내는 사이라는 것을 알 수 있다.

셋째는 해석(解釋, meaning)의 차이가 있을 수 있다. 단순시제는 동사의 의미에다 현재일 때는 "~이다"를 붙이고 그리고 과거일 때는 "~이였다"를 붙이고 그리고 미래일 때는 "~일거다"만 덧붙이면 대개는 해결되지만, 완료시제는 동사의 의미에다 네 가지의 상황인

"완료, 결과, 경험, 계속"에 따라서 다르게 해석해야하기 때문이다. 이 때 완료시제에서 발생하는 해석의 선택은 수반되는 수식어를 통해서 보다 문맥(文脈, context)을 통해서 짐작하는 게 바람직하다.

• 완료시제에서 결과적인 의미

She **has gone** out to play. (현재완료)
=She went out to play, and she isn't here.
그녀는 놀러나갔다. 그 결과 지금 여기 없다.

(주의)우리는 그녀가 지금 여기에 없는 것은 눈으로 보아서 확인할 수 있는 정확한 사실이지만, 지금 이전인 과거 어느 때에 외출했는지는 정확히 알 수 없는 상황이다. 즉, 한 시점의 사실이기보다는 두 시점에 걸쳐서 발생한 사실을 다루고 있음을 알 수 있다.

When we arrived home, she **had gone** to school.[13]
=We arrived home, and she wasn't home. (과거완료)
우리가 집에 도착했을 때 그녀는 학교에 가고 없었다.

I **shall have bought** a nice house when you call on me next year. (미래완료)
다음해에 나를 방문할 때쯤에 나는 멋진 집을 사가지고 있을 것이다.

---

13) 과거완료와 대과거의 차이점: 대과거는 한 시점의 사건으로서 과거보다 더 과거인 어떤 시점의 동작이나 상태를 나타낼 때 사용하고, 과거완료는 두 시점에 걸쳐서 발생한 사건으로서 과거 이전 시점부터 바로 그 과거 시점까지의 동작과 상태를 나타낼 때 사용한다.

She told me that she **had lost** her book. (대과거)
그녀는 내게 자신의 책을 잊어버렸다고 말했다.
(책을 잊어버린 것이 말한 것보다 먼저 발생했다.)

I lost the book which I **had bought** the day before. (대과거)
(=I bought a book and I lost it the next day.)
나는 전날 구입한 책을 잊어버렸다.

I will graduate in March. I will see you in April. By the next time I see you, I **will have graduated**. (미래완료)
나는 3월에 졸업할 것이다. 그러니 4월쯤에 당신을 만날 수 있을 겁니다. 내가 당신을 만나고 있을 때쯤이면 나는 이미 졸업한 상태일 겁니다.

- **완료시제에서 완료적인 의미**14)

She **has** just **finished** breakfast. (현재완료)
=She finished breakfast a few moments ago,
and now she is ready to do anything.
그녀는 아침식사를 지금 막 끝냈다. 그래서 지금 그녀는
어떤 일이든 시작할 준비가 되어 있다.

(주의)우리는 그녀가 아침식사를 방금 끝냈다고—조금 전에 끝냈다고—하지만 정확히 언제부터 식사를 시작했는지는 알 수 없는 상황이다.

We **have just finished** breakfast. (현재완료)
=We finished breakfast a few moments ago.
and now we are ready to do anything.
우리는 방금 전에 아침식사를 마쳤다. 그래서 지금 우리는
어떤 일이든 시작할 준비가 되어 있다.

When the hare awoke, the tortoise **had already reached** the goal. (과거완료)

---

14) 왕래발착(해, come, assemble, depart, arrive)을 나타내는 자동사는 have동사 대신에 be동사와 결합하여 완료형을 만들어서 '완료한 결과에서 생긴 상태'를 나타낼 수 있다. She has come. (드디어-)그녀가 왔다. She is come. (-벌써)그녀가 와 있다. All the quests are arrived. (-벌써)모든 손님들이 도착해 있다. Her parents are departed. (-벌써)그의 부모님께서는 떠나가 버린 상태이다. They are assembled here to meet him. (-벌써)그들은 그를 만나기 위해서 이곳에 모여 있다. She is gone. (-벌써)그녀는 떠나고 없는 상태이다.

=When the hare awoke, it found that the tortoise had already reached the goal.
토끼가 잠에서 깨어났을 땐 거북이는 이미 목표지점에 도착했다.

I **shall have finished** the work when you return. (미래완료)
네가 돌아올 때쯤이면 나는 그 일을 끝마쳐 놓을 것이다.

• **완료시제에서 경험적인 의미**

She **has met** him before. (현재완료)
=She met him before, and so she knows him well.
전에 그를 만적이 있다. 그래서 지금 그에 대해서 누구
보다도 잘 알고 있는 편이다.

(주의)위의 예문에서 우리는 그녀가 전에 그를 만난 적이 있다고는 하지만 정확히 언제부터 알고 지내는 사이인지는 알 수 없는 상황이다.

I recognized her at once, for I **had seen** her before.
(과거완료)
전에 그녀를 본적이 있었기 때문에 나는 곧바로 그녀를 알아보았다.

If I visit there again, I **shall have visited** there three times.
(미래완료)
만약에 내가 그곳에 한 번 더 방문하게 되면 나는 그곳에 세 번째 방문하게 된다.

• **완료시제에서 계속(진행)적인 의미**[15]

---

15) 완료시제에서 계속적의미를 나타낼 경우에는 두 가지 형태가 있다. 왜냐하면 동사들 중에서 지체 속에 계속(진행)의 의미를 가지고 있으면 「have+p.p」 형태를 이용하지만 동사가 계속의 의미를 가지고 있지 않으면 「have been+ⓥing」 형태를 이용하기 때문이다. (동사 자체 속에 진행의 의미가 있는 동사들로는 "지각,

4. 시 제

He **have loved** her for two years. (현재완료)
=He is still loving her.
2년 동안 그녀와 교제해오고 있다. 지금도 나는 그녀와 교제하고 있는 중이다.

(주의)우리는 그가 그녀를 2년 전에 만나서 교제를 시작해서 지금도 그녀와 교제를 진행 중에 있음을 알 수 있다.

She **has been studying** English for two years. (현재완료)
=She is still studying English.
2년 동안 그녀는 영어공부를 계속해오고 있다. 지금도 그녀는 영어공부를 계속하고 있는 중이다.

(주의)우리는 그녀가 2년 전에 영어공부를 시작해서 지금도 영어공부를 계속하고 있음을 알 수 있다.

She **has been waiting** to see you in the park since two o'clock. (현재완료)
=She still waiting.
그녀는 2시부터 계속해서 공원에서 당신을 기다리고 있습니다.

We **had lived** in Seoul for 10 years before we moved here last year. (과거완료)
우리가 작년에 이곳으로 이사 오기까지 10년 동안 서울에 살고 있었다.

I **will have loved** her for ten years next year. (미래완료)
내년쯤이 되면 나는 그녀와 교재한지 십년이 된다.

그러므로 영문 독해하고자 하는 학생들은 문장 속의 동사(verb)

존재, 상태, 소유, 감정, 사고와 인지, 능력" 등이 있다.)

를 대할 때, 두 가지 생각을 동시에 하면서 항상 다루어야 한다. 첫째로는 동사의 모양(단순형과 완료형)과 그에 따른 차이점(시점과 해석)이며, 둘째로는 동사의 성질(자동사와 타동사, 완전과 불완전)에 따라서 이루어지는 문형(1~5형식)이다. 그리고 반드시 명심해야 할 것으로 문형은 저마다 다른 형태를 취하고 있는 듯 하지만 그 골격(manin structure)을 따지고 들어가면 일정한 패턴(pattern)이 있다는 것이다. 그 일정한 패턴(124→33→5→3→1)을 느끼게 되면 비로소 당신의 영어실력이 최고의 수준으로 갈 수 있는 발판을 마련한 것이다.

이러한 문장구조의 일정한 패턴을 느끼고 싶으면 영문독해 연습할 때 단지 눈으로만 글을 읽지 말고 직접 손으로 책에 메모를 하면서 그림(도식, graph)을 열심히 그리기 바란다. 당신의 목표는 모든 문장구조들을 대략 124가지에서 33가지로, 더 나아가 5가지의 패턴으로 줄어들어야 한다. 그러다 마침내 영어로 된 글을 읽을 때 굳이 문장구조를 도해하지 않아도 볼 수 있는 단계까지 가게 될 것이다. 마치 우리가 우리말로 된 글을 굳이 도식을 하면서 읽는 것이 아니라 그냥 감각적으로 읽는 것처럼 말이다. 한 장인(匠人, craftsman)이 자신의 직업적 기술을 감각적으로 다룰 수 있는 정도의 기술을 얻기까지 수많은 시행착오를 통해서 또는 장시간을 통해서 얻은 것처럼 영문독해도 마찬가지이다. 처음에는 쉬운 문장구조부터 시작은 해야겠지만, 어느 정도 방법이 익숙해지면 자신에게 버거운 문장구조들을 정면으로 부딪쳐 분석해보는 자세가 필요하다.

동사의 시제와 관련이 있는 것으로 **시제일치(agreement of tense)**를 알고 있어야 한다. 시제의 일치란 주절(S+V+~)과 종속절(종속접속사+s′+v′+~)의 관계를 가지고 있는 복문(complex sentence)에서 주절 속에 있는 동사의 시제(tense)와 종속절 속에 있는 동사의 시제가 서로 밀접한 관계를 가지는 것을 말한다.

4. 시제

주 절 (S+V+~)	종속절 (종·접+S+V+~)
현재, 현재완료, 미래	12시제 모두 가능함
과거, 과거완료	과거, 과거완료

(주의) 단문과 중문에서는 시제일치가 적용되지 않는다.

I **know** ········ that she **studies** English.
(or have known that she **studied** English.
or shall know) that she **will study** English.
       that she **is studying** English.
       that she **was studying** English.
       that she **will be studying** English.
       that she **has studied** English.
       that she **had studied** English.
       that she **will have studied** English.
       that she **has been studying** English.
       that she **had been studying** English.
       that she **will have been studying** English.

I **knew** ········ that she **studied** English.
       that she **was studying** English.
       that she **had studied** English.
       that she **had been studying** English.
       that she **would study** English.
       that she **would be studying** English.
       that she **would have studied** English.
       that she **would have been studying** English.

I **had known** ··· that she **had studied** English.
       that she **had been studying** English.
       that she **would have studied** English.
       that she **would have been studying** English.

그러나 위에서처럼 시제의 일반적인 원칙을 지키지 않는 예외적인 경우들이 있는데 다음과 같다.

① 불변의 진리와 격언일 때는 항상 현재시제를 쓴다.
② 습관적인 행위 또는 상습적인 성질일 때는 항상 현재 시제를 쓴다.
③ 현재까지도 어떤 사실이 계속 진행 중에 있는 일을 나타 낼 때는 항상 현재시제를 쓴다.
④ 역사적 현재로서 과거의 사실을 바로 눈앞에서 벌어지는 것처럼 묘사할 때는 항상 현재시제를 쓴다.
⑤ 시간(조건)부사절 속에서는 현재시제가 미래를 대용하고 있다.
⑥ 화법에서 가정법 문장의 동사시제는 전달동사의 시제에 영향을 받지 않는다.
⑦ 비교급 문장(부사절)의 'as 또는 than' 뒤에서는 주절의 동사시제에 영향을 받지 않는다.
⑧ 역사상의 사실을 나타낼 때에는 항상 단순과거 동사를 쓴다.
⑨ 대과거를 사건의 발생순서대로 말할 경우에는 단순과거 동사로 쓴다.
⑩ 접속사 'before, after'와 같이 일의 선후를 알 수 있는 경우에는 과거동사로 대신 한다 .
⑪ 과거형이 따로 없는 경우 : had better, would rather(~하는 편이 낫다); ought to, should, must, had to(~해야 한다), used to, would(~하곤 했다), would like to, should like to(~하고 싶다), dare(감히~하다), need(~할 필요가 있다).

The teacher **told** us that the earth **moves** round the sun.
선생님께서 지구는 태양주위를 돌고 있다고 말씀하셨다.

He **said** that he **gets up** at six every morning.
그는 매일 아침 여섯시에 일어난다고 말했다.

He **told** me that the question **is** still unsettled.
그는 그 문제가 아직까지도 해결되지 않은 상태로
그대로 있다고 내게 말했다.

The brave knight **steps** towards and **kisses** the lady's hand.
그 용감한 기사는 앞으로 걸어 나와서는 숙녀의 손등에 키스를 한다.

He **will go** out if it **is** fine tomorrow. (=is going to be)
만약에 내일 날씨가 화창하면 그는 외출할 것이다.

He **said**, "If he were a bird, he would fly to her."
=He **said** that **If he were a bird, he would fly to her.**
그는 "만약에 자신이 새라면 그녀에게 날아가고 싶다"고 말했다.

He **loved** you better than he **loves** me.
그는 나를 사랑하는 것 보다 너를 더욱 사랑했다.

He **asked** me when Columbus **discovered** America.
                    (=had discovered)
그가 콜럼버스가 언제 미국을 발견했는지에 대해서 내게 물었다.

He **bought** a house and **sold** it. (=had bought)
그는 집을 구입한 다음에 팔았다.

He **went into** the hotel after I **came** out of it. (=had come)
내가 호텔을 빠져나온 후에 호텔로 들어갔다.

5. 동사의 변형 (준동사)

준동사(準動詞, verbals or infinite verbs 부정형동사)란 「분사(participle), 동명사(gerund), 부정사(infinitive)」를 총칭하는 말이다. 준동사를 한자(漢字)로 풀이하면, "준(準)"이라는 것은 접두사(prefix)로 사용이 되어 "어떤 명사위에 붙어서 그 명사에 비길만한 구실이나 자격을 가짐을 나타내는 말"이고, 동사(動詞, verb or finite verb 정형동사)라는 것은 앞서 배운 것처럼 자동사와 타동사로서 문형(sentence patterns or structures)을 만들고 또한 시제(tense)를 취해서 글의 시간적인 흐름을 드러내는 것이다. 그러므로 문자 그대로 뜻을 풀이하면 명사인 '동사'에 비길만한 구실이나 자격을 가짐을 나타내는 역할을 하는 것이 바로 준동사인 것이다. 예를 들자면, 준동사인 분사는 동사이면서 동시에 형용사(부사,…)이기도 하고, 동명사는 동사이면서 명사이기도 하고, 부정사는 동사이면서 동시에 명사(형용사, 부사)이기도 한 역할을 하는 것으로 이해해야 할 것이다.

이번에는 준동사를 영어(英語)로 풀이하면, 준(準)이란 영어의 접미사(suffix)로 사용되는 '~al'로서 주로 「① '~의, ~와 같은, ~성질의'의 뜻의 형용사를 만들거나(equal) ② 동사에서 명사를 만들거나(verbal, trial)」등으로 사용되고, 동사(動詞)라는 것은 앞서 설명한 것처럼 성질과 시제를 통해서 역할을 한다. 그러므로 문자 그대로 뜻을 풀이하면 verbal이란 '동사(verb)와 같은 또는 동사의 성질을 가지고 있는 것(~al)'이라고 할 수 있다.

결론적으로, 준동사 모두가 동사(動詞, verb)적인 성질을 가지고 있기는 하지만 동사 이외의 다른 성질(準, n, a, ad)도 가지고 있기 때문에, 동사(v)라고 말하기도 불완전하고 그렇다고 다른 성질(n, a, ad)로만 말하려 해도 동사적 성질 때문에 불완전하기는 마찬가지이다. 그러나 이름은 붙여야겠고 해서 세 가지 모두가 공통적으로 가지고 있는 동사적 성질을 중심으로 「동사(動詞)에 준(準)하는 것」이라고 붙였다. 즉, 준동사는 명사, 형용사, 부사라는 외부적인 성질과 동사라는 내부적인 성질 모두를 가지고 있어서 한 번에 두 가지의 기능(dual functions)을 발휘할 수 있는 문법적 요소이다. 동사의 성질을 가진 명사(형용사, 부사)이다.

그러므로 준동사를 문장 속에서 만났을 때 명사. 형용사, 부사로서 취급해야한다. 그러나 자체 속에 동사의 성질을 가지고 있기 때문에 동사와 관련된 일도 동시에 수행하는데, 자동사와 타동사로서 뒤에 보어나 목적어와 수식어를 이끌어 또 다른 문형을 형성하기도 하고, 시제의 영향을 받아서 모양이 단순형과 완료형을 취하게 되고, 태의 영향을 받아서 단순수동형과 완료수동형을 취할 수도 있다는 사실을 주의해야 한다.

일부의 문법 학자들은 준동사를 "준접속사 또는 구연결사"라고 부르는 이들도 있다. 왜냐하면, 복문에 사용된 종속절인 명사절(형용사절, 부사절)을 준접속사를 통해서 명사구(형용사구, 부사구)로 바꾸어 단문으로 전환시키는 기능을 가지고 있기 때문이다. 아래에서, so that이라는 접속사를 부정사의 to가 대신하고 있고, who라는 관계대명사를 -ed라는 분사가 대신하고 있고, that이라는 접속사를 동명사 -ing가 대신하고 있다.

He came here **so that** he might meet her. (복문)
 *부사절(종속절: 목적 부사절)
=He came here **to meet** her. (단문)
 *부사구(부정사의 부사적 용법)
그는 그녀를 만나기 위해서 이곳에 왔다.

He is the man **whom** I met in the park. (복문)
 *형용사절(종속절: 관계대명사의 제한적용법)
=He is the man for me **to have met** in the park. (단문)
 *형용사구(부정사의 형용사적 용법)
그는 내가 어제 공원에서 만났던 그 사람이다.

He is the man **who** is called a peacemaker. (복문)

*형용사절(종속절: 관계대명사의 제한적용법)

=He is the man **called** a peacemaker. (단문)

*형용사구(분사의 형용사적 용법)

그는 평화의 사도라고 불리어지고 있는 사람이다.

I had good food **which** I could eat. (복문)

*형용사절(종속절: 관계대명사의 제한적용법)

=I had good food **to eat**. (단문)

*형용사구(부정사의 형용사적 용법)

나는 먹을 수 있는 충분한 음식을 가지고 있다.

She was surprised **that** he got the job. (복문)

*명사절(종속절: 전치사 at의 목적절)

=She was surprised at **his getting** the job. (단문)

*명사구(동명사의 명사적 용법)

그녀는 그가 일을 구했다는 소식을 듣고 놀랬다.

결국 준동사(또는 준접속사)들은 한 문장 속에서 두 품사의 역할 (dual functions in one sentence)을 동시에 행하는 문법적인 요소이기도 하고 또는 복문을 단문으로 바꿀 때 사용되는 문법적인 요소이기도 하다. 다시 말해서, 준동사는 하나의 문장 속에서 먼저 명사나 형용사나 부사로서 쓰이는 것으로 끝난 것이 아니라 동시에 동사로서 또 하나의 문장(*준동사 자체 동사의 성질에 따라서 그 뒤에 보어, 목적어, 수식어를 받아서 문장을 만드는 것을 밀힘. 아래에서 준동사 뒤에 사용된 이탤릭체로 표시된 부분을 가리킨다.)을 만들기도 하고, 준접속사로서 종속접속사가 사용된 복문을 구로 바꾸어서 간결한 단문을 만들기도 한다.

◈ **주어+동사+~준동사** (~보어, 목적어, 수식어).

5. 동사의 변형(준동사)

보어/목적어/수식어(n., a., ad.)(+v~)

I want **to master** *English in this year*.
　　(명사=목적어)(~vt+o)
나는 올해에 영어를 정복하기를 원한다.

I want you **to master** *English in this year*.
　　(명사=목적보어)(~vt+o)
나는 당신이 올해에 영어를 정복하기를 원한다.

위에서 준동사인 부정사는 외부적 성질인 명사(to master)로서 want의 목적어로 사용되어 3형식(I want to master)을 만들었고, 동시에 내부적인 성질인 타동사로서 master는 그 뒤에 또 다른 목적어로 english와 수식어인 in this year를 취해서 또 다른 3형식(I master English in this year)을 만들고 있다.

I advise you **to master** *English in this year*.
　　(명사=불완전타동사의 목적보어)(~vt+o)
나는 올해에 당신이 영어를 정복하기를 충고한다.

I went to America **to master** *English in this year*.
　　(부사=수식어)(~vt+o)
나는 올해에 영어를 정복하기 위해서 미국으로 간다.

My hope is **mastering** *English in this year*.
　　(명사=불완전자동사의 주격보어)(~vt+o)
나의 소망은 올해에 영어를 정복하는 것이다.

This is the course **mastering** *English in this year*.
　　(형용사=제한적 용법)(~vt+o)
이것은 올해에 영어를 정복하고자 하는 과정이다.

5. 동사의 변형(준동사)

◈ **준동사** (~보어, 목적어, 수식어)**+동사+~보어/목적어.**
　주어(+v~)

To master *English in a year* is very difficult.
(명사=주어)(~vt+o)
1년 안에 영어를 정복한다는 것은 매우 어렵다.

Mastering *English in a year* is very difficult.
(명사=주어)(~vt+o)
1년 안에 영어를 정복한다는 것은 매우 어렵다.

◈ **주어+동사+~전치사+준동사** *(~보어, 목적어, 수식어)*
　　　　　　　　　전치사의 목적어(+v~)

He advised me on **mastering** *English in two years*.
　　　(명사=전치사의 목적어)(~vt+o)
그는 내게 2년 안에 영어를 정복하기를 충고했다.

He stayed home instead of **going** out.
(명사=전치사의 목적어)(~vi+modifiers)
그는 외출하지 않고 집에 머물렀다.

I am accustomed to **sleeping** *with the window open*.
　　　(명사=전치사의 목적어)(~vi+modifiers)
나는 창문이 열려있는 채로 잠자는 것에 익숙하다.

준동사(verbal, infinite verb 부정형동사)를 좀 더 쉽게 이해하기 위해서 우리가 앞서 배운 동사(verb, finite verb 정형동사)와 비교하여 공통점(something in common)과 차이점(something in difference)을 비교해가면서 설명을 해보기로 한다.

5. 동사의 변형(준동사)

(1) 첫째(공통점)로 준동사도 정형동사처럼 시제(時制, tense)와 태(態, voice)의 영향을 받는다는 점에서 동일하다.

동　사 / 단순형 － ⓥ / 완료형 have+p.p(ⓥ의 과거분사)
　　　　　　broken　　　　have broken
　　　　　　be broken　　 have been broken

준동사 / 부정사 － 단순형 to+ⓥ / 완료형 to have+p.p
　　　　　　to break　　　to have broken
　　　　　　to be broken　 to have been broken

동명사 － 단순형 ⓥ+ing / 완료형 having+p.p
　　　　　　breaking　　　having broken
　　　　　　being broken　 having been broken

분　사 － ⓥ+(e)d 또는 ⓥ+en
　　　　　　played　　　　broken
　　　　　　(*완료시제와 태를 만드는 재료)
　　　　　　be playing　　 having been playing
　　　　　　(*진행 시제를 만드는 재료)

He **intended** no harm yesterday.　　　정형동사: 단순시제(1시점)
어제 악의는 없었다.

I did not intend **to insult** you at all.　부정사: 단순시제(1시점)
당신을 모욕할 생각은 전혀 없었다.

I **have intended** no harm since then.　정형동사: 완료시제(2시점)
그때이후로 (지금까지) 악의는 없습니다.

I intended **to have come**.　　　　　　부정사: 완료시제(2시점)
오려고 하였다(실은 오지 못했다).

I **married** her.　　　　　　　　　　　정형동사: 능동태

나는 그녀와 결혼했다.

 She **was married** to me.　　　정형동사: 수동태
그녀는 나와 결혼했다.

I wanted her **to marry** you.　　부정사: 능동태
　　　=she married you
나는 그녀가 당신과 결혼했으면 원했다.

I wanted her **to be loved** by you. 부정사: 수동태
　　　=she was loved by you
나는 그녀가 당신에게 사랑받기를 원했다.

(주의) 준동사는 일반 동사처럼 시제의 영향을 받는다고 했는데, 좀 더 설명해 보기로 한다. 준동사도 일반 동사들처럼 시제의 영향을 받아서 형태에 있어서 "단순시제형, 완료시제형, 진행시제형" 등이 있다. 그리고 단순시제가 1시점을 나타내고 완료시제가 2시점을 나타낸다는 것에서도 일치한다.

He is rich. ----------------단순동사 is
그는 부자이다.　　　　　　　(1시점)
- 현재 부자이다.

He has been rich. -----------완료동사 has been
그는 부자로 살아온 것처럼 보인다.　(2시점)
- 현재도 부자이다.

He seems to be rich. --------단순부정사 to be
=It seems that he is rich.　　(1시점)
그는 부자인 것처럼 보인다.
- 현재 부자이다.

5. 동사의 변형(준동사)

He seems to have been rich. ----완료부정사 to have been
=It seems that he was rich.   (2시점)
=It seems that he has been rich.
그는 부자였던 것처럼 보인다. (was)
- 현재에는 모르겠다.
그는 부자로 살아온 것처럼 보인다. (has been)
- 현재에도 부자이다.

I am ashamed of being poor.
=I am ashamed that I am poor.
나는 현재 가난하다는 사실이 창피하다.

I am ashamed of having been poor.
=I am ashamed that I was (have been) poor.
나는 과거에 가난했다는 사실이 (지금) 창피하다. (was)
나는 과거에서부터 지금까지 가난하다는 사실이 창피하다.
(have been)

Having nothing to do, I am bored.
=As I have nothing to do.
나는 지금 해야 할 일이 없어서 지루하다.

Having had nothing to do these several days, I am bored.
=As I have had (had) nothing to do these days.
나는 요즘 해야 할 일이 없어서(없었기에) 지루하다.

(2)둘째(공통점)로 준동사도 정형동사처럼 자동사(intransitive verb)와 타동사(transitive verb)의 성질에 따라서 뒤에 보어, 목적어 또는 수식어를 취해 문형을 만든다는 점에서 동일하다.

　동　사　/　ⓥ　　　　　　I **broke** the door.

5. 동사의 변형(준동사)

준동사 / 부정사 <u>to+ⓥ</u>   I want **to break** *the door.*
동명사 <u>ⓥ+ing</u>   I like **breaking** *the door.*
분 사 <u>ⓥ+(e)d</u> 또는 <u>ⓥ+en</u>
　　　　　　　　He saw me **breaking** *the door.*
　　　　　　　　I *was* **breaking** *the door.*

I kept <u>**a promise**</u>.
s　vt　o(명사=보통명사)

I wanted <u>**keeping** *a promise*</u>.　　(I <u>kept</u> a promise)
s　vt　o(명사=동명사=준동사)　　s　vt　　o

I wanted <u>**to keep** *a promise*</u>.　　(I <u>kept</u> a promise)
s　vt　o(명사=부정사=준동사)　　s　vt　　o

I am glad of <u>**having kept** *a promise*</u>.(I <u>have kept</u> a promise)
　　　　prep o(명사=동명사=준동사)　s　　vt　　　o

(3)셋째(공통점)로는 준동사도 정형동사처럼 주어(主語, subject)와 부정어(否定語, negative)를 취할 수 있다는 것에서 동일하다. 준동사나 정형동사 모두가 주어를 그 앞에 놓으며 부정어 위치도 그 앞에 놓는다. 이 때 준동사의 주어는 의미상 주어라고 부르며 저마다 다른 격(格, case)을 사용한다. 부정사는 부사구격(for+목적어, of+목적어)이고 동명사는 소유격(또는 목적격)이고 분사는 주격이다.

　　I was surprised at <u>the library</u> **being so large**.
　　＊목적격(무생물 주어인 경우)
　　=I was surprised at ∼ The library was so large.
　　=I was surprised that the library was so large.
　　나는 그 도서관이 그렇게 큰 것을 보고 놀랐다.

Do you mind my(or me) **listening to music here**.
*소유격 또는 목적격(대명사가 주어인 경우)
=Do you mind ~ I listen to music here.
당신은 내가 여기서 음악을 들어도 괜찮겠습니까?

I don't like my daughter('s) **going to such a place**.
*소유격 또는 목적격(대명사가 주어인 경우)
=I don't like ~ My daughter goes to such a place.
나는 나의 딸이 그런 곳에 가는 것을 원치 않는다.

The weather **being fine**, I went shopping.
*주격(분사 구문: 독립분사구문의 경우)
=The weather was fine ~ I went shopping.
=As the weather was fine, I went shopping.
날씨가 너무 화창해서 나는 쇼핑하러 갔다.

It is difficult for you **to master English in a year**.
*부사구격(앞의 형용사가 사람의 성질인 경우)
=It is difficult ~ You master English in a year.
=English is difficult for you to master in a year.

It is very kind of you **to help me**.
*부사구격(앞의 형용사가 이성적 판단인 경우)
=It is very kind ~ You help me.
=You are very kind to help me.

당신이 나를 도와주는 것에 참으로 감사합니다.
당신이 나를 도와주니 참으로 친절하군요. (이유)
당신이 나를 도와주다니 참으로 친절하군요. (정도)

Not **knowing what to say**, I kept silent.

=As I didn't know what to say, I kept silent.
무슨 말을 해야 할지 몰라서 나는 계속 침묵했다.

I told him **not to go there alone**.
=I told him that he should not go there alone.
나는 그에게 그곳에 혼자 가지 말라고 말했다.

I was sorry for not **attending at the ceremony**.
=I was sorry that I didn't attend at the ceremony.
내가 그 예식에 참석하지 못한 것이 유감스럽다.

(4) 넷째(차이점)로 모양(模樣, form)이 다르다.

동 사 / ⓥ	break / like
준동사 / 부정사 **to+ⓥ**	to break / to like
동명사 ⓥ**+ing**	breaking / liking
분 사 ⓥ**+(e)d** 또는 ⓥ**+en**	broken / liked

I **kept** a promise.
(본동사 / ⓥ / kept (keep의 과거형))

I wanted **keeping** a promise.
(준동사 / ⓥing / keeping)

I want **to keep** a promise.
(준동사 / **to+**ⓥ / to keep)

(5) 다섯째(차이점)로 품사(品詞, parts of speech)가 다르다.

동 사 / ⓥ　　　　　동사

5. 동사의 변형(준동사)

준동사 / 부정사 to + ⓥ   명사, 형용사, 부사
동명사 ⓥ + ing   명사,…
분　사 ⓥ + (e)d 또는 ⓥ + en
　　　　　　　　　　　　형용사, 부사, 동사,…

I **kept** a promise.
　*동사(keep의 과거형)

I wanted **to keep** a promise. 준동사(부정사)
　*명사로서 목적어로 사용

I finished **reading** the book yesterday. 준동사(동명사)
　*명사로서 목적어로 사용

I met a man **named** Kim in the park. 준동사(과거분사)
　*형용사로서 제한적 용법으로 사용

I saw him **reading** a novel on the bench. 준동사(현재분사)
　*형용사로서 서술적 용법으로 사용

I sat **reading** a novel on the bench. 준동사(현재분사)
　*부사로서 동사 수식하는 것으로 사용(분사구문)

Knowing that Kim was hungry, I gave her one dollar. (〃)
　*부사로서 동사 수식하는 것으로 사용(분사구문)

(6) 여섯째(차이점)로 위치(位置, position)가 다르다.

동　사 / ⓥ　　　　동사의 위치에 사용

준동사 / 부정사 to+ⓥ　　명사(형용사·부사)의 위치에 사용

5. 동사의 변형(준동사)

동명사 ⓥ+ing 명사의 위치에 사용
분 사 ⓥ+(e)d 또는 ⓥ+en
  형용사(부사/동사)의 위치에 사용

*We **listen to** good music together. (동사/동사위치)
*I **kept** silence. (동사/동사위치)
*I **talked** to him about old times. (동사/동사위치)
*The book **was written** in English. (동사/동사위치)
*We **watched** people walk on the bridge. (동사/동사위치)
*He **wept** on the playground. (동사/동사위치)

Listening to good music softens the mind.
  (준동사/명사/주어위치)
I wanted **to keep** silence.
  (준동사/명사/목적어위치)

I enjoyed **talking** to him about old times.
  (준동사/명사/목적어위치)

I have many friends **to talk with**.
  (준동사/형용사/제한적 용법-명사를 후치수식)

I have two books **written** in English.
  (준동사/형용사/제한적 용법-명사를 후치수식)

I sat **watching** people walk on the bridge.
  (준동사/형용사/서술적 용법-주격보어위치)

He left the boy **weeping** on the playground.
  (준동사/형용사/서술적 용법-목적격보어위치)

(7)일곱째(차이점)로 해석(解釋, meaning)이 다를 수 있다. 이 경우는 준동사 모두가 해석에서 차이점을 갖는다는 것이 아니라 특별한 경우에 한한다. 즉 동사는 그 모양이 시제와 태(능동, 수동)의 영향을 받아서 변화하는데 특히 수동태의 영향을 받게 되면 해석함에서 "~되(어지)다, 당하다"라는 의미를 덧붙이게 된다. 그리고 주어가 행위자가 아니고 수동자의 입장에 처하게 된다는 것도 주의해야한다. 이와 마찬가지로 준동사도 수동태의 경우는 해석에서 주의해야한다.

동 사 / ⓥ 동사의 뜻 그대로 해석

준동사 / 분 사 ⓥ+(e)d 또는 ⓥ+en
 -자동사는 진행(~하는)과 완료(~해버린)의 뜻으로
 -타동사는 능동(~하게하는)과 수동(~되어진)의 뜻으로

He wanted me **to break** the window.
(능동태 부정사/to+ⓥ/~을 깨다)
그는 내가 그 창문을 깨기를 원했다.

He wanted the window **to be broken** by me.
(수동태 부정사/to be+p.p/~에 의해 깨(어)지다)
그는 나에 의해서 그 창문이 깨어지기를 원했다.

결과적으로, 준동사인 「분사, 동명사, 부정사」가 문장 속에서 사용될 때에는 우선적으로 주요 품사인 명사, 형용사, 부사로서의 역할에 따른 위치를 확인한 후에, 다음으로 자체 속의 동사에 따른 또 다른 문장의 형태를 그 뒤에 끌고 온다는 사실을 잊어서는 안된다. 이처럼 준동사가 문장 속에서 주요 역할을 수행하는 경우가 대부분이지만 때로는 명사, 형용사, 부사로서가 아닌 그 밖의 역할을 수행하는 경우도 있는데 바로 특수용법이라 할 수 있는 「완전형용사화, 완전부사화, 완전명사화, 완전전치사화, 완전접속사화」등도

5. 동사의 변형(준동사)

항상 염두에 두어야 할 것이다.

현대 영어는 가능한 한 복잡한 문장(중문, 복문)을 간결화(단문화)시키고자 하는데, 이러한 목적으로 가장 많이 사용하고 있는 문법적 요소가 바로 준동사이다. 즉, 복문 속에 사용된 종속절 「명사절, 형용사절, 부사절」을 절(clause)의 형태에서 구(phrase)의 형태로 바꿀 때 준동사를 사용한다. 왜냐하면 종속절이 갖추고 있는 모든 자격(*명사, 형용사, 부사이면서 동시에 주술관계를 가지고 있다)을 그대로 가지고 있는 것으로는 준동사(*명사, 형용사, 부사이면서 동시에 의미상 주어와 동사의 성질을 가지고 있다) 밖에 없기 때문이다. 특히, 분사를 사용해서 중문은 바로 단문화 시킬 수 있지만(분사구문), 또 다른 방법으로서 중문을 먼저 관계사를 통해서 복문으로 바꾼 다음에 다시 준동사를 사용해서 단문으로 바꿀 수도 있다.

중문 → There was a man **and they called him a fool**.
   = There was a man and he was called a fool
   (by them). (수동태 전환)
복문 → There was a man **who was called a fool**.
   ('주격관계사+be' 경우 동시생략 가능)
단문 → There was a man **called a fool**.
   (분사, 형용사, 제한적 용법, 후치수식)

중문 → I met a good teacher **and he helped me**.
복문 → I met a good teacher **who helped me**.
단문 → I met a good teacher **to help me**.
   (부정사, 형용사, 제한적 용법, 후치수식)

중문 → **He will come tomorrow and** I am sure of it.
복문 → I am sure **that he will come tomorrow**.
단문 → I am sure of **his coming tomorrow**.
   (부정사, 명사, 전치사의 목적어)

아래의 도표(graph)는 준동사를 한 눈에 볼 수 있도록 요약 정리한 것이다. 준동사를 전체적으로 정리하고 있으면 이해하는데 도움이 되리라 생각된다.

준동사 정리

	분 사	동명사	부정사
형태/기본	현재분사: ⓥing 과거분사: 규칙변화형 ⓥ(e)d 불규칙변화형 ⓥen	ⓥing	to + ⓥ
능동태	*분사는 시제를 만드는 기본 재료이다→ 현재분사: 진행시제 과거분사: 완료시제	단순형 ⓥing 완료형 having +pp	단순형 to + ⓥ 완료형 to have +pp
수동태		단순형 being +pp 완료형 having been +pp	단순형 to be +pp 완료형 to have been +pp
품사	①**형용사**: 제한, 서술 ②**부사** (=분사구문): 동사, 형용사, 부사 수식	①**형용사화**: 복합명사로서 ②**명사**: 주어, 보어, 동사 또는 전치사의 목적어, 동격	①**형용사**: 제한, 서술 ②**명사**: 주어, 보어, 동사 또는 전치사의 목적어, 동격 ③**부사**: 동사, 형용사, 부사 수식
기타	③완전형용사④부사, ⑤전치사,⑥접속사)화, ⑦완전명사화 (the+분사)	※ 관용적 용법	※ 관용적 용법

이제부터는 준동사가 문장 속에서 사용되는 구체적인 위치에 대해서 자세히 살펴보기로 한다. 먼저, 분사(participle, 分詞)는 「형용사, 부사, 동사, 특수용법」으로 사용되는데 문장 속에서 구체적인 위치(13 positions)는 다음과 같다.

(1) 형용사로서 사용된 경우

◈ **제한적 용법** : 분사가 단독으로 명사를 수식할 경우에는 명사 앞에서 수식하지만, 분사가 자체속의 동사에 따라서 뒤에 보어나 목적

어나 수식어를 동반하는 경우에는 명사를 뒤에서 수식한다.16)

① <u>분사</u>+명사17)

② 명사+<u>분사</u>(~+보어/목적어/부사)

the **rising sun**
=the sun **which is rising**

---

16) 특히, 분사가 명사 뒤에서 수식하는 경우에 현재분사 뒤에는 능동태 문형이 뒤따르고 과거분사 뒤에는 수동태 문형이 뒤따른다.
17) 분사가 형용사로서 명사를 한정할 때 자동사(vi)의 현재분사는 진행(상태)의 의미를 가지고 과거분사는 완료의 의미를 가진다. 타동사(vt)의 현재분사는 능동의 의미를 가지고 과거분사는 수동의 의미를 가진다.

 저동사: **Falling** leaves (=leaves which **are falling**)
   떨어지고 있는 나뭇잎들
   Fallen leaves (=leaves which **have been fallen**)
   떨어져버린 나뭇잎들, 낙엽들
 타동사: An **exciting** game (=a game which **excites someone**)
   흥분시키는(흥분하게 하는) 경기, 흥미를 주는 경기
   An **excited** teacher(=a teacher who **is excited by someone**)
   흥분된(흥분 받은) 선생님

  *The following month.
   =the month that follows

  *She was trapped inside the burning house.
   =a house which is burning

  *Many of her paintings depict the setting sun.
   =the sun that is setting

  *increasing speed
   =speed which increases

  *A disappearing woman in the fog
   =a woman which is disapearing in the fog

5. 동사의 변형(준동사)

떠오르는 태양

a **sleeping** baby
=a baby **who is sleeping**
잠자고 있는 아기

Boiling water
=water **which is boiling**
끓고 있는 물

Boiling machine
=machine **which boils water**
물을 끓게 하는 기계

the game **exciting** us
=the game **which excites us**
우리를 흥분시키는 경기

the **enchanted** evening
=the evening **which is enchanted**
매혹적인 저녁

Boiled water
=water **which has been boiled**
끓여진 물

Broken window
=window **which was broken**
깨(어)진 창문

The man **carrying the ball** is my friend.

=The man (**who is**) **carrying the ball** is my friend.
공을 옮기고 있는 저 사람은 내 친구이다.

I received the letter **written in English**.
=I received the letter (**which was**) **written in English**.
나는 영어로 쓰여 진 편지를 받았다.

The boy **running slowly** finished the race.
=The boy **who was running slowly** finished the race.
천천히 달리던 그 소년은 그 경주를 끝냈다.

The girl **having been scolded** finally did his work.
=The girl **who had been scolded** finally did his work.
꾸중 듣던 그 소녀가 마침내 그 일을 해냈다.

(주의) 분사와 명사의 관계-형용사의 전치수식의 경우

The **problem confuses** the students.
=It is a confusing problem to the students.
*능동: 주어 → 동사 (=**confusing problem** ~당황케 하는 문제)

The **students are confused** by the problem.
=They are confused students with the problem.
*수동: 주어 ← 동사 (=**confused students** ~당황한 학생들)

The **class bores** the students.
=It is a boring class to the students.
*능동: 주어 → 동사 (=**boring class** ~지루하게 하는 수업)

The **students are bored** by the class.
=They are bored students with the class.
*수동: 주어 ← 동사 (=**bored students** ~지루한 학생들)

5. 동사의 변형(준동사)

The **story amused** the students.
=It was an amusing story to the students.
*능동: 주어 → 동사 (=**amusing story** ~재미있는 이야기)

The **students are amused** by the story.
=They are amused students with the story.
*수동: 주어 ← 동사 (=**amused students** ~재미있어하는 학생들)

The **students** are **interested** in the subject.
=The **interested students** in the subject
=The students interested in the subject
그 주제에 흥미를 느끼는 학생들

The **students** are **interesting**.
=The **interesting students** 재미있는 학생들

The **subject** is **interesting**.
=The subject interests the students.
=The **interesting subject** 흥미를 주는 학과

The **work** was **tiring**.
=**tiring work** 지치게 하는 일

The **man** was **tired**.
=**tired man** 지친 사람

(주의)
Questions were **puzzling** (to my friends.)
=**puzzling questions** 당황케 만드는 질문들

*The **friends** were **puzzled**.
=**puzzled friends** 당황한 친구들 (○)

*Questions were puzzled.
=puzzled questions 당황된 질문들 (×)

◆ **서술적 용법**: 형용사가 2형식의 주격보어나 5형식의 목적격보어로 사용되는 경우를 말한다. 단, 정해진 동사들에 한해서만 분사를 보어로 취할 수 있다.

③ 주어+불완전vi+분사(~+보어/목적어/부사).

④ 주어+불완전vt+목적어+분사(~+보어/목적어/부사).

He looked **dazed**.
그는 현기증이 나는 것처럼 보였다.

The girl seemed **worried**.
그 소녀는 걱정스러운 것처럼 보였다.

I want this work **finished** quickly.
나는 이 일이 빨리 끝내지기를 바란다.

We found the woman somewhat **recovered**.
우리는 그 여자가 조금 건강이 회복되었다는 것을 알았다.

I watched the shadow of a cloud **passing** over the water.
수면을 구름의 그림자가 지나가고 있는 것을 지켜보다.

She kept me **waiting** so long.
그녀가 나를 그렇게 오랫동안 (계속해서) 기다리게 했다.

(2) **동사로서 사용된 경우**: 분사는 준동사이므로 문장 속에서 두 품

사의 역할을 하는 것이 원칙이지만 특이하게 동사의 역할만 하는 경우를 말한다. (*일부의 문법학자들은 형용사의 서술적 용법으로 주장하는 경우도 있다.)

⑤ **진행형: 주어+ be+현재분사**

⑥ **수동형: 주어+ be+과거분사**[18]

⑦ **완료형: 주어+ have+과거분사**

I **was writing** a letter to my friend.
나는 친구에게 편지를 쓰고 있다.

The letter **was written** by me.
그 편지는 나에 의해서 쓰여 졌다.

He **has** already **written** the letter.
그는 그 편지를 이미 써 놓았다.

완료시제에 대해서 제 4장 시제에서 다루었으므로 여기서는 진행형과 수동태에 대해서 좀 더 설명하기로 한다. 우선, 진행시제(progressive tense)는 어떤 기준 시점의 순간에 하고 있는 일시적인

---

[18] 수동태는 자동사(1,2형식)로는 안 되고 오로지 타동사(3,4,5형식)를 가지고만 만들 수 있다. 왜냐하면 자동사로 과거분사를 만들면 완료적인 의미(fallen leaves 떨어진 나뭇잎들)가 현재분사는 진행 또는 상태적인 의미(falling leaves 떨어지고 있는 나뭇잎들)가 발생하고 타동사를 가지고 과거분사를 만들면 수동적인 의미(broken windows 깨어진 유리창들)가 현재분사는 능동적인 의미(exciting game 흥분시키는 경기)가 만들어지기 때문이다. (주의) ①수동태를 만들 때 타동사의 과거분사 앞에 be동사를 많이 쓰지만 때로는 get, become, grow 등의 자동사를 쓰는 경우도 있다. ②수동태의 해석은 동작(be+pp, get+pp)과 상태(be+pp)로 두 가지가 있다. The house is painted white.(상태: 그 집은 흰색으로 칠해져 있다) The house is painted every year.(동작: 그 집은 매년마다 칠하여 진다) They got married in 1992.(동작: 그들은 1992년에 결혼했다) She grew tired.(그녀는 피곤해졌다)

행동을 표현할 때 사용할 수 있다. 행동(activities)보다는 연속성(continuity)에 더욱 중점을 둔 경우이다. 특히 동작이 항구적으로가 아닌 일시적으로 어느 한 시점을 중심으로 발생하고 있다면 **단순진행(be+ⓥing)**을 사용하고 그리고 두 시점을 걸쳐서 발생하고 있다면 **완료진행형(have been+ⓥing)**을 사용한다.19)

● 단순진행형과 완료진행형

The student **is** honest.
그 학생은 정직합니다.

(주의)그가 정직하다는 사실, 즉 상태는 금방 끝나는 것이 아니라 어느 정도 변함없이 계속되어질 상황으로 볼 수 있다. 그러므로 단순 현재시제 동사를 사용한다.)

The student **gets up** at six everyday.
그 학생은 매일 아침 여섯시에 일어납니다.

(주의)그가 아침 여섯시에 기상하는 사실, 즉 동작은 금방 끝나는

---

19) 특히, 동사 자체 속에 진행(계속)의 의미를 가지고 있는 동사(무의지의 지각, 존재와 소유, 상태, 감정, 사고와 인지, 능력, 심상)들은 진행형을 취할 수가 없다. 왜냐하면 그 동사를 그대로 써도 진행의 의미가 발생하기 때문이다. —무의지의 지각: see, hear, taste, smell, sound, seem 존재와 소유: be, exist, consist in, have, possess, own, belong to 상태: live, resemble, continue, last, stand, sit 감정: like, prefer, love, respect, hate 사고와 인지: think, know, understand, recognize, suppose 능력: enable 심상: want, wish, hope, expect, believe, doubt, need

      I do not **understand** the problem.(○)
      I **am** not **understanding** the problem.(×)
      Do you **have** a car?(○)
      Are you **having** a car?(×)
      *He **is having** breakfast now.(○)▶have=eat

것이 아니라 어느 정도 변함없이 계속되어질 상황으로 볼 수 있다.
그러므로 단순현재시제 동사를 사용한다.)

The student **is studying** English with his friends (now).
그 학생은 친구들과 함께 영어공부하고 있습니다.

(주의)그가 지금 친구들과 함께 영어공부를 하고 있는 사실, 즉 동작은 변함없이 계속되어질 상황으로서가 아닌 잠시 동안만 계속되어질 상황으로 볼 수 있다. 단지 현재라는 한 시점에서 공부하고 있다는 사실에 초점을 두고 있지 어느 특정 과거시점부터 현재까지 계속해서 해오고 있음을 말하고 있지는 않다. 그러므로 단순현재진행시제 동사를 사용한다.)

The student **has been studying** English with his friends (for five hours).
그 학생은 친구들과 함께 계속해서 영어공부하고 있습니다.
(현재 다섯 시간 동안~)

(주의)그가 지금 친구들과 함께 영어공부를 하고 있는 사실, 즉 동작은 변함없이 계속되어질 상황으로서가 아닌 잠시 동안만 계속되어질 상황으로 볼 수 있다. 그러나 위의 상황과 다른 것으로서, 그는 지금도 공부하고 있는데 다섯 시간 전부터 지금까지 계속해서 공부해오고 있다는 사실이다. 한 시점의 사실이 아닌 과거부터 현재까지인 두 시점에 걸쳐서 발생하고 있음을 알 수 있다. 그러므로 현재완료진행시제 동사를 사용한다.)

다음으로, 수동태(passive voice)에서 '태(態)'란 단어의 뜻이 '동사가 나타내는 동작의 특질, 곧 방향성에 관한 언어적 형태'를 말한다. 다시 말해서 문장의 주어가 동작을 일으키는 것인가 또는 주어가 상대방에게서 동작을 받는 것인가를 나타내주는 동사의 형식(형태)을 태라고 한다. 이때 주어가 동작을 상대방한테 일으키는 입장이라면 능동태(active voice)라 하고, 반면에 주어가 동작을 상대방에 의해 받는 입장이라면 수동태(passive voice)라고 한다. 그러면 수동태와 관련된 문법적인 사항들에 대해서 알아보자.

● 수동태는 몇 형식의 문장들이 가능한가?

앞에서 분사의 의미에서 설명한 바 있듯이 동사를 분사로 만들 때 자동사의 과거분사는 완료와 상태의 의미를 가지게 되고 타동사의 과거분사는 수동의 의미를 가지게 된다는 것을 통해 볼 때, 수동태는 반드시 타동사(3, 4, 5형식 동사)가 사용된 문장만이 가능하다는 것을 알 수 있다.

He **finished** the work.(3형식)
→The work **was finished** by him.
그는 일을 끝마쳤다.
(일이 마무리되었다.)

He **gave** me a book.(4형식)[20]
→I **was given** a book by him.
→A book **was given** to me by him.
그가 내게 책을 주었다.
(나는 그한테서 책을 받았다.)
(책이 내게 건네졌다.)

He **elected** me manager.(5형식)
→I **was elected** manager by him.
그가 나를 매니저로 뽑았다.

---

[20] 4형식을 수동태로 만들 때는 수여동사에 따라서 목적어를 주어로 수동태를 만들 수 있는 것과 만들지 못하는 경우가 있다. ①목적어 두 개 모두 수동태가 가능한 동사들로는 'allow, ask, award, give, 등이 있고 ②직접목적어만 수동태의 주어로 사용할 수 있는 동사들로는 'buy, carry, get, make, read, send, 등이 있고 ③직접목적어만 수동태의 주어로 사용할 수 있는 동사들로는 'call, envy, save, spare, 등이 있다.

(나는 매니저로 뽑혔다.)

●수동태의 시제는 어떻게 되는가?

능동태를 수동태로 전환시킬 때 능동태가 가지고 있는 시제를 그대로 가져온다는 것이다. 어순은 문장구조의 어순인 "tense+(modals)(have~p.p)(be~ing)(**be~p.p**)+본동사(vt)"이며, 능동태와 수동태의 시제는 서로 일치한다.

```
*Active Voice ─────→ *Passive Voice
simple tense ─────→ be+p.p
modals+vt  ─────→ modals be+p.p
have+p.p   ─────── → have been+p.p
be+ⓥing    ─────── → be being+p.p
will be+ⓥing ─────→ will be+p.p
have been+ⓥing ──→ have been+p.p
```

She **cleans** this room every day.(단순현재)
→This room **is cleaned** every day by her.
그녀는 매일 이 방을 청소한다.
(이 방은 매일 청소되고 있다.)

She **cleaned** this room yesterday.(단순과거)
→This room **was cleaned** yesterday by her.
그녀가 이방을 어제 청소했다.
(이 방은 어제 청소되었다.)

She **is cleaning** the room right now.(단순현재진행)
→The room **is being cleaned** right now by her.
그녀가 바로 지금 그 방을 청소하고 있다.
(그 방은 바로 지금 청소되고 있다.)

She **was cleaning** the room when I arrived.(단순과거진행)
→The room **was being cleaned** by her when I arrived.
내가 도착했을 때 그녀는 그 방을 청소하고 있었다.
(내가 도착했을 때 그 방은 청소되고 있었다.)

She **has cleaned** the room now.(현재완료)
→The room **has been cleaned** now by her.
그녀가 그 방 청소를 지금 (마침내) 마무리했다.
(그 방은 지금 (마침내) 청소가 마무리 되었다.)

She **had cleaned** the room when I returned home.(과거완료)
→The room **had been cleaned** by her when I returned home.
내가 집에 돌아왔을 때 (이미) 그녀는 그 방 청소를 마무해버렸다.
(내가 집에 돌아왔을 때 (이미) 그 방 청소는 마무리도어 있었다.)

She **will be cleaning** the room when I returns home.
(단순미래진행)
→The room **will be cleaned** by her when I returns home.
내가 집에 돌아 쯤에 그녀가 그 방을 청소하고 있을 겁니다.
(내가 집에 돌아 쯤에 그 방은 청소되고 있을 겁니다.)

She **has been cleaning** the room for two hours.(현재완료진행)
→The room **has been cleaned** for two hours by her.
현재 그녀는 두 시간 동안 내내 그 방 청소를 하고 있다.
(현재 그 방은 두 시간 농안 내내 청소되고 있다.)

● **능동태를 수동태로 바꾸는 방법은 어떻게 하는가 ?**

능동태의 주어는 수동태 문상의 맨 뒤로 가져가는데 그 앞에 전치사 'by'를 쓰는 것이 일반적이지만 문장 속의 동사가 숙어처럼 끌고 다니는 전치사(in, to, with, for, at, etc.)가 있다면 그 전치사를 우선해서 쓸 수 있다. 그리고 능동태의 목적어를 수동태 문장의 주어로 가져온다. 마지막으로 동사의 시제를 확인하여 위에서처럼 능동태와 수동태의 시제를 일치시켜서 전환시키면 된다. 물론 주어와 목적어가 위치변화에 따른 격변화를 주의해야 한다.

3형식: S+**Vt**+O.
→O(주격)+**be**+**p.p**~by+S(목적격).--------1형식

4형식: S+**Vt**+Io+Do.
→Io(주격)+**be**+**p.p**+Do ~by+S(목적격).-----3형식
→Do(주격)+**be**+**p.p**+전치사(to, in, with, for, at)
 +Io~by+S(목적격).----------------1형식

5형식: S+**Vt**+O+Oc.
→O(주격)+**be**+**p.p**+Oc~by+S(목적격).-----2형식

● 능동태를 수동태로 바꾸었을 때 문장의미의 변화는?

능동태의 '~하게 하다, 시키다'와 수동태의 '~하게 되다, 당하다'라는 차이는 있을지라도 문장 전체의 의미는 바뀌지 않는다. 그래서 수동태를 해석할 때 그 해석이 자연스럽지 못하면 다시 능동태로 바꾸어서 해석한다.

I **love** her.
나는 그녀를 사랑한다.

→She **is loved** by me.
(나에 의해서) 그녀는 사랑을 받고 있다.

She **heard** me sing.

그녀는 내가 노래 부르는 것을 들었다.

→I **was heard** to sing by her.
내가 노래 부르는 것을 그녀가 들었다.

● 그밖에 수동태에서 주의할 것들은?

✓ 타동사(vt)라고 해서 모두 수동태 문장으로 바꿀 수 있는 것은 아니다. 왜냐하면 수동태란 과거분사를 이용해서 주어가 상대방한테 어떤 당한(passive) 상태에 있다는 것을 나타내기 위한 것인데 만약에 동사 자체가 이미 당한 상태에 있음을 나타내고 있다면 수동태로 바꿀 필요가 없기 때문이다. 그러한 타동사들로 '소유(have, belong, own, possess), 사역(have, let), 상태(resemble~와 닮다, become, suit~와 어울리다, take~시간이 걸리다, outlive, experience, last, weight, watch, lack, await, befall), 그리고 그밖에 동사들로는 consist of, happen to, reply to, arrive at, reach, result in, appreciate, contain, cost, equal, mind, want, wish' 등이 있다.

She has a new computer.
그녀는 새 컴퓨터를 갖고 있다.

She resembles her mother.
그녀는 어머니를 닮았다.

✓ 타동사구의 형태를 가진 문장의 수동태는 그 타동사구를 한 단위로 묶어서 즉 마치 한 단어처럼 취급하여 바꾸면 된다.

Everybody **laughed at** him.(자동사+전치사)
→He **was laughed at** by everybody.

5. 동사의 변형(준동사)

모든 사람들이 그를 비웃었다.
(그는 비웃음을 받았다.)

People **speak well of** her.(자동사+부사+전치사)
→She **is well spoken of** by people.
사람들은 그녀를 칭찬한다.
(그녀는 칭찬을 받고 있다.)

He **turned off** the light.(타동사+부사)
→The light **was turned off** by him.
그가 불을 껐다.(불이 꺼졌다.)

She **took (great)care of** the baby.(타동사+목적어+전치사)
→The baby **was taken care of** by her.
→**Great** care **was taken of** the baby by her.
그녀가 그 아기를 잘 보살폈다. (그 아기는 잘 보살펴졌다.)

✓ 목적어로 명사절이 쓰였을 경우의 수동태는 그 명사절을 한 단위로 취급해서 바꾸면 된다. 그런 다음 가주어와 진주어로 전환시키고 부정사를 이용하여 단문으로 고친다. 부정사로 고칠 때 명사절 속의 동사의 시제가 주절 속의 시제와 같으면 단순부정사(to+ⓥ)로 쓰고, 그리고 명사절 속의 동사의 시제가 주절 속의 시제보다 한 시제 앞서면 완료부정사(to have+p.p)로 쓴다.(say, know, think, believe, expect, hope, report,…)

They say **that he is honest**.
→**That he is honest** is said by them.
→**It** is said by them **that he is honest**.
→He is said **to be** honest.
사람들은 그가 정직하다고 말한다.
(그가 정직하다고 말해지고 있다.)

They say **that he was honest**.
→**That he was honest** was said by them.
→**It** was said by them **that he was honest**.
→He was said **to have been** honest.
사람들은 그가 정직했다고 말한다.
(그는 정직했다고 말해지고 있다.)

√ 목적어로 재귀대명사(~self, selves)가 쓰였을 경우도 수동태로 바꿀 수가 있는데 재귀동사가 목적어로 재귀대명사를 취하면 '동작'을 나타내고 그 문장을 수동태로 고치면 '상태'를 나타내게 된다.

They seated **themselves** on the sofa.(~앉았다)
→They **were seated** on the sofa by them.(~앉아 있었다)

She dressed **herself** in white.(~입었다)
→She **was dressed** in white by her.(~입고 있었다)

√ 능동태의 부정주어를 수동태로 바꿀 때 부정어가 문장 앞으로 나가려는 경향이 있다. 'nobody→not~by anybody, no one→not~by anyone, nothing→not~by anything' 등으로 바꾸어 쓴다.

Nobody believed the truth.
→The truth was believed by nobody.(×)
→The truth was **not** believed **by anybody**.(0)
아무도 그 사실을 믿지 않았다.
(그 사실은 믿어지지 않았다.)

√ 의문문의 수동태는 의문문 자체가 도치된 구문이기 때문에 다시 원상태의 문장으로 고친 다음에 수동태로 바꾼다. 그리고 그 수동

태를 다시금 의문문으로 전환시키면 된다.

Did you finish the work?
→You finished the work.
→The work was finished by you.
→Was the work finished by you?
당신은 그 일을 마무리 했나요?
(그 일이 마무리 되었나요?)

Who wrote this letter?
→This letter was written by whom.
→Was this letter written by whom?
→Whom(Who) was this letter written by?
→By whom was this letter written?
누가 이 편지를 썼나요?
(이 편지가 누구에 의해서 쓰여 졌나요?)

Whom did she love?
→She loved whom.
→Who was loved by her?
그녀는 누구를 사랑했나요?
(누가 그녀의 사랑을 받았나요?)

✓ 명령문의 수동태에 있어서 직접명령문(Rvt+~)과 간접명령문(Let+O+Rvt~)은 기본공식인 'Let+O+Be+p.p~by+S'를 이용한다.

Open the window.
→Let the window be opened by you.
창문을 열어라.
(창문이 열려있도록 하시오.)

Let him open the window.
→Let the window be opened by him.
그에게 창문을 열라고 하시오.
(그에게) 창문이 열려있도록 하라고 하시오.)

✓ 조동사들 중에서 'will, shall, have, be'은 인칭과 수에 따라서 달라진다.

I **will** pay the money.(의지미래)
→The money **shall** be paid by me.
내가 그 돈을 지불하겠다.
(그 돈이 지불되도록 하겠다.)

I **have** finished the work.
→The work **has** been finished by me.
내가 그 일을 마무리 했다.
(그 일이 마무리 되었다.)

✓ 수동태에서 'by+행위자(일반인, 불분명한 행위자, 명백한 행위자)'일 때는 일반적으로 생략을 한다.

They speak English in Canada.
→English is spoken in Canada.
캐나다에서는 영어를 사용한다.
(캐나다에서는 영어가 사용되고 있다.)

A soldier killed him in the war.
→He was killed in the war.
전쟁터에서 어떤 군인이 그를 죽였다.
(그는 전쟁터에서 전사했다.)

She was born in 1999.
그녀는 1999년에 태어났다.

*He was borne by an American woman.
 (by이하를 동반하는 경우)
 미국인 어머니에게서 태어났다.

✓ 수동태를 해석하는 방법이 두 가지가 있는데 동작수동태(~하게 되다, ~되어지다)와 상태수동태(~되어 있다, ~되어져 있다)이다. 이들을 능동태로 바꾸고자 할 때 전자는 시제를 일치시키고 후자는 한 시제 앞선 완료시제로 한다. 이러한 동작과 상태 수동태의 의미를 명확하게 구별하기 위해서 'be'동사 대신에 동작일 때는 'get, grow, become+p.p'를 쓰고 상태일 때는 'remain, lie, stand, rest +p.p'를 쓰는 경우도 있다.

The door **was shut** at six, but I don't know when it **was shut**.
문은 여섯시에 <u>닫혀있었다</u>, 그러나 나는 그 문이 언제 <u>닫혔는지</u> 모른다.
　　　　*상태적인 의미(=had shut)　　　*동작적인 의미(=shut)

Our house **is painted** every year. (동작)
→We **paint** our house every year.
우리 집은 매년마다 페인트칠하여진다.

Our house **is painted** green. (상태)
→We **have painted** our house green.
우리 집은 초록색으로 칠하여져있다.

His composition **is** well **written**. (상태)
=He **has written** his composition well.
그의 영작문은 잘 쓰여 졌다.

You will soon **get accustomed** to the climate. (동작)
당신은 곧 기후에 적응하게 될 것이다.

He **grew excited**.
그는 점점 더 흥분케 되어졌다. (동작)

She **remained unmarried**.
그녀는 결혼하지 않은 채로 있다. (상태)

She **rests satisfied**.
그녀는 만족하고 있다. (상태)

✓ 겉보기에는 능동태인데 해석할 때에는 수동태의 의미로 하는 경우가 있다. 첫 번째 경우는 'have(get)+O+과거분사' 구문에서 have(get)동사가 '~시키다(과거분사가 주어에게 이익을 주게 될 경우), ~당하다(과거분사가 주어에게 손해를 주게 될 경우)'이다. 두 번째 경우는 타동사인 'want, need, require, deserve, bear, stand, merit, won't bear(stand)'와 형용사 'worth, worthy of'와 전치사 'past'가 그 뒤에 능동형 동명사를 취해서 수동의 의미를 갖게 된다. 이때 부정사로 받고자 할 경우에는 수동형(to be+p.p)으로 받아야 한다. 마지막으로는 일반적으로 타동사로 쓰이는 동사들이 목적어를 취하지 않아서 자동사로 쓰일 때 수동의 의미를 갖는 경우가 많다.

I **had(got)** my watch **repaired**.(~수리시켰다)
I **had(got)** my watch **stolen**.(~도난당했다)

My camera **needs repairing**.
=My camera **needs to be repaired**.
나의 카메라는 수리되어질 필요가 있다.

This book is **worth reading**.
이 책은 읽혀질 가치가 있다.

The pain was almost **past bearing**.
(=too severe to be endured)
그 아픔은 도저히 참을 수가 없을 정도였다.

His book **sells** well.
그의 책이 잘 팔려지고 있다.

The pen **writes** well.
펜이 잘 쓰여 진다.

The meat **cuts** well.
고기가 잘 잘려진다.

The door **locks** quite easily.
문이 아주 쉽게 잠겨 진다.

My house **is building**.
나의 집이 건축되어지고 있다.

✓ 5형식 문장에서 동사가 지각 또는 사역동사(causative verb)가 사용되고 목적보어로 부정사가 쓰일 경우에서, 능동태일 때는 to가 없는 원형부정사가 사용되지만 수동태일 때는 to부정사가 사용된다. 특히, 사역동사인 make, let, have동사가 수동태를 만들 경우에는 allow, ask, force동사로 대신할 수도 있다.

His mother **lets** her go to the dance party.
→She **is allowed to** go to the dance party by her mother.

그녀의 어머니께서 그녀가 무도회에 가는 것을 허락했다.
(그녀는 무도회에 가는 것을 허락받았다.)

✓ 겉보기에는 수동태인데 해석할 때는 능동태의 의미로 하는 경우가 있다. 일반적으로 '감정, 심리, 어떤 일에 종사, 몰두, 위치, 손상'일 경우인데 이때는 전치사 'by'가 아닌 다른 전치사 'with, to, at, in'들이 사용되는데, 이러한 경우에는 「be+p.p+prep.」를 숙어로 생각하고 자주 보아서 암기해 주는 것이 좋다.

I **am interested in** music.
나는 음악에 관심이 있다.

He **is engaged in** a trade.
그는 무역에 종사하고 있다.

They **are absorbed in** reading a book.
그들은 독서에 빠져있다.

He **was delighted with** (**at**) the notion.
그 생각을 하니 기뻤다.

I **was surprised at** the sight.
나는 그 광경에 놀랐다.

Our school **is situated on** the hill.
우리 학교는 언덕위에 위치해있다.

I **was astonished at** the news.
니는 그 소식에 놀랐다.

They **are convinced in**(**of**) his coming soon.

그들은 그가 곧 돌아오리라 확신하고 있다.

He **was ashamed of** not passing the exam.
그는 그 시험을 통과하지 못한 것을 부끄러워했다.

✓ 수동태를 사용하는 이유로, 첫 째는 반복되는 부분을 생략하고자 하는 문장의 간결화이고, 두 번째는 뒤에 있어야 되는 것을 문두로 도치하여 강조하고자 사용한다.

The man lives in Seoul and they like him.
→The man lives in Seoul and he is like by them.
→The man **lives** in Seoul and **is** like by them. (간결성)
그 남자는 서울에 살며 사람들한테 사랑받고 있다.

They liked the man very much.
사람들은 그 남자를 매우 좋아한다.
→The man is liked very much by them. (강조)
그 남자가 사람들한테 많은 호감을 받고 있다.

(3) ⑧ **부사로서 사용된 경우**: 일부의 부사절(원인, 시간, 조건, 양보, 부대상황)과 중문을 분사를 사용해서 부사구로 전환시킨 것을 분사구문이라고 한다.

As the door was locked, we climbed in a window.
=**The door being locked**, we climbed in~.
문이 열리자, 우리는 창문을 넘어서 들어갔다.
*분사의 의미상 주어 (주격): 독립 분사구문/수동태 분사구문

As I knew that Kim was hungry, I gave her a dollar.
=**Knowing that Kim was hungry**, I gave her~.
나는 그가 배고프다는 것을 알았기 때문에, 그에게 1달러를 주었다.

*일반 분사구문/능동태 분사구문

　부대상황(attached circumstance)을 나타내는 분사구문은 두 가지가 있는데 동시동작(~하면서, 한 채로)과 연속동작(~하고 그리고…하다)이 있다. 그리고 동시동작을 나타내는 구문은 종속접속사 'as, while'과 전치사 'with'로[21] 이끌고 연속동작을 나타내는 구문은 등위접속사 'and'로 이끈다. 특히 연속동작의 부대상황일 때는 제1동작이 끝난 바로 다음 제2동작이 행해질 때는 제1동작을 분사구문으로 고치고, 제2동작이 제1동작의 결과(원인)일 때는 제2동작을 분사구문으로 고치고, 그리고 앞뒤가 대등한 관계일 때는 일반적으로 뒤에 있는 절을 분사구문으로 고친다.

◆동시동작: As(while)+S′+V′+~, S+V+~.
　　　　　= With+O+형용사(분사, 부사, 전치사+명사,
　　　　　　명사절, to부정사), S+V+~.

◆연속동작: S′+V′+~, and S+V+~.

While she smiled brightly, she shook hands with me.
She smiled brightly, **and** she shook hands with me.
→**Smiling brightly**, she shook hands with me.
→**With her smiling brightly**, she shook hands with me.
그녀는 환하게 웃으면서 나와 악수를 했다.

We kissed **and** we hugged each other.
→We kissed, **hugging each other**.
우린 서로 안으며 뽀뽀했다.

---

[21] 어떤 경우에는 전치사 with가 생략되는 경우도 있다. He waited there hat in hand 그리고 with 대신에 without이 사용되는 경우도 있다. He waited there without a word spoken.

The train left Seoul at 6 and arrived in Yongin at 9.
→The train left Seoul at 6, **arriving in Yongin at 9**.
기차는 6시 서울에서 출발하여 9시에 용인에 도착했다.

A fire broke out last night, **and it destroyed about ten houses**.
→A fire broke out last night, **destroying about ten houses**.
지난밤에 화재사건이 발생해서, 그 결과 대략 열채의 집들을 파괴시켰다.

Don't speak **with your mouth full**. (형용사)
　　　입을 벌린 채로

She sat on the chair **with her legs crossed**. (과거분사)
　　　두 다리를 꼬고서

She sat on the chair **with her legs dangling**. (현재분사)
　　　두 다리를 흔들면서

I can't write **with you standing there**. (현재분사)
　　　너를 그 곳에 세워 놓은 채로

What a lonely world it will be **with her away**. (부사)
　　　그녀를 멀리 떠나보내고

She was walking along the street **with her hat on**. (부사)
　　　모자를 쓴 채로

She talked about it **with tears in her eyes**. (부사구)
　　　눈물이 두 눈에 고인채로

I can't live on my wages **with prices what they are**. (명사절)
　　　현재의 물가(物價)인 채로

She set to work **with him to help her**. (부정사)
　　　　그가 자신의 일을 돕는 가운데

A stone flew into the window, and it broke it.
→ A stone flew into the window, **breaking it**.
　　　　　　　　　　(앞의 동작에 대한 결과)
돌이 창문으로 날아갔고, 그 결과 창문을 깼다.

He took off his hat, and he set to work.
→ **Taking off his hat**, he set to work.
　　(연속동작 중에 1동작)
그는 모자를 벗고 나서 일을 시작했다.

The man has always been idle, and so I must dismiss him.
→ **The man having always been idle**, I must dismiss him.
　　　　(뒤의 동작에 대한 이유)
그 남자는 항상 게을렀다. 그래서 나는 그를 해고시킬 수밖에 없었다.

We were enjoying skiing in the valley, and the sun was shining brightly.
→ We were enjoying skiing in the valley, **the sun (being) shining brightly**. (앞뒤 문장이 대등관계)
우리는 계곡에서 스키를 즐기고 있었고 그리고 동시에 태양은 밝게 비추고 있었다.

(5) **특수용법으로서 사용된 경우**: 준동사란 분상 속에서 두 품사의 역할을 동시에 행하는 경우를 말하지만 이 경우에서는 한 품사의 역할만을 한다. 준동사의 성질이 없는 이 경우에 해당되는 것들은 일종의 숙어처럼 주의하기 바란다.

⑨ **완전접속사화**[22]

Supposing it is fine tomorrow, I will go there.
=**If** it is fine tomorrow, I will go there. (접속사: ~이라면)

⑩ 완전전치사화23)

Please tell me **concerning** the matter. (전치사: ~에 대해서)
=Please tell me **about** the matter.

(주의)
There were twelve people present <u>including</u> the guards. (전치사: "~을 포함해서")
Send me a report <u>including</u> this month's loses.
(준동사로서 분사, 형용사의 제한: "~을 포함한")
(=Send me a report <u>which is including</u> this month's loses.)

⑪ 완전형용사화 (제한적 용법과 서술적 용법)24)

a **shocking** cold (=terrible cold) 심한 감기
a **pleasing** news (=pleasant news) 기분 좋은 소식
The story is very **interesting**. (=funny) 재미있는
I was very **tired** last night. 지친 (사람 ~ 과거분사)
The news was s**urprising**. 놀랄만한 (사물 ~ 현재분사)
This is an **exciting** game. 재미있는 게임

⑫ 명사화 (the + 분사)

---

22) provided(provided) ~이라면, seeing(considering) ~을 생각하면 또는 ~이기 때문에, notwithstanding ~이라 할지라도, …

23) considering ~을 고려하여, excepting(failing, bating, saving) ~을 제외하고, regarding ~에 관하여, notwithstanding ~에도 불구하고, owing to ~ 때문에, touching ~에 관하여, respecting ~에 관하여, …

24) exciting 흥분시키는, excited 흥분된, accusing 비난하는, accused 고발당한, surprising 놀라게 하는, surprised 놀란, intending 미래의, amazing 놀랄만한, satisfying 만족한, satisfied 만족한, disappointing 실망시키는, disappointed 실망한, pleased 좋아하는, worried 걱정스러운, delighted 기뻐하는, accustomed 익숙한, …

the oppressed (=oppressed man) 억압받는 자
the unknown (=unknown thing) 미지의 것
the accused (=accused man) 피고인(被告人)
the deceased (=deceased man) 고인(故人)
the betrothed (=betrothed man) 약혼자
the unexpected (= unexpected thing) 뜻밖의 일
the handicapped (=handicapped people) 신체장애인
the wounded (=wounded people) 부상자들
the uneducated (=uneducated people) 무식한 자들
the slain (=slain people) 살해당한 사람들
the unemployed (=unemployed people) 실업자들
the exalted (=exalted people) 지위가 높은 자들
the wicked (=wicked people) 사악한 자들
the dying (=dying people) 죽어가고 있는 사람들
the missing (=missing people) 행방불명자들
the living (=living people) 살아있는 사람들
the accusing (=accusing people) 비난하는 사람들
the shocking (=shocking things) 충격적인 일들

⑬ 부사화(very)

The wind is **piercing** cold.
=The wind is **very** cold.
바람이 매우-뼈를 도려내는 듯이-춥다.

The water is **boiling** hot.
=The water is **very** hot.
물이 매우-펄펄 끓듯이-뜨겁다.

It is **freezing** cold this winter.
=It is **very** cold this winter.

5. 동사의 변형(준동사)

이번 겨울 날씨가-몸이 얼어붙을 정도로-춥다.

동명사(gerund, 動名詞)는 「명사, 특수용법」으로 사용되는데 문장 속에서 구체적인 위치(11 positions)는 다음과 같다.

(1) **명사로서 사용된 경우**: 일반명사들이 문장 속에서 명사의 자격으로 사용될 수 있는 위치에 동명사도 똑 같은 자격으로 사용된다. 그러나 동명사 자체 속에 동사적인 성질이 있기 때문에 뒤에 문형이 뒤따르는 것이 일반명사와 다른 점이다. 즉, 동명사는 한 문장 속에 두 품사의 역할을 동시에 행한다는 것이다.

① **주 어**: 문장의 주어가 너무 길 경우에는 문미로 보내고 주어로는 간단한 가주어 it을 놓는다.

동명사(~+보어/목적어/부사)+동사+~.
       주어
(=② **It+동사~+동명사(~+보어/목적어/부사).**)
    가주어   진주어

Feeding the monkeys peanuts is forbidden.
=It is forbidden **feeding the monkeys peanuts**.
=**That we feed the monkeys peanuts** is forbidden.
=It is forbidden **that we feed the monkeys peanuts**.
원숭이들에게 땅콩을 먹이는 것은 금지되어 있다.

③ **보 어**: 2형식을 이끄는 불완전자동사들 중에서 단지 be 동사만이 동명사를 주격보어로 취할 수 있다.[25]

주어+be+동명사(~+보어/목적어/부사). (2형식)

---
25) 5형식을 이끄는 불완전타동사는 목적보어로 동명사를 취하지 않는다.

주격보어(주어-추상명사)

주어+be+현재분사(~+보어/목적어/부사).
진행형(주어-사람주어)

His hope was **travelling in Europe**. (동명사)
=His hope was **that he would travel in Europe**.
그의 소망은 유럽여행을 하는 것이다.

He was **travelling** in Europe. (현재분사)
그는 유럽여행 중이다.

④ **완전타동사의 목적어**: 3형식을 이끄는 모든 완전타동사들이 목적어로 동명사를 취할 수 있는 것이 아니라 정해진 동사들에 한해서만 가능하다. (admit, describe, dislike, avoid, involve, prevent, miss, postpone, resent, practice, anticipate, mind, advise, recommend, fancy, finish, enjoy, intend, appreciate, complete, consider, delay, deny, discuss, suggest, risk, can't help, keep, tolerate, mention, quit, recall, resent, resist, understand,…)[26]

주어+완전vt+동명사(~+보어/목적어/부사). (3형식)
목적어

The accused man denies ever **having met her**.
=The accused man denies **that he has ever met her**.
그 비난받은 사람이 이제껏 그녀를 만나는 것을 거절하고 있다.

---

26) ①4형식을 이끄는 수여동사들은 목적어로 동명사를 취하지 않는다. ②타동사의 목적어로 부정사와 동명사 모두가 가능한 동사들도 있는데 다음과 같다. begin, start, like, continue, dread, hate, love, prefer, can't stand, can't bear, can't endure, … ③타동사인 need, want, won't bear, wouldn't bear 등은 목적어로 능동태 동명사를 취해도 수동의 뜻을 가진다. 단, 부정사를 취할 경우에는 수동형을 취해야 한다. My shoes want mending.=My shoes want to be mended.

I consider his(him) **helping me**.
=I consider **that he ought to help me**.
나는 그가 나를 도와주리라 생각한다.

⑤ **불완전타동사의 목적어**: 불완전타동사가 목적보어로는 동명사를 취하지 않지만 목적어로는 동명사를 취할 수 있다. 그러나 그대로 놓지 않고 그 자리에 가목적어 it을 놓고 동명사는 문미로 옮겨가서 진목적어가 된다. 이러한 문형을 만들 수 있는 동사들도 정해진 동사들에 한해서 가능하다.

주어+불완전vt+동명사(~+보어/목적어/부사)+목적보어.
　　　　　　　　목적어
(=⑥**주어+불완전vt+it+목적보어+동명사(~+보어/목적어/보어/부사)**
　　　　　　　가목적어　　　　　　　　　진목적어

You will find it rather dull **lying in the sun**.
=You will find it rather dull **that you lies in the sun**.
너는 태양빛 아래에서 누워있는 것이 상당히 미련한 짓이라는 것을 알게 될 것이다.

⑦ **전치사의 목적어**: 전치사는 뒤에 명사를 취해야만 하는 성질이 있는데, 특별히 전치사가 동사를 목적어로 취하고 싶을 때에는 동명사를 취한다. (approve of, be better off, be capable of, look forward to, object to, go on, leave off, give up, insist on, confess to, be accustomed to, be used to, set about,…)[27]

주어+동사+~전치사+동명사(~+보어/목적어/부사).
　　　　　　　　　　목적어

---

[27] 부정사를 명사로서 취할 수 있는 전치사는 한정되어 있지만 동명사는 한정되어 있지 않다.

5. 동사의 변형(준동사)   117

She is fond of **lying in the sun**.
=She is fond **that she is lying in the sun**.
*동명사의 의미상 주가 앞의 주어와 일치해서 생략
그녀는 태양빛 아래에서 누워있는 것을 즐긴다.

I blame him for **thinking that he is better than she**.
*동명사의 의미상 주가 앞의 목적어와 일치해서 생략
나는 그가 그녀보다 더 낫다고 생각하는 것에 대해서 꾸중했다.

I am proud of my son's **passing the examination**.
=I am proud **that my son can pass the examination**.
*동명사의 의미상 주어를 표시 (소유격 one's, 또는 목적격 one)
나는 내 아들이 그 시험을 통과한 것을 자랑스럽게 생각한다.

I was not aware of the house **being so large**.
=I was not aware **that the house was so large**.
*동명사의 의미상 주어를 표시 (무생물주어: 목적격만 가능 one)
나는 그 집이 그렇게 크다고 인식하지 못했다.

⑧ **동 격**: 동명사가 앞의 명사와 동격관계를 가질 경우에는 앞의 명사가 추상명사가 되어야 하고 둘 사이에 콤마를 찍는다.

주어+동사+~(추상)명사, 동명사(~+보어/목적어/부사).
　　　　　　↳ 동격(같은 내용)

His hobby, **playing table tennis**, preserved his sanity.
=His hobby **that he was playing tennis** preserved his sanity.
테니스 운동이라는 그의 취미가 그의 건강을 유지해주고 있다.

His offense, **swimming in the river**, was viewed as serious.

=His offense **that he was swimming** in the river was viewed as serious.
그가 강에서 수영한 위법행위는 심각한 상황으로 여겨진다.

(2) **특수용법으로서 사용된 경우**: 완전 명사화와 완전형용사화의 경우에는 동명사가 준동사의 성질이 없어지고 일반 품사처럼 문장 속에서 하나의 품사 역할만을 하는 경우이다.

⑨ 완전명사화

We met her in the tall **building**. (단수형: 건물)
There are many **buildings**. (복수형: 건물들)

⑩ 완전형용사화 (복합명사: **동명사+명사**)28)
뒤에 있는 명사와 용도, 도구, 목적의 관계
(단, 명사와 동작과 상태관계이면 현재분사)

I want to have a **sleeping** bag.
=I want to have a bag <u>for sleeping</u>.
취침에 사용되는 가방, 침낭

There is a **sleeping** baby in the cradle.

---

28) 명사 앞에 ⓥing가 있으면 현재분사로서 명사를 수식한 것인지 아니면 동명사로서 복합명사로 만들어서 형용사화 된 것인지 구별하기 어렵다. 그러나 그 둘의 관계가 동작과 진행관계이면 현재분사이고 용도와 도구의 관계이면 동명사로 본다. 즉, ⓥing+명사(=명사+주격관계사+be+ⓥing)이면 현재분사이고, ⓥing+명사(=명사+for(of)+ⓥing)이면 동명사이다. a sleeping boy=a boy who is sleeping 잠자고 있는 소년, a sleeping car=a car for sleeping 침대차 / a dancing doll (=a doll which is dancing) 춤추고 있는 인형, a dancing master (=a master of dancing) 무용선생 / a running man (=a man who is running) 달리고 있는 사람, a running competition (= a competition in running) 달리기 시합 / a walking man(=a man who is walking) 걸어가고 있는 사람, a walking stick(=a stick for walking) 지팡이 / a swimming girl=a girl who is swimming 수영하고 있는 소녀, a swimming suit=a suit for swimming 수영복

=There is a baby <u>who is sleeping</u> in the cradle.
　　　　　잠자고 있는 아기 (현재분사)

reading glasses
=glasses <u>for reading</u> 독서용 안경 (동명사)

reading children
=children <u>who are reading</u> 독서하고 있는 아이들 (현재분사)

⑪ 관용적 용법 (숙어)

I **cannot help laughing**.
=I cannot but laugh.
~하지 않을 수 없다, ~할 수밖에 없다

There is no knowing what may happen.
=**It is impossible to know** what may happen.
~하는 것은 불가능하다

　부정사(infinitive, 不定詞)는 「명사, 형용사, 부사, 특수용법(숙어)」 등으로 사용되는데 문장 속에서의 구체적인 위치(13 positions)는 다음과 같다.

(1) **명사로서 사용된 경우**

① **주　어**: 동명사와 마찬가지로 문장의 주어로 부정사를 쓸 경우에는 그대로 놓기 보다는 문장의 구조를 바꾸는 경향이 있다. 즉, 부정사가 있던 주어자리에 가주어 it를 놓고 부정사는 문미로 보내어 문의 균형을 잡는다. 이때 가주어와 진주의의 관계를 가진다.

5. 동사의 변형(준동사)

부정사(~+보어/목적어/부사)+동사~.
    주어
(=② **It+동사~+부정사(~+보어/목적어/부사)**.)
    가주어   진주어

To feed the monkeys peanuts is forbidden.
=It is forbidden **to feed the monkeys peanuts**.
=That we feed the monkeys peanuts is forbidden.
=It is forbidden that we feed the monkeys peanuts.
원숭이들에게 땅콩을 먹이는 것은 금지되어있다.

To believe the word of God is to be saved.
=It is to be saved **to believe the word of God**.
=That we believe the word of God is to be saved.
=It is to be saved that we believe the word of God.
하나님의 말씀을 믿는 것이 구원받는 길이다.

It is kind of you **to help me in that situation**.
        *의미상주어 / 사람의 성질이나 기질을 나타내는 형용사
=You are kind to help me with the work.
        *부사적 용법(정도, 이유)
그러한 상황에서 당신이 나를 도와주다니 참으로 친절하시군요.

It is difficult for you **to read this book**.
        *의미상주어 / 이성적 판단의 형용사
=This book is difficult for you to read.
        *부사적 용법(정도, 이유)
당신이 이 책을 읽는 다는 것은 힘들 것이다.

③ **보 어**: 부정사의 명사적 용법이 주격보어로 사용되는 경우에는 대부분 be동사가 많이 쓰이는데 일반 동사가 사용되는 경우도 있기

는 하지만 아주 적다. be 동사가 사용된 경우에는 주어가 반드시 추상명사이어야 한다. 사람의 주어가 사용되면 형용사의 서술적 용법으로 사용된 be to 용법이 된다. (be to 용법은 형용사의 서술적 용법에서 다루기로 한다)

주어+be+부정사(~+보어/목적어/부사).
주격보어(주어-추상명사)

His mistake was **to marry so silly a woman**.
=The mistake was **that he married so silly a woman**.
그가 실수한 것은 매우 우둔한 여자와 결혼했다는 것이다.

My hope is **to master English grammar in two years**.
=The hope is **that I will master English grammar in two years**.
나의 소망은 2년 안에 영어문법을 정복하는 것이ㅣ다.

You don't seem **to like me**.
당신이 나를 좋아하는 것처럼 보이지 않는다.

He seems **(to be) a kind man**.
그는 착한 사람처럼 보인다.

I happened **to meet her there**.
나는 우연히 그녀를 그곳에서 만났다.

I happened **to be out**.
나는 공교롭게도 밖에 있었다.

④ **불완전타동사의 목적보어**: 목적보어로 부정사가 사용되는 경우는 앞에 있는 불완전타동사와 약속 하에 올 수 있다. 즉, 모든 불완전타

동사가 목적보어로 부정사를 취할 수 있는 것이 아니라 제한된 동사들에 한해서만 가능하다는 것이다.

주어+불완전vt[29]+목적어+부정사(~+보어/목적어/부사).
　　　　　　　　　　　　　　목적보어

He asked us **to wait for him**.
=He asked **that we should wait for him**.
그는 우리에게 자신을 기다려 줄 것을 요청했다.

Our teacher ordered us **to be on time**.
=Our teacher ordered **that we should be on time**.
우리 선생님께서는 우리가 정시에 도착해 줄 것을 명하였다.

They believed her **to be honest**.
=They believed **that she was honest**.
그들은 그녀가 정직하다고 믿는다.

They wished her **to stay here**.
=They wished **that she would stay here**.
그들은 그녀가 이곳에 머물기를 원했다.

⑤ **완전타동사의 목적어**: 3형식을 이끄는 완전타동사들 중에서 목적어로 부정사를 취할 수 있는 동사들도 정해진 동사들에 한해서만 가능하다. (long, afford, agree, arrange, attempt, bother, cease, claim, decide, demand, expect, need, undertake, prepare, threaten, hesitate, desire, intend, forbear, fail, help, ask, beg, claim, consent, deserve, fail, learn, hope, manage, mean, need, offer,

---

[29] ask, bid, command, entrust, expect, think, imagine, judge, know, suppose, declare, prove, report, like, wish, force, cause, advise, allow, beg, challenge, convince, dare, encourage, expect, forbid, hire, instruct, invite, need, order, permit, persuade, remind, require, teach, tell, urge, want, warn,…

plan, promise, refuse, struggle, swear, threaten, wish, want, volunteer,…)

주어+완전vt+부정사(~+보어/목적어/부사).

I expected **to be invited to your home**.
=I expected **that I would be invited to your home**.
나는 당신의 가정에 초대받기를 기대합니다.

I hope **to invite you to the party**.
=I hope **that I will invite you to the party**.
나는 당신을 그 파티에 초대하고 싶습니다.

I don't know **what to do**.
=I don't know **what I should do**.
 *의문사+to부정사(명사적 용법)
나는 무엇을 해야 할지를 모르겠다.

⑥ **불완전타동사의 목적어**: 5형식의 목적어로 부정사를 취할 수 있는 동사들도 일정하게 정해져 있다. 이 때 목적어 자리에는 가목적어 it를 놓고 부정사는 문미로 옮겨간다.

주어+불완전vt+부정사(~+보어/목적어/부사)+목적보어.
　　　　　　　　목적어
(=⑦ **주어+불완전vt+it+목적보어+부정사(~+보어/목적어/부사).**)
　　　　가목적어　　　　　　진목적어

We think it so foolish <u>of you</u> **to climb the mountain without a guide**.　　　　*의미상 주어
=We think it so foolish that you are going to climb the mountain without a guide.

우리는 당신이 안내원 없이 산에 오른다는 것이 매우 바보 같은
짓이라고 생각한다.

⑧ **전치사의 목적어**: 부정사를 목적어로 취할 수 있는 전치사도 일정하게 정해져 있는 것들에 한해서만 가능한데 'except, save, but'들이다. 그밖에 전치사가 목적어로 동사를 취하고자 할 경우에는 동명사를 받는다.

주어+동사+~전치사(except, save, but)+부정사(~+보어/목적어/부사)
                                            목적어

I know nothing except (**to**) **study**.
=I know nothing except that I study.
나는 공부하는 것을 제외하고는 아무것도 모른다.
-나는 공부밖에 모른다.

I know nothing save for her **to love you**.
=I know nothing save that she loves you.
나는 그녀가 당신을 사랑한다는 것을 제외하고는 아무것도 모른다.
-나는 그녀가 당신을 사랑한다는 사실만 알고 있다.

I forgot everything except (**to go**) **home**.
=I forgot everything except that I wanted to go home.
나는 집에 간다는 사실을 제외하고는 모든 것을 잊어버렸다.
-나는 집에 가야한다는 사실만 기억하고 있다.

⑨ **동 격**: 부정사가 앞의 명사와 동격관계를 이룰 경우에는 반드시 앞의 명사는 추상명사가 되어야 하며 대개는 둘 사이에 콤마로 분리시킨다.

주어+동사~(추상)명사, 부정사(~+보어/목적어/부사).

⌒ 동격(같은 내용)

His offense, **to swim in the river**, was viewed as serious.
=His offense, that he swum in the river, was viewed as serious.
그가 강에서 수영한 위법행위는 심각한 상황으로 여겨진다.

The order, **to attack the city at once**, was disobeyed.
=The order, that they attacked the city at once, was disobeyed.
그 도시를 즉시 공격하라는 명령이 무시되었다.

Her dream, to become a pianist, has come true now.
=Her dream, that she would become a pianist, has come true now.
그 여자의 꿈, 즉 피아니스트가 된다는 것이 지금 실현되었다.

(2) **형용사로서 사용된 경우**

⑩ **제한적 용법**: 앞서 설명한 분사의 형용사적 용법과 마찬가지로 명사를 앞뒤에서 제한(수식)하는 경우인데, 부정사는 그 자체가 구의 형태를 취하고 있기 때문에 후치 수식만 가능하다. 이 때 제한받는 명사(a)와 부정사 속의 동사(b)사이에는 주술관계, 타동사의 목적관계, 전치사의 목적관계, 동격 관계를 갖는다. 이러한 관계는 관계대명사가 격(주격, 목적격)에 따라서 앞의 선행사와 갖는 관계와 일치하고 또는 접속사 that가 동격 절을 이끄는 관계와 일치한다.

명사+부정사(~+보어/목적어/부사)
   a ⌒ b

I met a good teacher **to help me**. (주술관계)

=I met a good teacher **who could help**. ~도울 수 있는
*부정사의 의미상 주어가 선행사와 일치하기 때문에 생략

She was always the first girl **to get up** in the morning. (주술관계)
=She was always the first girl **who got up~**.
그녀는 아침에 항상 첫 번째로 일어나는 소녀였다.

She doesn't have a man **to love her**. (주술관계)
=She doesn't have a man **who love her**.
그녀는 자신을 사랑해 줄 사람이 없다.

That is the matter **for you to decide**. (타동사의 목적관계)
=That is the matter **which you should decide**. ~당신이 결정할
*부정사의 의미상 주어 (for+o, of+o)

I want something **to eat**. (타동사의 목적관계)
=I want something **that I can eat**.
나는 먹을 수 있는 어떤 것을 원합니다.

She doesn't have a man **to love**. (타동사의 목적관계)
=She doesn't have a man **who(m) she loves**.
그녀가 사랑할 남자가 없다.

I need a house **to live in**. (전치사의 목적관계)
=I need a house **which I live in**. ~내가 살고 있는
*부정사의 의미상 주어(for me) 생략: 주어와 일치하기 때문에

I have no pen **to write with**. (전치사의 목적관계)
=I have no pen **that I can write with**.
나는 기록할 펜이 없습니다.

She made a promise **to marry me**. (동격관계)
=She made a promise **that she would marry me**.
　　　　　　　　　　~그녀가 나와 결혼하겠다는
*부정사의 의미상 주어(for me) 생략: 주어와 일치하기 때문에

I have the honor **to inform** you that the committee has decide to accept your proposal. (동격관계)
=I have the honor **that I can inform you~**.
위원회에서 귀하의 제안을 받아들이기로 결정한 것을 알려드리게 된 것을 영광으로 생각하는 바입니다.

I don't know the reason **to go** there. (동격관계)[30]
=I don't know the reason **why I should go there**.
내가 그곳에 가야만 하는 이유를 모르겠다.

Keep your promise, **never to drink**. (동격관계)
=Keep your promise **that you will never drink**.
술을 안마시겠다는 약속을 지켜라.

⑪ **서술적 용법**: 형용사로서 서술적 용법이 사용될 수 있는 위치로는 2형식의 주격보어와 5형식의 목적보어가 있지만, 목적보어로 사용된 부정사는 명사적 용법이 사용된 것으로 보는 경향이 있고 그리고 주격보어로 사용된 부정사는 명사적 용법과 형용사 용법 양쪽이 가능하다.[31]

---

30) 동격을 이루는 명사들로 자주 사용되는 추상명사들로 'ability, plan, promise, advice, program, determination, attempt' 등이 있다.

31) 보어가 추상명사이면 부정사를 명사로 보고 사람인 주어가 사용되면 형용사로 보고 be to 용법으로 해석한다. be to 용법의 해석은 '예정, 운명, 가능, 조건, 의무' 중에 하나로 하는데 선택은 뒤따르는 수식어나 문맥을 통해서 한다.

주어+be+부정사(~+보어/목적어/부사) (2형식)
추상명사   주격보어(명사적 용법)

주어+be+부정사(~+보어/목적어/부사) (2형식)
사람   주격보어(형용사의 서술적 용법)

I **am to** interview the president tomorrow. (예정)
(=be going to, will) ~할 예정이다, ~하려 한다

If he **is to** succeed, he must work harder. (조건)
(=be conditioned on) ~한다면

You **are to be** back by 10 o'clock. (의무)
(=must, should) ~해야 한다

The ship **was never to** come back again. (운명)
(=be doomed to, be destined to) ~할 운명이다

The purse **was not to** be found anywhere. (가능)
(=can, be able to) ~할 수 있다

My hope **is to travel** to Europe next year. (명사적 용법)
(=be) ~이다

(3) ⑫ **부사로 사용되는 경우**: 부정사 부사적 용법으로 사용된 경우에는 문장 속에 있는 동사나 형용사나 다른 부사를 도와주기 위해서 사용되어 문장의 내용을 보다 구체적으로 설명하는데 도움을 준다. 글 쓰는 사람이 부사절로도 표현할 수도 있지만 부정사라는 부사구를 통해서 사용하는 이유라면 문장이 간결화 되기 때문일 것이다. 단, 모든 부사절을 부정사로 바꿀 수 있는 것이 아니라 정해진 몇 개의 부사절만을 부사구로 전환시킬 수 있는데 "목적, 원인, 조건, 양보, 정

도, 결과, 이유와 판단의 근거"이다. 그러므로 부정사의 부사적 용법도 해석이 제한 될 수밖에 없는데 바로 앞의 부사절의 접속사 뜻과 똑 같이 한다.

I turned off the radio <u>for my wife **to sleep**</u>. (목적)
　　　*부정사의 의미상 주어 (for + o)
=I turned off the radio <u>so that my wife might sleep</u>.
　　　*목적부사절 (so that ~ may)
나는 아내가 잠을 자게 하기 위해서 라디오를 껐다.

He works hard **to keep** his family in comfort. (목적)
　　　*부정사의 의미상 주어가 주어와 일치하기 때문에 생략
=He works hard **so that** he **may** keep his family in comfort.
그는 그의 가족이 안락하게 살도록 하기 위해서 열심히 일한다.

I am glad **to meet** you. (원인)[32]
=I am glad because I meet you.
당신을 만나게 되니 기쁩니다.

She will go well **to speak more carefully**. (조건)
=<u>If you speak more carefully</u>, she will go well.
당신이 좀 더 천천히 말씀해 주신다면 그녀는 좋아질 것이다.

To do your best, you could not finish the work in a week. (양보)
=<u>Though</u> you <u>did your best</u>, you could not finish the work in a week.
최선을 다 한다 해도, 당신은 그 일을 일주일 안에 끝낼 수 없다.

The book is not easy for you **to read in a week**. (정도)
=The book is not <u>so</u> easy <u>that you can read in a week</u>.

---

[32] 부정사의 부사적 용법이 원인일 때는 감정을 나타내는 동사나 형용사들 'weep, cry, laugh, smile; sad, sorry, happy' 을 수식하는 경우이다.

=It is not such an easy book that you can read in a week.
그 책은 당신이 일주일 안에 읽을 수 있을 정도로 쉽지는 않다.

He awoke **to find himself famous**. (결과)
=He awoke, so that he found himself famous.
그는 아침에 일어나서 자신이 유명해진 것을 알았다.

We hurried to the station **only to miss the bus**. (결과)
=We hurried to the station, but we missed the bus.
우리는 정류장으로 급히 갔지만 버스를 놓치고 말았다.

He left his country, **never to return**. (결과)
=He left his country, and never returned.
그는 조국을 떠난 후 결코 돌아오지 않았다.

He must be a fool **to say so**. (이유와 판단의 근거)
=He must be a fool that he should say so.
그가 그렇게 말하는 것을 보니 바보임에 틀림없다.

*This water is *good* **to drink**. (형용사를 수식하는 경우)
*He is *ready* **to go**. (형용사를 수식하는 경우)
*He is tall *enough* **to reach it**. (부사를 수식하는 경우)
*He was *too* tired **to study tonight**. (부사를 수식하는 경우)

(4) ⑬ **특수용법으로 사용되는 경우**: 일종의 숙어이기 때문에 암기해야 한다.

- cannot but ⓥ ~하지 않을 수 없다, ~할 수밖에 없다
  =can do nothing but ⓥ
  =have no choice but to ⓥ
  =There is nothing for it but to ⓥ

5. 동사의 변형(준동사)

- It is impossible to ⓥ .
  = There is no ⓥing 도저히 ~할 수 없다.
  = One (we) can't ⓥ

- It is needless to say that + 절 ~하는 것은 두말할 나위도 없다.
  = It goes without saying that ~
  = It is a matter of course that ~

- It is worth while toⓥ(ⓥing) ~할 가치가 있다.
  = be worth ⓥing
  = be worthy of ⓥing

- feel inclined toⓥ ~하고 싶다
  = have a mind toⓥ
  = feel like ⓥing

- make it a rule to ⓥ ~을 원칙으로 삼고 있다, 늘 ~하다.
  = be in the habit of ⓥing
  = make a point of ⓥing

- be about toⓥ 막~하려하다.
  = be on the point(verge, brink) of ⓥing

- What do you say to ⓥing ~?~하는 것이 어떻습니까?
  = what do you think of (about) ⓥing
  = what about ⓥing ~?
  = How about ⓥing ~?
  = Why don't you ⓥ~?
  = Why not ⓥ~?
  = Let's ⓥ~ , shall we?

5. 동사의 변형(준동사)

(주의사항)

①**준동사의 부정**: 부정사의 부정은 준동사 부정의 원칙에 따라 부정어 'not과 never'를 부정사 바로 앞에 놓는다.

We decided **not** to go out because of the weather.[33]
우리는 날씨 때문에 외출하지 않기로 결정했다.

He wanted me not **to touch** anything.
그는 내가 어떤 것도 건드리지 않기를 원했다.

I asked her **to meet** the manager.
나는 그녀가 그 매니저를 만나지 말라고 요구했다.

He insisted on their **not** going there.
=He insisted that they should **not** go there.
그는 그들이 그곳에 가지 않아야한다고 주장했다.

He was nervous because of **not** having passed it.
=He was nervous because he had **not** passed it.
그는 그것을 통과하지 못한 것으로 인해서 예민해졌다.

She assured me of there **not** being any trouble.
=She assured me that there would **not** be any trouble.
그녀는 내게 어떠한 문제도 없음을 확인해 주었다.

Not knowing what to say, he kept silent.
=As he didn't know what to say, he kept silent.
무슨 말을 해야 할지 몰라서 그냥 잠자코 있었다.

---

33) (주의)준동사가 아닌 정형동사 decide를 부정시킬 수도 있다. 단, 해석의 차이를 주의하길 바란다. We **didn't** decide to go out because of the weather. 우리는 날씨 때문에 외출하는 것을 결정하지 못했다.

*By faith Noah, <u>when warned about things **not yet seen**</u>, in holy fear built an ark to save his family.(Hebrew 11:7)
=when (he was) warned about things (that **had**) not (**been**) **seen yet**, by faith Noah in holy fear built an ark to save~.
믿음으로 노아는 아직 보지 못하는 일에 경고하심을 받아 경외함으로 방주를 예비하여 그 집을 구원하였으니

*By faith <u>he left Egypt, **not fearing** the king's anger, he persevered</u> because he saw him who is invisible. (Hebrews 11:27) =he left Egypt, and **did not fear** <u>the king's anger</u>, he persevered because he saw him~.
믿음으로 애굽을 떠나 임금의 노함을 무서워 아니하고 곧 보이지 아니하는 자를 보는 것 같이하여 참았으며

③**분리부정사**(split infinitive)분리부정사란 부사를 「to+ⓥ」앞이나 뒤에 두면 그 부사가 부정사의 동사원형을 수식하는 것인지 아니면 술어동사(본동사)를 수식하는 것인지를 판단하기가 애매하다. 이러한 불명확함을 피하기 위해서 to와 동사원형(ⓥ) 사이에 부사를 삽입하여 부정사의 동사원형을 수식하는 부사임을 명확하게 하기 위해 사용된다.

He failed to **completely** *understand* the situation.
그는 그 상황을 완전히 이해하지 못했다.

He **completely** *failed* to completely understand the situation.
그는 그 상황을 이해하는데 완전히 실패했다.

It is necessary to **clearly** *understand* it.
그것에 대해 명확하게 이해할 필요가 있다.

I wish you to **thoroughly** *understand* the situation.
나는 당신이 그 상황에 대해 완전히 이해해주기를 바란다.

④ **대부정사**(pro-infinitive) 대부정사란 동사가 두 번 반복하여 사용될 때 이것을 피하기 위하여 「to+ⓥ」에서 동사 원형을 생략하고 'to'만 쓰는 경우인데, 대부분은 문장 끝머리에 오는 경우가 많고 구어체에서 흔히 쓰이는 용법이다.

> I asked them to **play**, but they didn't want **to**.
> =I asked them to **play**, but they didn't want **to play**.
> 나는 그들이 연주해주기를 요구했지만, 그들은 원치 않았다.
>
> He wanted to **go** but he wasn't able **to**.
> 그는 나가고 싶었지만 나갈 수가 없었다.
>
> Will you **do it for yourself**? I will try **to**.
> 혼자 힘으로 하실 겁니까? (나도 혼자 힘으로) 해 볼게.

⑤ **독립부정사**(absolute infinitive) 'to'가 있는 부정사(to+ⓥ)가 문장 안에서 다른 부분과 아무런 관계도 없이 삽입되어 독립적으로 쓰이고 있는 경우를 말한다. 이와 같은 부정사는 문장 전체를 수식하는 부사구로서 대부분 조건이나 양보를 나타내는 부사절이 단문화 된 것이다. 문장 안에서의 위치는 문두, 문중, 문미에 각각 올 수 있으며 문장의 다른 부분과는 comma로 분리시킨다.

> **Needless to say**, health is above wealth.
> 말할 필요도 없이, 건강이 부(富)보다 훨씬 중요하다.
>
> He is, **so to speak**, a walking dictionary.
> 그는, 말하자면, 살아있는(박식한) 사람이다.
>
> I will try again, **to be sure**.
> 나는 확실히 다시 시작할겁니다.

⑥ **준동사의 의미상주어**: 정형동사(finite verb, 정형동사)가 그 앞에 주어를 가질 수 있는 것처럼 준동사(infinte verb or verbal)도 그 앞에

주어를 취할 수 있는데, 즉 의미상 주어이다. 그런데 정형동사의 주어는 주격인 반면에 준동사의 주어는 각각의 준동사에 따라서 그 격의 차이가 있다. 동명사는 단어형태로서 소유격 또는 목적격(one's, one)이고, 부정사는 부사구 형태인(for+명사, of+명사)이고, 분사(분사구문)는 주격을 취한다.

I consider **his(him) helping me**. (동명사)34)
=I consider that he ought to help me.
나는 그가 나를 도와주리라 생각한다.

I turned off the radio **for my child to sleep well**. (부정사)
=I turned off the radio so that my child might sleep well.
나는 아이가 잘 수면을 취할 수 있도록 라디오를 껐다.

I don't like **the man sleeping under the tree**. (분사: 형용사)
=~the man who is sleeping under the tree.
     주어   동사
나는 나무 아래에서 자고 있는 그 남자가 싫다.

The weather being fine, I went shopping. (분사구문)
=**As the weather was fine**, I went shopping.
날씨가 너무 화창해서 나는 쇼핑하러 갔다.

---

34) (주의)동명사의 의미상 주어로 반드시 목적격을 사용하는 경우가 있는데 다음과 같다. 의미상 주어가 '무생물, 대명사, 형용사에서 온 명사, 형용사구에 의해 수식받는 명사, 동명사가 수동태인 경우'이다.

We must allow for **the train** being late.(무생물)
I have no doubt of **this** being true.(대명사)
I am glad all of you coming here.(부정대명사)
I was not surprised at **young and old** wanting to meet her.
(형용사에서 온 명사)
Do you think of a man **of good sense** doing such a thing?
(형용사구에 의해 수식)
I insisted on John **being punished**.(수동태)

⑦ **주어 + 불완전vt + O + 목적보어 (원형부정사)** : 목적보어로 'to-infinitive'를 취하고, 불완전타동사가 '지각동사(hear, feel, see, notice, watch, observe, have known, have found, smell, look at, listen to, perceive, behold,~)와 사역동사(let, have, make, bid, help, ~)'의 의미가 있는 동사들이 사용된 경우에는 그 목적보어에서 'to'가 생략이 되어 '원형부정사'를 갖게 된다. 특히 'set, help, hear'는 그 뒤의 일반인 주어(them, us, you)가 생략 될 경우에는 동사 뒤에 바로 원형부정사가 뒤 따른다.

We made the girl **study** hard. (=compel)
= The girl was made to study hard by us.
우리는 그 소녀에게 열심히 공부하라고 했다.

He won't let anyone **enter** the house.
아무도 그 집에 들여보내려 하지 않는다. (=allow, permit)

I had my secretary typewrite the draft. (=cause)
나는 비서에게 원고를 타자시켰다.

He had his wife die. (=experience)
그는 아내가 죽었다.

Bid him **depart**. 그에게 떠나라고 하시오. (=tell)

The medicine helps (you) **take** away headache.
그 약은 당신이 두통을 없애는데 도움이 될 겁니다.

We heard the girl **call** out for help.
= The girl was heard to call out for help by us.
우리는 그 소녀가 도와달라고 소리치는 것을 들었다.

I felt something **creep** on the back.
등에 무언가 기고 있는 것을 느꼈다.

I <u>noticed</u> a person **go out**.
아무가 밖으로 나가는 것을 알아채다.
*The police <u>noticed</u> him **to appear**.
경찰은 그에게 출두하라고 통고했다. (=warn)

*We <u>have never known</u> the girl **lose** her temper.(=see)
우리는 그 소녀가 화를 내는 것을 결코 본적이 없다.
(~의 경험이 있다, ~체험하고 있다)

*I <u>knew</u> him **to be** honest.
그가 정직하다는 건 알고 있었다.
(~알고 있다, ~알다, ~을 이해하다)

⑧ **목적어로 동명사가 쓰였을 때와 부정사가 쓰였을 때에 따라서 시제가 달라지는 동사(동명사: 과거·일반적 사실, 부정사: 미래·구체적 사실)**

I like **to swim** today. (구체적 사실)
나는 오늘 수영을 하고 싶다.

I like **swimming**. (일반적 사실)
나는 수영이라는 경기를 좋아한다.

I remember **meeting** the girl. (현재→과거)
=I remember that I **met** the girl.
나는 그 소녀를 만났던 일을 기억하고 있다.

I remember **to meet** the girl. (현재→미래)
=I remember that I **will meet** the girl.
나는 그 소녀를 만날 것을 기억하고 있다.

⑨ **해석할 때 주의해야 될 것들** :

not(never) **too** ~**to**+Ⓥ: ~가 아니므로 Ⓥ할 수 있다.
(=not so ~that s'+ can not Ⓥ)
too~not **to**+Ⓥ: ~이므로 Ⓥ하지 않을 리 없다.
(=so~that s'+can not but Ⓥ)
only **too** ~ **to**+Ⓥ: 몹시 ~해서 Ⓥ하다.
too eager(anxious) **to**+Ⓥ: 너무나 Ⓥ하기를 갈망하다.

6. 연결사

 문장구조(sentence structure)를 알고 싶을 경우에는 팔 품사 중에서 동사(verb)의 성질을 통해서 알 수 있다. 동사를 중심으로 해서 앞에는 주부인 명사가 쓰이고 뒤에는 동사의 성질(자동사와 타동사, 완전동사와 불완전동사)에 따라서 이미 약속되어있는 보어나 목적어가 따라온다. 그밖에 수식어(조동사, 부사, 형용사의 제한적 용법)들이 필요에 의해서 부가(附加)되어 진다.
 일정한 문장구조는 정해져 있지만 그 문장구조의 크기를 생각해 볼 때 짧을 수도 있고(短文, short sentence) 길수도 있는데(장문(長文, long sentence), 짧은 것은 제외하더라도 긴 장문은 그 이유를 알게 되면 번역하고자 하는 이에게 분석을 훨씬 쉽게 해준다. 문장을 길게 만드는 주된 요소들로는 단어라기보다는 주로 "구와 절"이 문장 속에 많이 사용되었기 때문일 것이다. 그러면 구와 절을 만드는 장본인이 누구인가? 바로 연결사(連結絲, connectives, connecting words)인 전치사와 접속사이다. 결론적으로, 전치사는 구만을 만들고 그리고 접속사에서 대등(등위) 접속사는 구와 절 모두를 만들 수 있지만 종속접속사는 절만을 만든다. 이러한 구들과 절들이 문장 속에 많이 사용되면 될 수록 문장의 길이는 길어지고 복잡해져서 독자로 하여금 분석을 어렵게 만든다. 그러므로 장문독해의 지름길은 문장 속에서 구와 절을 구분해 낼 수 있는 능력 여부에 달려있다고 해도 과언은 아닐 것이다.
 단어와 다르게(단어도 문맥에 따라서 그 뜻을 달리하기는 하지만) 구는 두 개 이상의 단어들이 모여서 보편적인 의미가 아닌 전혀 예상 밖의 다른 뜻을 만들 수도 있기 때문에 주의해야한다. 많이 사용되는 전치사들의 보편적인 뜻들은 많이 보면서 암기하면 되지만 문장 속에서 전치사가 구를 만들어서 어떤 품사를 이끌고 있는지를 구분하기는 쉽지 않다. 품사를 반드시 밝혀야하는 이유는 품사에 따라서 뜻도 다를 수 있기 때문이다.

6. 연결사

우선 전치사(前置詞, preposition)에 대해서 알아보자. 전치사는 반드시 뒤에 명사상당 어구(대명사인 경우는 목적격)를 받아야 한다(단, 숙어인 경우에는 명사가 아닌 형용사와 부사 등의 다른 품사도 가능).

He goes to school <u>with</u> his **friends**. (명사)
그는 친구들과 함께 학교에 간다.

I am waiting <u>for</u> **her** for two hours. (대명사)
나는 그녀를 두 시간동안 기다리고 있다.

She went away <u>without</u> **saying** a word. (동명사)
그녀는 한 마디도 없이 멀리 떠났다.

He desired nothing <u>but</u> **to marry** her. (부정사n)
그는 그녀와 결혼하는 것 외에 아무것도 바라지 않았다.

You may give it <u>to</u> **whomever toy like**. (명사절)
너는 네가 좋아하는 사람에게 주어도 좋다.

I am thinking <u>of</u> **what to do** next. (명사구)
나는 다음으로 무엇을 해야 할지 생각하고 있다.

*He came out <u>from</u> **behind the building**. (부사구)
그가 건물 뒤에서 나왔다.
*Things went <u>from</u> **bad** <u>to</u> **worse**. (형용사)
사태가 더욱 악화되었다.
*How far is it <u>from</u> **here** <u>to</u> **there**. (부사)
여기에서 그곳까지 거리가 얼마나 먼가요?

전치사는 문장 속에서 세 가지의 역할을 하는데, 전치사를 중심

으로 뒤의 명사와 묶으면 형용사구이거나 부사구가 되고 전치사를 앞의 동사와 묶으면 동사구가 된다.35)

◆ 주어+동사+~**전치사+명사** (형용사구)

◆ 주어+동사+~**전치사+명사** (부사구)

◆ 주어+**동사+~전치사**+명사 (동사구)

She took the thing **after the man**. (형용사구: 제한)
그녀는 그 남자 뒤에 있는 것을 잡았다.

She looked **after the man**. (부사구)
그녀는 그 남자 뒤에서 바라보았다.

She **looked after** the man. (동사구)
그녀는 그 남자를 돌보았다.

The book <u>on the desk</u> is my daughter's. (형용사구)
책상위에 있는 그 책은 나의 딸의 것이다.

The book of my daughter is <u>on the desk</u>. (부사구)
나의 딸의 그 책은 책상위에 있다.

They <u>depends on</u> her. (동사구: 자동사+전치사)
그들은 그녀를 의지하고 있다.

He <u>devoted</u> his life <u>to</u> education. (동사구: 타동사 ~ 전치사)
교육에 일생을 바치다.

---

35) 명사구로도 사용이 되지만 극히 드문 경우이기 때문에 제외시켰다 → <u>Over the fence</u> is out. Come out from <u>behind hose whiskers</u>.

*She is proud of becoming a teacher.
(동사구: be+형용사+전치사)
그녀는 선생이 된 것을 자랑스럽게 여기고 있다.

*Don't look down to your parents.
(동사구; 자동사+부사+전치사)
부모님을 무시해서는 안 된다.

*(From) eight to eleven is her usual time for working. (명사구)
여덟시부터 열한시까지는 그녀가 근무하는 시간이다.

 전치사가 뒤에 명사를 이끌고 문장 속에 들어갈 때에는 기존의 문장 속에 사용된 동사나 형용사나 명사와 관련을 가지고 사용되는 경우가 많다. 예를 들어서, "~에 대해 자랑스러워하다"라고 쓰고 싶을 때 "proud"라는 단어를 사전에 찾아보면 형용사로서 「뽐내는, 자랑하는(of)」이라고 소개되어 있다. 즉 "proud"라는 형용사와 "of"라는 전치사는 서로 관련(be proud of~:~을 자랑하다(뽐내다), ~을 자랑으로 여기다(=동사구))이 있다는 것이다. 그리고 "~에 대한 의존하다"이라고 쓰고 싶을 때 "depend"라는 단어를 사전에 찾아보면 동사로서「~에 의존하다(on)」이라고 소개되어 있다. 즉 "depend"라는 동사와 "on"라는 전치사는 서로 관련(depend on~:~을 의존하다(의지하다)(=동사구))이 있다는 것이다. 그리고 "~에 대한 의존"라고 쓰고 싶을 때 "dependence"라는 단어를 사전에 찾아보면 명사로서「의지함, 종속, (관계·상태)의지하는 것(사람), 신뢰, 믿음, 의존(on)」이라고 소개되어 있다. 즉 "dependence"라는 명사와 "on"라는 전치사는 서로 관련(dependence on one's parents : 부모에 대한 의존(=형용사구))이 있다는 것이다.

　　　　S+~ **동사, 명사, 형용사** …**전치사**+명사

　　　　　①동사+전치사　　(idiom)

②명사+전치사 　(idiom)
③형용사+전치사 　(idiom)

　전치사는 뒤에 명사를 끌고 기존의 문장 속에 들어가 명사와 동사와 형용사와 관계를 맺는 것이 아니라 단지 뒤에 따라온 명사와 관계를 맺어서 하나의 숙어(관용적인 표현)가 되는 경우도 있다. 예를 들어서, "(화제를 바꿀 때) 그런데, 여담이지만"이라고 쓰고 싶을 때 "way"라는 단어를 사전에 찾아보면 「by the way」(=부사구)라고 소개되어 있다. 즉 "way"라는 명사와 "by"라는 전치사는 서로 관련이 있다는 것이다. 그리고 "유용한, 쓸모 있는"이라고 쓰고 싶을 때 "use"라는 단어를 사전에 찾아보면 「of use (=useful), 전치사+명사」(=형용사구)라고 소개되어 있다. 즉 "use"라는 동사와 "of"라는 전치사는 서로 관련이 있다는 것이다. 마지막으로, 전치사가 앞뒤와 관계가 없이 자신의 고유한 뜻으로 사용되는 경우가 있다. 예를 들어서, "2년 동안"이라고 쓰고 싶을 때 "for"라는 단어를 사전에 찾아보면 「for+시간명사」(=부사구)라고 소개되어 있다. 즉 "for"라는 전치사와 "일정기간을 나타내는 시간명사"는 서로 관련이 있다는 것이다.

　　　S+~ 동사,명사,형용사…**전치사+명사**

　　　　①전치사 + 명사 (idiom)
　　　　②전치사 + 명사 (adverbial phrase)

The matter is **of importance**. (형용사구: 서술)
　　　형용사구(of+추상명사: "~중요한")
=It is an **important** matter. 형용사: 제한

It is a monster **with one eye**. (형용사구: 제한)
=It is a **one-eyed** monster.

그것은 외눈박이 괴물이었다.

We need a lot of expenses **for traveling**. (형용사구: 제한)
=We need a lot of **traveling** expenses.
우리는 여행을 위한 비용이 필요하다.

The explanation was **over my head**. (형용사구: 서술)
　　　　　형용사구(over+명사: "~이해가 되지 않는")
=The explanation was **incomprehensible**.
=The explanation was **hard to understand**.

We found him **in a rage**. (형용사구: 서술)
　　　　　형용사구(in+명사: "~화가 난")
=We found him **to get angry**.
=We knew that he was **angry**.

I think that children has the dependence **on their parents**.
　　　　　　　　　　　　(명사+on+명사) ~부모에 대한 의존

(주의) Children always *depend on* their parents.
　　　　　　　　(동사+전치사) ~을 의존하다

We waited here **for two years**.
　　　(전치사+명사) ~2년 동안에

By the way, have you seen him yet?
(전치사+명사) ~그런데

　동사구는 동사가 자동사이면 대개 바로 뒤에 전치사와 결합되어서 타동사구가 되고 동사가 타동사이면 바로 뒤에 전치사를 놓지 못하고 떨어져 결합되어서 타동사구가 된다. 이와 같이 타동 사구를 만드는 경우는 관용어구(숙어, idiom)가 된다. 관용어구란 결합된 단어들의 개별적인 뜻은 없어지고 전혀 새로운 뜻을 가지는 경우이므로 가능한 한 암기하는 것이 좋다. 그러나 결합된 단어들로서 뜻이 어느 정도 유추가 되면 암기할 필요까지는 없으나 전혀 유추도 안 되면 무조건 암기하는 수밖에 없다. 예를 들어 "on the way"는 "~도중에"라는 의미를 명사인 way(길, 도로)의 뜻으로도 유추가 가능하지만, "by the way"는 명사인 way의 의미를 가지고 "그런데, 여담이지만"이라는 의미를 유추하기가 어렵다.

주어+<u>자동사+전치사</u>+명사
    타동사구

주어+<u>타동사</u>+목적어(명사)+<u>전치사</u>+명사
    타동사구

She will **wait on** table. (동사구)
그녀가 식사 시중을 들 것이다.

She will wait **on the platform**. (부사구)
그녀는 플랫폼에서 기다릴 것이다.

He took me **for my brother**. (부사구)
그는 나의 형 때문에(위해서) 나를 붙잡았다.

He **took** me **for** my brother. (타동사구)
그는 나를 나의 형으로 오인했다.

위에서 「자동사+전치사, 타동사+목적어+전치사」의 타동사 구는 해석할 때 특히 주의해야 하는데 다음과 같은 이유 때문이다.

주어+자동사+전치사+목적어 … 3형식
타동사구(일종의 숙어)

주어+자동사+전치사+목적어 … 3형식
부사구

먼저, 「자동사+전치사」로 연결되어 있으면 타동사구로 보느냐 아니면 부사구로 보느냐에 따라서 그 의미가 다를 수 있기 때문에, 해석할 때 먼저 부사구로 해석하여 의미가 전체 문장의 문맥과 일치하면 그대로 이끌어가고 일치하지 않으면 타동사구로 보고 사전을 통해서 알맞은 의미를 찾아야한다.

  She looked **after the man**. (부사구: ~을 바라보다)

  She **looked after** the man. (타동사구: ~을 보살피다)

이러한 타동사구로서 「타동사+부사」도 있는데 막상 우리가 독해할 때 「자동사(타동사)+전치사(부사)」를 정확하게 구분하기가 매우 어렵다. 단지, 「자동사+전치사」는 그 목적어를 전치사 뒤에만 놓을 수 있는 것에 비해서 「타동사+부사」는 그 목적어를 명사일 때는 부사 앞 또는 뒤에 놓을 수 있고 대명사일 때는 부사 앞에만 놓을 수 있다는 사실을 통해서만 구분이 가능하다. 결국 숙어로 취급하여 암기하고 있는 것이 좋다.

- 타동사+부사[36]

  Take your coat **off**. ~을 벗다
  = **Take off** your coat.

---

[36] <u>Rub out</u> the pencil marks. (타동사+부사) 연필 자국을 지워라. <u>Rub</u> this oil <u>on</u> your skin. (타동사~전치사) 피부에 이 기름을 바르시오. The door <u>rubs on</u> the floor. (자동사+전치사) 문이 마루에 닿아 서로 스친다. Blood stains don't <u>rub off</u> easily. (자동사+부사) 핏자국은 비벼도 잘 지워지지 않는다.

(주의) Take it off. (≠ Take off it)

● 자동사+전치사

Look at the coat.

(주의) (≠ Look the coat at.) ~을 보다
Look at it. (≠ Look it at.)

「타동사+목적어+전치사+~」로 연결되어 있으면 타동사와 전치사를 타동사구의 숙어로 보느냐 아니면 서로 관계가 없는 부사구(또는 형용사구)로 보느냐에 따라서 해석의 차이가 발생한다.

주어+타동사+목적어+전치사+목적어. …… 3형식
　타동사구(뒤의 전치사와 숙어)

주어+타동사+목적어+전치사+목적어. …… 3형식
　부사구(앞의 동사를 수식)

주어+타동사+목적어+전치사+목적어. …… 3형식
　형용사구(앞의 명사를 제한)

He took the girl **for my brother**.
　(부사구: ~ take 붙잡다)

He **took** the man **for** my brother.
　(타동사구: ~ take … for 착각하다)

Did he take the tickets **for the game**?
　(형용사구: ~take 구하다)

다음으로 접속사(接續詞, conjunction)에 대해서 알아보자. 접속

사는 대등접속사(對等, coordinating or equal rank)와 종속접속사(從屬, subordinating)로 나누어지는데, 대등접속사가 대등절을 이끌 때 품사를 갖지 못하지만 종속접속사가 종속절을 이끌 때는 품사(명사, 형용사, 부사)를 취한다. 대등접속사의 종류로는 두 가지가 있는데 첫 번째로 「같은 방향 또는 같은 개념의 연결 and, 대조 또는 상반된 개념의 연결 but, 긍정적인 택일 or」는 대표적인 것들로 앞뒤로 연결하는 대상(단어, 구, 절)과 품사가 일치해야하고, 두 번째로 「nor, for, yet, so, therefore, however」와 「still, nevertheless, while, whereas」는 앞뒤로 연결하는 대상이 절만이 가능하다. 대등접속사 중에서 다른 단어와 함께 묶여서 마치 숙어처럼 사용되는 것(상관접속사 correlative conjunction)들이 있는데 바로 「both(alike, at once)~and, not(never, no longer)~but, either~or, neither(no longer)~nor, not only(not merely)~but also=as well as, between~and,…」이다.

I hate concerts. I will go to this one, **however**.
나는 음악회를 싫어하지만 이번에는 가겠다.

We were very late for dinner; **however**, there was plenty left for us.
우리는 식사 시간에 무척 늦었으나 그래도 많은 음식이 남아 있었다.

They showed me how to do it. **However**, I will do it in my own way.
그들이 나에게 그 것을 어떻게 하는지에 대해서 알려주었다. 하지만 나는 그 것을 내 방식으로 하겠다.

대등접속사들 중에서 특히 "and, but, or"는 앞뒤를 모양(단어, 구, 절)에서나 품사(팔 품사)에서 서로 대등하게 연결시키는 역할을 한다. 이 때 절과 절이 연결되면 중문이라고 하지만 단어와 단

6. 연결사

어나 구와 구가 연결이 되면 또 하나의 구(another phrase)가 되어 품사를 취하고 문장 속에 사용된다.

I tried to show them what happened by <u>taking</u> a coin **and** <u>rubbing</u> it against my arm.
*동명사와 동명사를 묶어서(연결시켜서) 전치사 by의 목적어로 사용
나는 그들에게 동전을 가지고 팔에 문지르면서 어제 일어났던 일을 보여 주려고 애를 썼다.

In many American restaurants there are <u>two forks, two spoons</u>, **and** <u>two knives</u>.
*명사들을 서로 묶어서 be 동사의 보어로 사용
미국의 많은 식당에서는-식탁위에- 두개의 포크와 두개의 숟갈과 그리고 두개의 나이프가 올라오게 된다.

They had finished killing all the enemies <u>in the fields</u> **and** <u>in the desert</u> where they had chased them.
*부사구와 부사구를 묶어서 도사 kill의 목적어로 사용
그들은 자신들이 뒤 쫓았던 사막과 들판에서 모든 적군들을 죽이는 일을 마무리했다.

I think that <u>the unbroken monotony of his goodness</u> **and** <u>truthfulness</u> **and** <u>obedience</u> would have been a burden to her but for <u>the relief</u> **and** <u>variety</u>.
*부사구와 부사구를 묶어서 동사 kill의 목적어로 사용
나는 동생의 변함없는 선행과 신뢰와 순종의 행위가 어머니에게 짐이 되었으리라 생각된다. 만약에 (내가 제공한) 안도와 다양성이 없었다면 말이다.

He told me <u>that it was going to be a dinner party at the Sheraton Hotel</u> **and** <u>that I should dress formally</u>.
*that명사절 두 개를 서로 묶어서 동사 told의 직접목적어로 사용
그는 나에게 쉐라톤 호텔에서 디너파티가 있게 될 것이고 그리고

반드시 정장차림이어야 한다고 말했다.

Edgar **and** Stanley are good friends. (명사와 명사)
에드가와 스텐리는 좋은 친구이다.

The pig got up **and** slowly walked into the fence. (동사와 동사)
돼지는 일어나서 천천히 울타리 안으로 걸어들어 갔다.

The rat is **either** in the closet **or** behind the table.
(부사와 부사, 구와 구)
쥐는 서랍속이나 탁자 뒤 어느 한 곳에 있다.

Colonel went across the river **and** into the trees.
(부사와 부사, 구와 구)
콜로넬은 강을 건너가서 나무사이로 들어갔다.

Ann is **smart** but **unreliable**. (형용사와 형용사, 단어와 단어)
앤은 영리하지만 믿을 수가 없다.

I invited only those students whom I know very well **or** who are studying English in the same class.
(형용사와 형용사, 절과 절)
나는 같은 반에서 영어를 공부하고 있는 학생이거나 또는 내가 잘 알고있는 학생들만 초대하였다.

He is very kind, **and** I like him very much. (절과 절)
그는 매우 친절하다 그래서 나는 그를 매우 좋아한다.

(주의) 그러나 대등접속사일지라도 때로는 앞뒤를 대등하게 연결시키지 않는 경우도 있다. 예를 들자면, He finished the work *diligently and without mistake*. (그 일을 부지런히 그리고 실수없이 끝냈다.) He gave up the work *because he was not ready, and for no other reason.*(별다른 이유 없이 단지 준비가 되지 않았기 때문에 그일 포기했다.)

He didn't want to go; **however**, he went. (only 절과 절)
　　～그러나, 그렇지만; 하지만

I liked the salesman; I **therefore** gave him an order.
～그런 까닭에, 따라서; 그 결과(로서), 그로 말미암아

Let me stay at home, **for** I am tired.
　　～왜냐하면, 한 걸 보니

It is good, **yet** it could be improved.
～그럼에도(불구하고), 그런데도, 하지만(그래도)

The hens are hungry, (and) **so** I must feed them now.[37)]
　　～그래서"(so는 so that, and so의 생략형태)

He can speak German, **So do I**.
=I can speak German, too. ～도 또한 그렇다

The day was bright, **nor** were there clouds above.
　　～그리고 또한-않다(=and not)(긍정 절 뒤에서)

He was <u>not</u> present, **nor** was I. ～또한 아니다
=I was <u>not</u> present, <u>either</u>.

---

37) so의 여러 가지 용법: ①앞 문장을 대신하는 경우 *She is very good*, and I think so, too. ②앞 문장의 일부만을 받는 경우 She *comes here* very seldom, and if so, never without her children. 그녀는 이곳에 오는 경우가 드물지만, 오는 경우에는 아이들과 같이 온다. ③앞 문장의 형용사를 받는 경우 She is very *poor*, and so is he. 그녀는 매우 가난하다, 그리고 그 또한 그렇다. ④앞 문장의 명사를 받는 경우 She seems *a good student*, and so she is. 그녀는 좋은 학생처럼 보인다. 그녀는 정말(사실) 그렇다. ⑤앞 문장의 동사를 받는 경우 The snow *is falling*, so it is. 눈이 내리고 있다. 사실이다.

~그리고 또한-않다(=and not)(부정 절 뒤에서)

He <u>cannot</u> speak English **nor** German.
~도 아니다 (부정어 뒤에서)

I met <u>neither</u> him **nor** her.
~둘 모두-아니다 (양자부정)

I want <u>no</u> promises, **nor** notes; I want money.
~도한-않다 (양자부정)

I've read fifty pages, **while** he's read only thirty.
~그런데 한편으로는, 반면에(원래는 종속접속사
이지만 대등접속사의 성격을 가지고 있다.)

There was no news; **nevertheless**, she went on hoping.
~그러나, 그렇지만; 하지만(부사로 거의 접속사처럼 사용되며,
yet와 같은 의미를 가진다.)

I am sleepy, (but) **still** I will work.
~그러나, 그렇지만; 하지만(부사로 거의 접속사처럼 사용되며,
but과 however보다 의미가 강하다.)

종속접속사들은 구조상 주절(주요한 개념)과 종속절(종속적인 개념)로 나누어지고 이때 종속절의 사용되는 접속사에 따라서 "명사절, 형용사절, 부사절"이 있다. 각각의 접속사들은 많이 보고 암기할 수 있도록 해야 하고, 특히 대부분의 종속접속사들은 세 가지의 품사 중에서 중복되어 사용되는 경우가 많다. 종속접속사를 더욱 세밀하게 분류하자면, "일반 종속접속사, 관계사, 의문사, 복합관계사"들로 나눌 수 있을 것이다. 여기서 일반적인 종속접속사들은 명사절과 부사절을 이끌고, 관계사는 형용사절 만을 이끌고(단 관계

사 what은 선행사를 포함하고 있기 때문에 명사절을 이끈다), 의문사는 관계사의 또 다른 이름인데 의문사(관계대명사와 관계부사의 또 다른 이름, 관계대명사=의문대명사, 관계부사=의문부사)로는 명사절과 의문문을 이끌고, 복합관계사(관계사 어미에 ever를 덧붙여서 붙인 이름, 복합관계대명사와 복합관계부사)는 명사절과 부사절(일반부사절, 양보부사절)을 이끌 수 있다.

I think **that** she is honest. (명사절)38)
나는 그녀가 정직하다고 생각한다.

I wonder **if (whether)** he will come. (명사절)
나는 그가 올지 어떨지 궁금하다.

I fear **lest** he (should) die. (명사절)
나는 그가 죽지나 않을까 두렵다.

I met the man + and(but, or, …) +
　　　　　　　①**He** helped her.
　　　　　　　②She helped **him**.
　　　　　　　③She helped **his** friends.
　　　　　　　④**His** friends helped her.

→ 관계대명사를 사용하여 복문으로 전환(관계형용사절)39)

---

38) that의 여러 가지 용법: ①지시대명사 I like that. 나는 그것을 좋아합니다. ②지시형용사 I like that book. 나는 그 책을 좋아합니다. ③지시부사 I can't that long. 나는 그렇게 오랫동안 기달 수 없다. ④종속접속사 I think that she is honest. ⑤관계대명사 I bought the book that I could read on the plane. 나는 비행기에서 읽을 수 있는 책을 샀다. ⑥관계부사 I know the reason that she left. 나는 그녀가 떠난 이유를 알고 있다. ⑦강조 구문 It was her that I liked. 내가 좋아한 사람은 것은 그녀였다. ⑧진 주어 또는 진목적어 It is difficult to master English in a year. 영어를 일 년 안에 정복하기란 어렵다.

39) 관계대명사는 형용사절을 이끌어서 명사(선행사)를 뒤에서 수식하는데 사용한다. 그런데 명사를 수식하는 방법이 두 가지가 있는데 제한적 용법과 계속적

6. 연결사

(*대등접속사는 생략함)

I met the man **who helped her**.① (형용사절)
나는 그녀를 도와준 남자를 만났다.

I met the man **whom she helped**.② (형용사절)
나는 그녀가 도와준 남자를 만났다.

I met the man **whose friends she helped**.③ (형용사절)
나는 그를 만났는데, 그의 친구들을 그녀가 도와주었다.

I met the man **whose friends helped her**.④ (형용사절)
나는 그를 만났는데, 그의 친구들이 그녀를 도와주었다.

(주의) which는 선행사를 동물과 사물을 받기도 하지만 때로는 계속적 용법으로 앞에 있는 ' 단어, 구, 절, 문장'을 받을 수도 있다.

He has become **the principal**, **which** he has long wanted to be.
그는 교장이 되었는데, 그는 오랫동안 교장이 되고 싶었다.

His mother had **ten children**, of **which** he was the eldest.

용법이다. 제한적 용법은 관계사 앞에 콤마가 없으며 계속적 용법은 관계사 앞에 콤마가 있다. 대개 제한이든 계속이든 간에 그 해석에서 별 차이가 없지만 특별한 경우에는 뜻의 차이가 있으므로 주의를 요한다. 관계사의 제한적용법에서 관계사로 이끌어진 형용사절과 선행사의 관계는 형용사절을 생략하면 의도했던 바가 바뀌거나 비논리적인 글이 된다. (~명사(선행사)+관계사+절...) 그리고 관계사의 비제한적 용법에서 관계사로 이끌어진 형용사절과 선행사의 관계는 형용사절을 생략해도 의도했던 바가 바뀌지 않으며 비논리적이지 않다. (~명사(선행사), 관계사+절...) 예를 들자면, *Students who are noisy and talkative should not be allowed in the library. (시끄럽게 떠드는 학생들은 도서관 출입시켜서는 안 된다.) *Astronomy, which is the study of heavenly bodies, is a fascinating subject. (천문학은, 천체를 연구하는 학문으로서, 매혹적인 학문이다.) 특히, He had three sons who became doctors. (그는 의사가 된 세 아들이 있다. -그에게는 세 아들 외에 또 있을 수 있다.) He had three sons, who became doctors. (그는 아들이 셋이 있는데 모두 의사가 되었다. - 그에게는 아들이 세 명이다.)

그의 어머니는 열 명의 자녀들이 있는데, 그들 중에서 그가
가장 연장자이다.

She kissed **the child**, **which** was in its mother's arms.
그녀는 그 아이에게 키스를 했는데, 그 아이는 어머니의 품에
안겨있었다.

He is rich, **which** I am not.
그는 부자인데, 그러나 나는 부자가 아니다.

I will never forget **the day**.+I met him **then**. (형용사절)
→ I will never forget **the day when** I met him.
나는 그를 만난 그 날을 결코 잊지 못할 겁니다.

I will never forget **the building**.+I met him **there**. (형용사절)
→ I will never forget **the building where** I met him.
나는 그를 만난 그 건물을 결코 잊지 못할 겁니다.

Tell me **the reason**.+She cannot agree with you **therefore**.
→ Tell me **the reason why** she cannot agree with you.
그녀가 당신과 동의할 수 없는 이유를 내게 말해 주시오.

Tell me **the way**.+He has succeeded **thereby**. (형용사절)
→ Tell me (**the way**) **how** he has succeeded.
그가 성공한 방법을 내게 말해 주시오.

<u>How to teach</u> is more difficult than <u>how to learn</u> (is difficult.)
=<u>How we should teach</u> is more difficult than <u>how we should learn</u> (is difficult. (의문사+to부정사=명사절)
어떻게 가르치느냐 하는 것은 어떻게 배우느냐 하는 것 보다 더 어렵다.

The difficulty is **<u>which book to read</u>**. (의문사+to부정사=명사절)

6. 연결사

=The difficulty is **which book we should read**.
어려운 점이란 어떤 책을 읽어야하느냐란 문제이다.

I have no house **which I should live in**. (관계형용사절)
=I have no house **which I should live in**. (관계형용사절)
=I have no house **in which I should live**. (관계형용사절)
=I have no house **which to live in**. (의문+to부정사=형용사구)
나는 살 집이 없습니다.

She learned **how to make tea**. (의문사+to부정사=명사절)
=She learned **how she should make tea**.
그녀는 차를 만드는 방법을 배웠다.

I am thinking of **what course to pursue**.
(의문사+to부정사=명사절)
=I am thinking of **what course I should pursue**.
나는 어떤 길을 추구해야할지를 생각하고 있다.

◈ 명사절:일반종속접속사, 의문대명사, 의문부사, 복합관계대명사
◈ 부사절:일반종속접속사, 의문부사, 복합관계대명사, 복합관계부사
◈ 형용사절: 관계대명사(단, what은 명사절), 관계부사

일반적인 종속접속사들로서 「that, whether, if, lest; as, because, where」 등은 명사절을 이끌고, 「when(=till, until, before, after, while, as, since, whenever), because(=as, since, now that, in that, seeing that, considering that, on the ground that), if(provided, providing, supposing, on condition, unless, once), as long as, so(as) far as, although(=if, though, as if, as though, while, granted that, granting that, grant that, however), so that(=that, in order that), except that, where(wherever), whereas, than, such~that(=so that, that), ~」 등은 부사절을 이

끌고, 「who, whose, whom, which, of which, that; when, where, how, why」 등은 형용사절을 이끌며, 「whoever, whosever, whomever, whichever, whatever」 등은 명사절이나 부사절(일반부사절, 양보부사절)을 이끄는 복합관계사이다.

I don't know **as I want to go there**. (명사절)
=I don't know **that(or whether)** I want to go there.
그곳에 가야할지 어떨지 모르겠다.

I was afraid **lest he should come too late**. (명사절)
(주의)lest가 fear, afraid 뒤에서 사용되어: '~하지나 않을까 하고)

It was **because he had been behind time**. (명사절)
(주의)because는 일반적으로 부사절을 이끌지만 때로는 ' that와 함께 명사절을 이끌 때가 있다: ~때문에, ~이라는 이유로.')

Who knows **but what the world will end tomorrow**? (명사절)
=Who knows **that** the world will **not** end tomorrow?

(주의)but가 know, think, believe, expect, fear, say, be sure 로 시작하는 부정 또는 부정에 상당하는 문장(수사의문문) 뒤에서 사용되어: '~이 아니라고(that…not)'로 해석하며 'but that~, but what~'의 형태를 취한다.)

Though he is poor, he is contented. (양보부사절)
그는 가난하지만 만족하고 있다.

Woman as she is, she can play football well. (양보부사절)
그녀가 비록 여자이지만 축구경기를 잘한다.

Come what will, I will do my best. (양보부사절)

어떤 일이 닥칠지라도 나는 최선을 다할 것이다.

Try as he may, he can't beast me in playing tennis.
　　(양보부사절)
그가 아무 노력한다 할지라도 테니스에서 나를 이길 수 없다.

Let it be ever so humble, there is no place like home.
　　　(양보부사절)
그곳이 아무리 누추하다할지라도 내게는 집처럼 (편안한) 곳은 없다.

(Whether he may be) **sick or well**, he will come.
　　　　　　　　　　　(양보부사절)
그가 아프든 건강하든 간에 올 것이다.

Whether he comes or not, the result will be the same.
　　　(양보부사절)
그가 오든 안 오든 간에 그 결과는 똑 같을 것이다.

Everything went fine **until** the lady **who** was sitting next to
　　주절　　　　　종속절(부사절) 종속절(형용사절)
me noticed **that** I kept watching **what** everyone was doing and
　　　　종속절(목적절=명사절)종속절(목적절=명사절)
(I kept) switching my fork and knife from one hand to another.
모든 것이 좋았었다. 내 옆에 앉아있던 숙녀한테 내가 (앞에 앉아있는) 사람들이 하는 것을 지켜보고 포크와 나이프를 한쪽 손에서 다른 손으로 옮겨가며 사용하는 것을 따라하는 것을 알아차릴 때 까지는 말이다.

(문법설명) until은 전체 부사절을 이끌고 있는 접속사이고, who는 선행사인 the lady를 제한하고 있고, that은 타동사 notice의 목적어로 사용되었고, what은 타동사 watch의 목적어로 사용되었다. (대등접속사 and는 분사와 분사를 또는 명사와 명사를 묶어주는 단순한 구를 이끌고 있다.) 이 문장은 복문이다.

We must decide **who(m) to nominate**.(의문사+to부정사/명사절)
=We must decide **who(m) we should nominate**.
우리는 누구를 지명할 것인가를 결정해야한다.

(문법설명) 의문대명사 who(whom)가 부정사의 명사적 용법과 연결되어 하나의 명사구로서 타동사 decide의 목적어로 사용되었다. (아래 문장은 명사절로 전환시킨 것이다.

This is the person **who(m) you must know**. (관계사형용사절)
=This is the person for you to know.
이 사람이 당신이 알아두어야 할 사람입니다.

(문법설명) 관계대명사 who(whom)이 선행사인 the person을 제한하고 있는 형용사 절이다. (아래 문장은 부정사의 형용사적 용법으로 전환시킨 것이고 for you는 의미상 주어이다.

Whoever comes first may have it. (복합관계대명사=명사절)
=**Anyone who comes first** may have it.
맨 먼저 들어오는 사람이 그것을 갖게 될 것이다.

Whoever may say so, I don't believe it.
(복합관계대명사=양보부사절)
=**No matter who may say so**, I don't believe it.
어느 누가 그렇게 말할지라도, 나는 믿지 못하겠다.

You may come **whenever you like**. (복합관계부사=일반부사절)
= You may come **at any time when** you like.
당신이 원할 때면 언제나 오셔도 됩니다.

Wherever you may go, you will be happy. (=양보부사절)
=**No matter where** you may go, you will be happy.

6. 연결사

당신이 어디를 간다할지라도, 당신은 행복할 겁니다.

You may read **whatever** book you like. (복합관계형용사)
=You may read **any book that** you like.
네가 좋아하는 어떤 책을 읽어도 좋다.

You may read **whatever** you like. (복합관계대명사)
=You may read **anything that** you like.
네가 좋아하는 어떤 책을 읽어도 좋다.

Whichever way you may take, you will find difficulties.
　(부사절)
=**Though** you may take any way, you will find difficulties.
네가 어느 길을 택할지라도 어려움에 부닥칠 것이다.

　문장의 종류는 단문과 단문을 어떤 접속사로 연결시키느냐에 따라서 달라진다. 두 개의 단문을 서로 대등(등위)하게 연결시켜 의미상 대등하게 하는 대등절을 을 가지면 중문(重文, compound sentence)이 되고 그리고 두 개의 단문 중에 어느 하나를 종속접속사로 이끌어 종속절을 만들어 나머지 주절에 의미상 종속을 시키면 복문(複文, complex sentence)이 된다. 그리고 중문이라는 전체적인 틀 속에 종속절(명사절, 형용사절, 부사절) 중에 어느 하나만 포함되기만 하면 혼합문(混合文, compound-complex sentence)이 된다. 중문 속에 대등절이 기본적으로는 두개이지만 그 이상이 사용되어도 중문인 것에는 변함없듯이 복문도 기본적으로는 두개이지만 그 이상의 종속절들이 사용되어도 복문이다. 마찬가지로 혼합문 속에 절이 기본적으로는 세 개이지만 그 이상의 절들이 사용되어도 혼합문이다.

◆<u>단문</u> = s'+v'+～.
　　　　= s'+<u>v'</u>+대등접속사+v'+～.

= s'+대등접속사+s'+v'+~.

They wanted me to become a teacher.
주부(s)　　　　술부(v ~)

We walked and talked.
주부(s)　술부(v + v)

Kim and Lee are great friends.
주부(n + n)　　　술부(v ~)

◆중문 = s'+v'~+대등접속사+s'+v'~.
　　　　　대등절　　　　　　　대등절

You may not believe it, **but** that's true.
　　단문(대등절)　　　　　단문(대등절)

He is very kind, **and** I like him very much.
　단문(대등절)　　　　　단문(대등절)

◆복문 = s'+v'~+종속접속사+s'+v'~.
　　　　　주절　　종속절(명사절, 형용사절, 부사절)

She is a girl **whom** I like.
　단문(주절)　　단문(종속절=형용사절)

The event occurred **when** I was out on a trip.
　　단문(주절)　　　　단문(종속절=부사절)

He thinks **that** everyone likes him.
　단문(주절)　　단문(종속절=명사절)

◆**혼합문** = s'+v'~+대등접속사+s'+v'(~종속접속사+s'+v'~).
　　　　　　대등절　　　　　　　대등절(종속절포함)

I am a boy **and** she is a girl **whom** I like.
단문(대등절)　　　단문(대등절=주절) 단문(종속절=형용사절)

He soon fell asleep **and** he dreamed of his home
　단문(대등절)　　　　　　단문(대등절=주절)
when he was a boy.
단문(종속절=부사절)

This is not much, **but** I hope **that** you will like it.
　단문(대등절)　　　　단문(주절) 단문(종속절=명사절)

7. 가정법

 사람이 하고 싶은 말을 표현하는 방법에는 여러 가지가 있다. 상대방에게 있는 그대로 솔직하게 말하는 직설법(直說法, indicative mood; straight talk)이 있고, 상대방(윗사람이나 상위 조직이 아랫사람이나 하위 조직)에게 무엇을 하게 명령(의뢰, 요구, 금지, 충고)하는 명령문(命令法, imperative mood)이 있고, 상대방에게 제 3자의 말을 전달할 때 사용하는 화법(話法, narrative mood)이 있고, 그리고 자신의 말하고 싶은 바를 상대방에게 있는 그대로 솔직하게 말하기 보다는 우회적으로 또는 간접적으로 말하는 가정법(假定法, subjunctive mood)[40]이 있다.

> He works hard. (직설법: 평서문)
> 그는 열심히 공부한다.
>
> Did he work hard? (직설법: 의문문)
> 그는 열심히 공부했니?
>
> He did not work hard. (직설법: 부정문)
> 그는 열심히 공부하지 않았다.
>
> Work hard. (명령법: 직접명령문)
> 열심히 공부해라.
>
> Let him work hard. (명령법: 간접명령문)
> 그에게 열심히 공부하라고 해라.

---

[40] ①mood(敍法): 문장의 내용에 대한, 말하는 사람의 심적 태도를 나타내는 동사의 어형 변화. ②subjunctive(假定): 사실이 아니거나, 사실인지 아닌지 아직 분명하지 않은 것을 사실인 것처럼 인정함. 또는 그 인정한 것. ③ subjunctive mood(假定法): 마음속에 있는 것을 우회적으로 또는 간접적으로 표현하는 방법이다.

He said to me, "Work hard" (화법: 직접화법)
그는 내게 "열심히 공부해라"라고 말했다.
=He advised me to work hard. (화법: 간접화법)
그는 내게 열심히 공부하라고 충고했다.

If he worked hard, he could succeed. (가정법)
만약에 그가 열심히 공부했다면 성공했을 것이다.
=Because he didn't work hard, he couldn't succeed.
그는 열심히 공부하지 않았기 때문에 성공하지 못했다.

　가정법이란 말하는 사람이 마음속에서 상대방에게 말하고 싶었던 것들을 간접적이면서 우회적인 방법으로 표현하는 방법인데, 즉 말하는 사람이 말하고자하는 바를 실제로는 존재하지 않는 것이나 또는 상식적으로는 불가능한 상황을 설정(가정)하여 표현하는 방법이라 할 수 있다.

As I don't have the book, I can't lend it to you. (직설법)
=I don't have the book, so I can't lend it to you.
나게 그 책이 없기 때문에 너에게 빌려줄 수 없다.
(지금 그 책이 없기 때문에 빌려줄 수없는 사실 그대로의 상황이다.)

=If I had the book, I could lend it to you. (가정법)
만약에 내게 그 책이 있다면 너에게 빌려주지.
(지금 그 책이 없는 상태인데 마치 있는 것으로 상황을 설정하고 있다.)

As I am not a bird, I can't fly to you. (직설법)
=I am not a bird, so I can't fly to you.
나는 새가 아니기 때문에 너에게 날아갈 수 없다.
(나는 새가 아니기 때문에 날아갈 수 없다는 사실 그대로의 상황이다.)

=If I were a bird, I would fly to you. (가정법)
만약에 내가 새라면 너에게 날아갈 수 있는데.
(사람이 새가 될 수 없는 불가능한 상황을 설정하고 있다.)

가정법 문장 속에 사용된 동사의 시제는 일반 조건문 속에 사용된 동사의 시제와 다르게 쓰기 때문에 어느 정도 구별이 가능하다. 왜냐하면 조건을 나타내는 부사절 속에 사용된 동사는 글을 쓰는 사람이 현재의 이야기를 하고 싶으면 현재형 동사를 쓰면 되고 그리고 과거의 이야기를 하고 싶으면 과거형 동사를 쓰면 되기 때문이다. (단, 미래의 이야기를 하고 싶을 때는 동사를 미래형 동사가 아닌 현재형동사로 대신한다는 것만 조심하면 된다.)

If he can solve the problem, he is clever. (직설법)
만약에 그가 그 문제를 풀 수 있다면 그는 영리하다.
(실제로 문제를 풀 정도니 영리하다고 볼 수 있다.)

If he solved the problem, he was clever. (직설법)
만약에 그가 그 문제를 풀었다면 그는 영리했다.
(실제로 문제를 풀었으니 영리했다고 볼 수 있다.)

As he doesn't solve the problem, he can't come home earlier.
(직설법) 그는 그 문제를 풀지 못해서 좀 더 일찍 집에 올 수 없다.

=If he solved the problem, he could come home earlier.(가정법)
그가 그 문제를 풀었더라면 좀 더 일찍 집에 올 수도 있었는데.
(그는 그 문제를 도저히 풀 수 없는 상황을 두고 말하고 있다.)

● 가정법현재

If it **is**(**be**) fine tomorrow, I **will go** out.
(잘은 모르겠지만~)

만약에 내일 날씨가 화창하다면 외출할 것이다.

If he **is(be)** honest, I **will employ** him.
(잘은 모르겠지만~)
만약에 그가 정직하다면 그를 고용하겠다.

If he **know** the fact, he **will tell** it to you.
(잘은 모르지만~)
그가 그 사실을 알고 있다면 당신에게 이야기 할 것이다.

*He **demanded** that he **be** given the right to express his opinion.
그는 자기의 의견을 말할 수 있는 권리를 달라고 요구했다.

*It is **important** that everyone **vote** in coming election.
이번 선거에 모든 사람들이 투표한다는 것이 중요하다.

*They accepted his **suggestion** that the bridge **be** repaired for the sake of safety.
그들은 안전을 위해서 그 다리가 보수되어야 한다는 그의 제안을 받아들였다.

(주의) 「주어+타동사+that+주어+(should)+동사원형~」 주절의 동사가 '제안(suggest, propose, recommend, advise), 주장(insist, claim), 요구(require), 명령(order, command), 결정(decide), 희망, 비판' 등의 뜻을 가진 동사들이나 명사(suggestion, requirement, wish, advice, decision, request, command)가 사용된 경우에는 종속절 속의 동사는 should가 생략되어진 원형동사가 사용된다. 또한 「It+be+형용사+that+주어+(should)+동사원형~」에서도 형용사가 '필요, 당위성(urgent, natural, important, strange, necessary, advisable, desirous, required, essential, imperative)'등이 사용된 경우도 마찬가지이다. 이 경우는 가정법 시제(that이하에서 말하는 내용이 아직 일

어나지 않은 내용으로서 '~해야 한다, ~하야겠다' 라는 제안의 의미가 있는 경우)이기 때문에 주절의 동사와 시제일치에 구애받지 않는다. —His words suggest that he loves her. 그의 말은 자신이 그녀를 사랑하고 있다는 것을 암시하고 있다.

● 가정법과거

If she **helped** me, I **could do** it.
 =As she does not help me, I can not do it.
 =She does not help me, so I can not do it.
만약에 그녀가 나를 돕는다면 나는 할 수 있다.
(현재~그녀가 나를 도와주지 않아서 할 수 없다.)

If I **were** you, I **wouldn't buy** the book.
 =Because you aren't me, you buy the book.
만약에 내가 너라면 그 책을 사지 않을 텐데.
(현재~그러나 너는 그 책을 사고야 마는구나)

● 가정법과거완료

If she **had helped** me, I **could have done** it.
 =As she did not help me, I could not do it.
 =She did not help me, so I could not do it.
만약에 그녀가 나를 도와주었다면 할 수 있었다.
(과거~그녀가 나를 도와주지 않아서 할 수 없었다.)

● 가정법미래

If it **should rain** tomorrow, I **will(would) not go** out.
(물론 가능은 하겠지만, 아마도 그럴 리는 없을 것 같은데~)
내일 비가 내린다면 외출하지 못할 것이다.

If the sun **were to rise** in the west,
I **would not change** my mind.
= Even if the sun were to rise~.
(사실상 도저히 불가능한 일로서, 그럴 리는 없지만~)
만약에 태양이 서쪽에 떠오른다면 마음을 바꾸겠다.
(태양이 서쪽에서 떠오르는 일이 있을 지라도 마음에는 변함없다.)

 가정법문장이 반드시 'If'로만 시작하는 것이 아니다. 다음과 같은 'If'를 대신하는 표현들을 알고 있어야 한다.

① 부정사로 대신하는 경우: 이때는 부정사의 부사적 용법에서 조건을 나타내는 경우를 말한다.

You will do well **to speak more politely**.
= You will do well if you speak more politely.
좀 더 천천히 말씀해 주신다면 좋아질 겁니다.

② 분사구문으로 대신하는 경우: 조건부사절을 분사구문으로 전환시킨 구문을 말한다.

Born in better times, he would have become famous.
= If he had been born in better time, he would have become famous.
만약에 그가 좀 더 좋은 시대에 태어났더라면 유명해질 수도 있었을 것이다.

③ 「명사(즉, 주어)·형용사절·부사(구)」가 조건절을 대신하는 경우가 있다.

A true friend would have acted differently.

=If he had been a true friend, he would have acted differently.
만약에 그가 진실한 친구였더라면 다르게 행동했었을 것이다.

A man **who had common sense** would not do that.
=A man, if he had common sense, would not do that.
상식이 있는 사람이라면 그러한 행동을 하지 않았을 것이다.

He would have done it easily **with your help**.
=He would have done it easily if he had your help.
너의 도움이 있었더라면 그가 그 일을 쉽게 했을지도 모른다.

④ 주절 또는 조건절의 대용어구가 문장 속에 없는 경우: 이때는 글의 문맥에 따라 어떠한 조건절이 생략되어 있는지를 따져 밝혀야 한다.

That would seem strange (**if you didn't know the truth**).
만약에 네가 그 사실을 미리 모르고 있었다면 그것이 이상하게 보였을지도 모른다.

I could have gone to America then (**if I had wanted to**).
만약에 내가 원했더라면 미국에 갔었을 지도 모른다.

⑤ 조건절을 유도하는 'If'가 생략되면 그 속에 있는 「주어와 동사」가 도치된다.

Had I known you were ill, I'd have called to see you.
=If I had known you were ill, I'd have called to see you.
만약에 네가 아프다는 것을 알았더라면 너를 보러 들렀을 것이다.

Did he hear of your marriage, he would be surprised.
=If he heard of your marriage, he would be surprised.

만약에 그가 너의 결혼 소식을 듣게 된다면 그가 놀랄 것이다.

⑥ 「직설법, otherwise+가정법=Unless / 직설법, otherwise+가정법 =so+직설법」과 「가정법, but, only, except, save(that)+직설법=Unless」

I was rich, **otherwise** (or) I could not have bought a car.
=Unless I had been rich, I could not have bought a car.
=I was rich, so I could buy a car.
만약에 내가 부자가 아니었더라면 차를 살수가 없었을 것이다.
(나는 부자였기 때문에 차를 살 수가 있었다.)

⑦ 「명령문, and+s+v=If」와 「명령문, or+s+v=Unless」

Do it at once, **and** you will be praised.
=If you go it at once, you will be praised.
만약에 그 일을 즉시 한다면 너는 칭찬을 받을 것이다.

Do it at once, **or** you will be scolded.
=If you do not do it, you will be scolded.
만약에 그 일을 즉시 하지 않는다면 너는 꾸중을 받을 것이다.

⑧ 「in case (that)+절, in case of+(동)명사, on condition (that)+절, provided (that)+절, providing (that)+절, suppose (that)+절, supposing (that)+절, assuming (that)+절, granted (that)+절(=even if), granting (that)+절(=even if), so long as+절(=If only), even though+절,~」

In case (that) it should rain, the plan would fail.
=In case of raining, the plan would fail.
만약에 비가 내린다면 그 계획은 실패하게 될 것이다.

Provided (that) you are free tomorrow, come to see me.
만약에 네가 내일 시간이 있으시면 저를 보러 오세요.

Granting (that) it is true. it doesn't concern me.
만약에 그것이 사실이라면 그것은 내게 있어서 중요하다.

Assuming (that) he knew the secret, we would be ruined.
만약에 그가 그 비밀을 알았더라면 우리는 파산될 것이다.

You may borrow the book, **so long as** you keep it clean.
당신이 그 책을 깨끗하게 유지하는 한에서 빌릴 수 있다.

Unless you specially asked him, he wouldn't do it.
만약에 네가 특별히 요청하지 않는다면 그는 하지 않으려 할 것이다.

Even though I were (or was) ill, I would go.
비록 내가 아프더라도 가겠다.

⑨ 가정법의 주요 관용적 표현들: 「as if(=as though), I wish」가 있는데 'as if(마치~였던 것처럼)'은 사실이 아닌 것을 사실처럼 꾸밀 때 사용하고 'I wish(~했으면 좋을 텐데)'는 실현성이 없는 사실에 대한 간절한 소망을 나타낼 때 사용한다.

<u>I wish</u>+주어+과거동사~. (현재의 사실에 반대를 가정)
  직설법   가정법과거
 (=<u>It is a pity (that)</u>+주어+**현재동사not**+~) (주절과 시제 일치한다)
   I am sorry, I regret

<u>I wish</u>+주어+had+pp~. (과거의 사실에 반대를 가정)
  직설법   가정법과거완료
 (=<u>It is a pity (that)</u>+주어+**과거동사not**+~) (주절보다 한 시제 앞선다)

I am sorry, I regret

<u>주어+현재동사~</u> **as if(though)**+<u>주어+과거동사~</u>. (上同)
　직설법　　　　　　　　　　　가정법과거
(=In fact, 주어+현재동사not+~)

<u>주어+현재동사~</u> **as if(though)**+<u>주어+had+pp~</u>. (上同)
　직설법　　　　　　　　　　　가정법과거완료
(=In fact, 주어+과거동사not+~)

He talks as if he knew her mind.
=In fact he does not know her mind.
그는 마치 그녀의 마음을 알고 있는 것처럼 말하고 있다.
(사실은 그는 그녀의 마음을 모른다.)

He talked as if he knew her mind.
=In fact he did not know her mind.
그는 마치 그녀의 마음을 알고 있는 것처럼 말했다.
(사실은 그는 그녀의 마음을 몰랐다.)

I wish I could speak English.
=I am sorry I can not speak English.
영어로 말할 수 있으면 좋을 텐데.
(영어로 말할 수 없어서 유감이다.)

I wished I could speak English.
=I was sorry I could not speak English.
영어로 말할 수 있었으면 좋았을 텐데.
(영어로 말할 수 없었기에 유감이었다.)

I wish I had spoken English.

=I am sorry I didn't speak English.
영어로 말할 수 있었으면 좋을 텐데.
(영어로 말할 수 없었음이 유감이다.)

I wished I had spoken English.
=I was sorry I had not spoken English.
영어로 말할 수 있었더라면 좋았을 텐데.
(영어로 말할 수 없었음이 유감이었다.)

⑩ 혼합가정법: 과거사실의 결과가 현재에 영향을 미치고 있음을 표현할 때 사용한다. "가정법과거완료+가정법과거(그때~였다면, 지금…일 텐데)"

If I had taken your advice then, I should be happier.
=I did not take your advice then, so I am not happy now.
그때 너의 충고를 받아들였었다면 행복해질 수 있었는데.
(그때 너의 충고를 받아들이지 않아서 지금 나는 후회된다.)

If it had not rained last night, the road would not be so muddy this morning.
=As it rained last night, the road is so muddy this morning.
지난밤에 비가 내렸기 때문에 (그 결과) 오늘 아침 길이 매우 질퍽 거린다.)

8. 명사와 대명사

명사(名詞, noun)란 세상에 있는 모든 생물(生物, living beings)과 무생물(無生物, lifeless things)에 붙여진 이름들을 지칭하거나 또는 유형(有形, definite form)과 무형(無形, formless mass)에 붙여진 이름들을 지칭한다. 각각의 명사들은 그 특성에 따라서 가산명사(보통명사, 집합명사-군집명사)와 불가산 명사(고유명사, 추상명사, 물질명사)로 나눌 수 있다.

생물과 무생물 : teacher 선생 (보통명사)
      student 학생
      president 대통령
      house 집
      tree 나무
      city 도시

유형과 무형 : wheat 밀 (물질명사)
      sand 모래
      tea (홍)차
      gold 금
      electricity 전기
      water 물

기   타 : nation 국가 (집합명사 또는 군집명사)
      family 가족 (집합명사 또는 군집명사)
      kindness 친절 (추상명사)
      hardness 역경 (추상명사)
      Shakespeare 셰익스피어 (고유명사)
      Korea 한국 (고유명사)

형태상 분류	의미상 분류	변 형
셀 수 있는 명사 (가산명사)	보통명사	the + 보통명사 = 추상명사화
	집합명사	(* 군집명사)
셀 수 없는 명사 (불가산명사)	추상명사	보통명사화 (일반성, 추상성→구체성, 특수성)
	물질명사	보통명사화 (일반성, 물질성→구체성, 특수성)
	고유명사	보통명사화 (일반성, 고유성→구체성, 특수성)

  셀 수 있는 명사(可算名詞, countable noun)란 '사람·동물·식물' 따위 이외에 '제품·행위' 등의 구체적인 것들(보통명사 common noun, 집합명사 collective noun)을 말하며, 그리고 셀 수 없는 명사(不可算名詞, uncountable noun)란 '물질이나 관념' 따위를 나타내는 것들(물질명사 material noun, 추상명사 abstract noun) 또는 세상에 하나밖에 없는 것들(고유명사 proper noun)을 말한다.

  (주의) 추상명사가 형용사구 또는 부사구로 변하는 경우
   ① of+추상명사 = 형용사구
      of use(useful), of value(valuable), of wisdom(wise)
   ② of+추상명사 = 부사구
      of late(lately), all of sudden(suddenly),
      of a certainty(certainly)
   ③ 전치사+추상명사 = 부사구
      with ease(easily), in private(privately),
      on purpose(purposely), by accident(accidentally)
   ④ 추상명사+itself = all+추상명사 = very+형용사
      kindness itself(all kindness, very kind)

그러나 셀 수 없는 명사(불가산명사)로 분류된 것들이 반드시 그것으로만 쓰이는 것이 아니라 때로는 문장 속에서 셀 수 있는 명사(가산명사)로 변형되는 경우도 있는데, 이때에는 일반적이면서 추상적인 의미가 구체적이면서 개별적인 의미로 뜻의 변화가 수반되기 때문에 주의해야 된다.

불가산명사→가산명사	의미의 변화
물질명사→보통명사화	•물질로 만들어진 제품 또는 종류 •물질의 낱개(단위), 구체적 사건
추상명사→보통명사화	•그 성질을 소유한 사람(행위) •그 관념의 종류
고유명사→보통명사화	•~와 같은 특질의 사람 •어떤~이라는 사람 •~가문의 일원 (집안사람) •~의 작품·제품 (이름을 딴 제품) •~이라는 사람 (여러 동성동명인)

(주의)불**가산명사(→가산명사화)**: fire 불(a fire 한 건의 화재사건), stone 돌(a stone 돌멩이 한 개), iron 다리미(쇠), glass 유리(a glass 유리잔, glasses 안경), paper 종이(a paper 신문, 논문, 시험), coffee 커피(a coffee 커피한잔), light 빛(a light 성냥), wine 술(wines 여러종류의 술), rain 비(a rain 한차례의 비), metal 금속(a metal 귀금속), space 장소(공간); youth 청년기(a youth 한 청년), kindness 친절(kindnesses 친절한 행위), activity 활동(활동성), success 성공(a success 성공한 사람), virtue 미덕(a virtue 일종의 미덕), justice 재판관(정의) injustice 부정행위(부정), agreement 협정(일치), experience 경험(experiences 경험사례, 경험담), education 교육(a strict education 엄한 교육), duty 임무(의무), language 언어, 어투(a foreign language 외국어, 말), thought 생각(사고) work 작품(일); Rodin 로댕(a Rodin 로댕작품), Milton 밀턴(a Milton 밀턴과 같은 위대한 시인)

Life is beautiful. He had **an interesting life**.
(일반적인 또는 추상적인 인생 - 구체적이고 또는 특정적인 인생)
She had much **beauty** in her youth. 추상명사 : 아름다움, 미(美)
She was **a beauty** in her youth. 보통명사 : 미인
Many **beauties** took part in the meeting. 보통명사 : 미인들
Fire burns wood. 물질명사 : 불
There was **a fire** last night. 보통명사 : 한 건의 화재사건
She felt **the mother** rise in her at the sight. 추상명사 : 모성애
This is **the mother** who lives in Seoul. 단수보통명사 : 어머니

 가산명사인 보통명사가 불가산명사인 추상명사화 되는 경우도 있는데, 이때에는 추상적인 의미가 구체적이면서 추상적인 의미로 뜻의 변화가 수반된다. 즉 「the + 단수보통명사」의 형태를 취해서 '신분, 근성, 감정, 성격, 힘, 정' 등의 추상적 관념을 갖거나 또는 보통명사 어근으로 쓰여서 본래의 목적으로 사용되는 경우이다.

> the friend 우정
> the mother 모성애
> the sword 무력
> the pen 문필의 힘
> the patriot 애국심
> the man 성년, 남자다운 기질
> the poet 시상, 시인다운 기질
> the judge 판사의 직분
> the beggar 거지근성
> the grave 죽음, 무덤
> the plough 농업
> the eye 시력
> the heart 감정, 애정

8. 명사와 대명사

the mother(father) 모(부)성애
the cradle 요람

(주의)
She went to **the prison** to see him.
그녀는 그를 면회하러 형무소에 갔다.
He was sent to **prison** yesterday.
그는 어제 형무소에 수감되었다.

*go to school 공부하러 가다
*go to church 예배드리러 가다
*go to sea 선원이 되다 (at sea 항해중)
*go to bed 잠자러 가다
*go to market 장보러 가다
*be at table 식사중이다
*be at church 예배중이다

가산명사와 불가산명사가 문장 속에서 사용되어질 때 일반적으로 아래와 같은 수식해 주는 요소들의 차이점과 그 외관상의 차이점을 가지게 된다.

셀 수 있는 명사(가산명사)	셀 수 없는 명사(불가산명사)
① 명사 앞에 'a(n), the, this, that, no, any, some'이나 「수」를 나타내는 many와 few가 붙는다.	① 명사 앞에 'a(n), the, this, that, no, any, some'을 붙일 수 없으며, 「양」을 나타내는 much와 little를 쓸 수 있다.
② 단수·복수 모두가 가능하다	② 단수형만 가능하다

a book(○), books(○)　　a money(×),　moneys(×)
many books(○)　　　　much money(○)
book(×)　　　　　　　money(○)

(1) 명사가 사용되는 장소(용법)

명사(또는 명사상당 어구: 명사, 명사구, 명사절)는 문장 중에서 주어, 보어(주격보어, 목적격보어), 목적어(직접목적어, 간접목적어, 전치사의 목적어)), 동격으로 사용된다.

Happiness consists in contentment. (주어: 명사)
행복이란 만족할 줄 아는 마음에 있다.

It is difficult for you **to finish** the work in a day.
(주어: 대명사)
당신이 그 일을 하루 안에 끝내기란 어렵습니다.

Kind words are the **music** of the world. (주격보어)
친절한 말은 세계의 음악이다.

We elected him **president**. (목적격보어)
우리는 그를 대통령으로 뽑았다.

I want **to be helped** by her.
(완전타동사의 목적어: 명사구, 부정사n)
나는 그녀에게서 도움받기를 원했다.

I think **that he is a good student**. (완전타동사의 목적어: 명사절)
나는 그가 좋은 학생이라고 생각한다.

He could not decide **which he should choose**. (의문사: 명사절)
=He could not decide **which to choose**. (명사구, 의문사+부정사)
어느 쪽을 택할 것인지 정할 수 없었다.

I am interested in **reading** alone. (전치사의 목적어: 동명사)
나는 혼자서 독서하는 것을 좋아한다.

We sent the **girl** many **books**.(수여동사의 간접 또는 직접 목적어)
우리는 그 소녀에게 많은 책들을 보냈다.

I want you **to study** English hard. (목적격보어: 명사구, 부정사n)
나는 당신이 영어공부를 열심히 하기를 바란다.

My daughter, **Soo-ji**, helped her mother with the work in the kitchen yesterday. (동격)
나의 딸 ' 수지'는 어제 어머니의 부엌일을 도왔다.

Have you read anything by the poet **Eliot**? (동격)
당신은 엘리엇이 쓴 것을 읽어 본 것이 있습니까?

Boys, be ambitious! (호격)
소년들이여, 야망을 가져라!

(2) 명사의 형태와 동사의 수관계

 명사는 기본적으로 가산명사는 단수형(명사+x)과 복수형(명사+s, 명사+es)이 있고 불가산명사는 단수형만 있는 것이 원칙이지만 다음과 같은 경우들도 있다. ①명사의 외관상 형태가 항상 복수 형태(상시복수명사)를 취하고 복수동사로 받는 경우, ②명사의 단수형과 복수형이 항상 같은 경우(*명사가 단수형일 때는 단수동사를 받고 복수형일 때는 복수 동사를 받는다), ③(단수형의 명사도 있지만) 그 명사를 복수형으로 했을 때도 동사는 단수동사로 받는 경우, ④단수명사를 복수명사로 바꾸면 뜻이 달라지는 분화복수명사는 단수동사로 받는다. 그리고 집합명사는 ⑤어떤 직업이나 계층의 사람들을 말하며 정관사와 함께는 쓸 수 있지만 부정관사와 복수형이 안 되는 'police형 명사'가 있고, ⑥짐승 및 곤충의 무리를 말하며 관사와 복수형으로 쓸 수 없고 복수 동사를 취하는 'cattle형 명사'가 있고, ⑦사물의 집합체를 나타내며 단수동사로 받는 'furniture형 불가산 명사'가 있고, ⑧집합

8. 명사와 대명사

명사는 구성원의 크기를 나타내며 단수동사로 받고 군집명사는 구성원 각자의 특징을 나타내며 복수동사로 받는 'family형 명사'가 있다.

① 복수형태만 있는 것+복수동사: pants(trousers) 바지, socks (짧은)양말, shoes 구두, glasses(spectacles) 안경, scissors 가위, pincers(tweezers) 족집게, boots 장화, gloves 장갑, compasses 컴퍼스, stockings (긴)양말, tongs 집게, chopsticks 젓가락, suspenders 양말대님, breeches 승마바지, tights (무용, 체조용)타이츠, clothes(garments) 의복, 옷, …41)

② 단수와 복수가 같은 형태인 것: aircraft 항공기, sheep 양, deer(s) 사슴, salmon 연어, Chinese 중국어, Japanese 일본어, series 시리즈, species 종(種), corps 군단, trout 송어, carp 잉어, cod 대구, swine 돼지, news 뉴스, fish 물고기, foot 보병, dozen 열(12), score 스물(20), …

③ 복수 형태인 것+단수동사: 이때 명사는 하나의 단위로 취급하는 것으로 총체적 개념을 나타낸다. 명사들로는 '시간, 거리, 금액, 무게, 뉴스, 복수형태의 국가 명 또는 지명, 복수형태의 학과명 또는 서적 이름, 병명' 등일 경우이다: three miles 3마일, the

---

41) ①명사어미가 '-ics'로 된 학과를 나타내는 명사들(+단수동사)로 mathematics 수학과, athletics 체육이론, economics 경제학, politics 정치학, gymnastics 체육학과, physics 물리학, esthetics 미학, optics 광학, linguistics 언어학, poetics 시학, ethics 윤리학, statistics 통계학, classics 고전문학 등이 있고, ②동명사나 형용사에서 구체화된 '-ings, ables'로 된 복수명사들로 belongings 소유물, savings 저금, surroundings 환경, sweepings 쓰레기, earnings 수입(임금), tidings 소식(사건), doings 행위(처신), hangings 교수형, movables 동산, drinkables 음료, eatables 식료품, valuables 귀중품 등이 있고, ③신체의 부분(질병, 기분, 유희,. 오락, 장소, 건축물)을 뜻하는 명사들로 bowels 창자, whiskers 구레나루, loins 허리, lungs 허파, gums 잇몸, brains 두뇌,(지력), (the) blues 우울병, hysterics 히스테리, measles 홍역, smallpox 천연두, rabies 광견병, mumps 이하선염, shivers 오한, billiards 당구, cards 카드놀이, checkers 장기, marbles 공기놀이, ninepins 구주희, bowls 볼링 등이 있고, ④ 상호복수 명사들로 shake hands with~악수하다, make friends with~친구가 되다, take turns 교대하다 등이 있다.

Philippines 필리핀군도, politics 정치학, hysterics 병적흥분(광란), the river Tames 템스 강, Gulliver's Travels 걸리버 여행기, …

④ 단수형을 복수형으로 하면 뜻이 달라진다. 이러한 명사들을 분화복수명사라고 한다.

  compass 나침반 → compasses 컴퍼스
  spirit 정신 → spirits 원기
  manner 방법 → manners 예절
  pain 수고 → pains 노력
  custom 습관 → customs 관세
  effect 결과 → effects (부)동산
  advice 충고 → advices 통지
  good 이익 → goods 상품
  faculty 솜씨 → faculties 편의시설
  letter 편지 → letters 문학, 학문
  air 공기 → airs 태도
  moral 교훈 → morals 처신, 윤리
  measure 도량법 → measures 수단
  number 수 → numbers 곡조, 시
  paper 종이 → papers 논문, 서류
  part 부분 → parts 지방
  quarter 4분의 1 → quarters (군)진영
  ruin 파멸 → ruins 폐허
  spectacle 광경 → spectacles 안경
  arm 팔 → arms 무기
  colour 빛 → colours 기(旗)
  confidence 신용 → confidences 비밀
  ash 재 → ashes 유골

authority 권력 → authorities 당국
return 돌아옴 → returns 통계표
force 힘 → forces 군대
*brother → brothers 형제들, brethren 동포
*cloth → cloths 옷감, clothes 의복제품
*genius → geniuses 천재들, genii 보호신(保護神)
*die → dies 형판(型板), dice 주사위
*index → indexes 찾아보기(색인), indices 물가지수

⑤ 단수형태만 있고+복수동사:
the police 경찰관들 → a policeman 경찰관 한사람
the clergy 성직자들 → a clergyman 성직자 한사람
the nobility 귀족들 → a nobleman 귀족 한사람
the gentry 신사들 → a gentleman 신사 한사람
the peasantry 농부들 → a peasant 농부 한사람
*the aristocracy 일류의 사람들
*the public 대중들

⑥ 단수형태만 있고+복수동사: cattle 소(가축)들, vermin 해충들, poultry 가금들, people 사람들(peoples 국민들), …

⑦ 단수형태만 있고+단수동사: furniture 가구, stationery 문방구, money 돈, clothing 의류, food 음식, luggage(baggage) 수화물, produce 생산물, merchandise 상품, jewellery 보석, scenery 장면(경치), machinery 기계류, scenery 무대장치, poetry 시류, weaponry 무기, equipment 장비, advertizing 광고, jewellery 보석류, pottery 도기류, …

⑧ 집합명사(군집명사)+단수동사(복수동사): family 가족(식구들), people 국민, 민족(사람들), class 학급(급우들), committee

위원회(위원들), jury 배심원단(배심위원들), team 선수단(선수임원들), audience 청중(청중들), company 일단(사람들), party 일행(무리들), chorus 합창대(합창단원들), group 떼(무리들), crew 승무원(승무원들, 패거리), crowd 군중(무리들), organization 조직(구성원들), congress 의회(의원들), government 정부(관리들), staff 직원(직원들), cabinet 내각(내각위원들), …

(3) **명사의 수(number)**

일반적으로 명사의 단수 형태는 어미에 아무런 표시가 덧붙여지지 않으며 복수 형태는 어미에 '명사s, 명사es'의 형태인 규칙변화형과 '명사en(a, i, ses, …)'의 형태인 불규칙변화형태가 있다.

규칙변화형:
dog(dog**s**), boy(boy**s**), girl(girl**s**), toy(toy**s**)
apple(apple**s**), city(cit**ies**), leaf(lea**ves**), knife(kni**ves**)
hero(hero**es**), potato(potato**es**), studio(studio**s**)

불규칙변화형:
foot(f**ee**t), man(m**e**n), woman(wom**e**n)
ox(ox**en**), child(child**ren**), brother(breth**ren**)
*datum(dat**a**), phenomenon(phenomen**a**)
*stimulus(stimul**i**), focus(foc**i**), bureau(bur**eaux**)
*basis(ba**ses**), formula(formul**ae**), stigma(stig**mata**)
*index(ind**ices**)

이때 명사의 어미에 붙은 's, es'는 다음과 같은 발음규칙에 따른다. 즉, 무성음 [p, t, k, f, θ] 로 끝나는 명사(cup, cat, book, month)어미의 's'는 [s] 로 발음하고, 유성음 [b, d, g, v, m, n, r, l, ð, ŋ] 과 모음 [a, i, e, o, u] 로 끝나는 명사(cab, bed, dog, bee, cow, glove)어미의 's'는 [z] 로 발음하고, 치음 [s, z, ʃ, ʒ, ʤ, ʧ] 로 끝나는 명사(class, nose, dish, mirage, bench, judge)어미의 'es'는 [iz] 로 발음한다.

    cap-cap**s** [cæp**s**]   lamp-lamp**s** [læmp**s**]   hat-hat**s** [hæt**s**]
    bee-bee**s** [biː**z**]   lamb-lamb**s** [læb**z**] cab-cab**s** [kæb**z**]
    nose-nos**es** [nouz**iz**]   church-church**es** [tʃəːrtʃ**iz**]
    *house [haus] — houses [hauziz]
    *bath [baθ] — baths [baːðz]

(4) 명사의 성(性, gender)과 격(格, case)

모든 명사는 그것을 성(남성, 여성, 통성, 중성)으로 표시 할 수 있는데 이러한 성의 구분은 대명사의 성의 구분과 연결되어 사용된다. 즉, 남성과 여성의 구별이 확실한 명사들은 그대로 대명사의 'she, he'로 받게 되고 통성 명사들은 실제의 성에 맞추어 'she, he'를 쓰는데 성별이 불명확하거나 알 필요가 없을 경우에는 대명사 'it'로 받는다. 그리고 중성명사는 무생물(식물, 추상적 개념, 등등)과 같이 성별이 없는 명사들을 말하는데 대명사는 'it'로 받는 것이 원칙이지만 때로는 의인화되어서 대명사 'she, he'로 받는 경우도 있다. 특히 국가명은 일반적으로 정치(경제, 문화)적 측면 일 때는 대명사 'she'로 받고 국토(지리)적 측면 일 때는 대명사 'it'로 받는다.

      남성명사 father boy   통성명사 child friend
      여성명사 mother girl   중성명사 stone sun

이밖에 명사의 성을 단어의 어미를 통해서 확인할 수 있는 방법이 있는데 남성명사 어미에 '-ess'를 붙이거나 남성(man, boy, male, he)과 여성(maid, girl, female, she)을 나타내는 성 표시 명사를 접두사처럼 붙이는 방법이 있다.

host 남자주인 — hostess 여자주인
boyfriend 남자친구 — girlfriend 여자친구
manservant 남자하인 — maidservant 여자하인
he-wolf 수컷늑대 — she-wolf 암컷늑대
prince 왕자 — princess 공주

다음으로 명사의 격(주격, 소유격, 목적격)에 있어서 주격과 목적격의 형태가 동일하기 때문에 여기서는 소유격만을 다루기로 한다. 명사의 소유격은 두 가지 방법에 의해서 만들어지는데 동물(생물)일 때와 무생물(사물)일 때가 다르다. 즉, 동물명사는 바로 뒤에 소유격 부호인 apostrophe(')를 붙여서 소유격을 만들어 「생물명사's+~」의 형태를 취하고 무생물명사는 소유의 전치사인 'of'를 이용하여 「~+of 무생물명사」의 형태를 취하기도 하지만 의인화될 경우에는 「의인화된 명사's+~」의 형태를 취할 수 있다.

my father's car 아버지의 자가용
Jesus' teachings 예수님의 가르침
the ladies' club 숙녀클럽
Dickens' novels 디킨즈의 소설
the roof of that house 저 집의 지붕
my father-in-law's fortune 나의 장인의 재산
today's newspaper 오늘의 신문
Heaven's will 하늘의 뜻

위의 방법 이외에 또 다른 소유격 구조가 있는데 바로 이중소유격이다. 이것은 명사와 대명사 앞에 특정의 한정사가 있을 경우에는 그 명사와 대명사를 소유격으로 해서 뒤의 명사와 소유관계를 만들지 못한다는 것이다. 이때는 (대)명사를 소유대명사로 바꿔서 전치사 'of'

뒤로 보낸다. 한정사로는 'a(n), some, any, no, this, that, these, those, the, ~' 등이 있다.

> 한정사+**명사(대명사)'s**+명사 (×)
> 한정사+명사+**of**+**명사(대명사)'s** (○)
> 한정사+명사+**of**+**소유대명사** (○)

an old friend of my mother's 나의 어머니의 오랜 친구
that house of his 그가 소유한 저 집
the beautiful dress of hers 그녀의 아름다운 드레스
any joke of mine 나의 모든 농담
no fault of your brother's 네 동생의 무결점

끝으로 소유격 「명사(A)'s+명사(B)」를 해석하는 방법이 여러 가지가 있는데, 즉 A와 B의 관계에 따라 해석의 차이가 발생하기 때문이다.

• A가 B의 소유자가 되는 관계(A has B)

This is **the girl's car**.
=This car belongs to the girl.
이 자동차는 그 소녀의 소유이다.

a picture **of my father's**
=My father has a picture.
나의 아버지는 그림을 소장하고 있다.

My father's villa is at the foot of Mt. Solark.
=The villa which my father has is at the foot of Mt. Solark.

나의 아버지 소유인 별장은 설악산 기슭에 있다.

(주의) my father's car = my father has a car
my mother's headache = my mother has a headache
the paragraph's meaning = th paragraph has a meaning
*the child's nose, Tom's anger

● A와 B가 주어와 동사의 관계(A does B)

Tell me the time of **my father's arrival**.
= Tell me the time when my father will arrive.
나의 아버지가 도착하는 시간을 알려주세요.

I am very glad of **my daughter's success** in the exam.
= I am very glad that my daughter succeeded in the exam.
내 딸이 그 시험에서 성공한 것에 매우 기쁘다.

You too, be patient and stand firm, because **the Lord's coming** is near. (James 5:8)
= the Lord is coming
너희도 길이 참고 마음을 굳건하게 하라 주의 강림이 가까우니라.
─주님이 강림하시다

(주의) the government's decision = the government decided
the prisoner's escape = the prisoner escaped
the volcano's eruption = the volcano erupted
Mme. Curie's discoveries = Mme. Curies discovered things
the baby's smile = the baby smiled
Tom's answer = Tom answered

● A와 B가 타동사와 목적어의 관계

He devoted all his life to **children's education**.
=He devoted all his life to educating children.
그는 아이들을 교육하는데 그의 모든 생애를 바쳤다.

The newspaper reported **the terrorists' arrest**.
=The newspaper reported arresting the terrorists.
그 신문은 폭도들을 체포한 사실을 보도했다.

The fear of the Lord is the beginning of knowledge,
but fools despise wisdom and discipline.
(Proverbs 1:7)
=<u>God's fear</u>
=<u>Fearing the Lord</u> is that knowledge begins.
여호와를 경외하는 것이 지식의 근본이어늘 미련한 자는
지혜와 훈계를 멸시하느니라.

··· because their widows were being overlooked in the
  daily **distribution of food**. (Acts 6:1)
=in daily distributing food
··· 과부들이 매일의 구제에 빠지므로
··· 과부들이 그날 그날의 식량을 배급받을 때마다
··· 과부들이 매일 음식을 배분받을 때마다

(주의1) the prisoner's release=somebody released the prisoner
Tom's pursuers = Someone pursued Tom
Edwin's slanderers = Someone slandered Edwin
the Senator's defeat = Someone defeated the senator
the family's support = Somebody supported the family
the statement of the accident = Somebody stated the accident

(주의2) 「동작 명사 또는 동명사에 수반되어서」: 구동사의 명사

화표현: bring up a child→the bringing up of a child. in search of knowledge 지식을 찾아서. the discovery of oil by the farmers 농부들에 의한 석유의 발견 (=the farmers' discovery of oil). the love of God 하느님에 대한 사랑

● A는 주어이고 B는 목적어와 같은 관계
(A does something to B)

the girl's story = the girl told the story
그 소녀가 말한 이야기

the general's letter = the general sent the letter
그 장군이 보낸 편지

the crowd's sympathy = the crowd felt sympathy
그 무리가 느낀 동정심

(주의) a spider's web   a hen's egg   a cow's milk

● A와 B가 행위자(발견(명)자, 저자, 기원)와 그 대상의 관계

Did you ever read any of **T. S. Eliot's works**?
=Did you ever read any of the works that T. S. Eliot wrote?
=the works written by Eliot
당신은 엘리엇이 쓴 작품들을 읽어 본적이 있습니까?

It was **the boy's mistake**.
=It was the mistake that the boy did.
그것은 그 소년이 저지른 실수였다.

● A와 B가 사용대상(용도, 목적)과 그 대상의 관계

This is **a girl's high school**.
=This is a high school for girls.
이곳은 소녀들을 대상으로 하는 고등학교입니다.

We sell **ladies' shoes** at a discount.
=We sell shoes for ladies at a discount.
우리는 숙녀용 신발을 할인하여 판매하고 있습니다.

(주의) a children's story, a women's college, a men's room, boy's socks, a doll's house

●A와 B가 동격(소속)의 관계

Life's journey(=Journey of life)
인생이라는 여정

the crime of murder
살인이라는 범죄

the city of Los Angeles
로스앤젤레스라는 도시

the kingdom of Denmark
덴마크라는 왕국

the queen of England
=The queen is the king in England.
영국을 다스리는 여왕 (소속관계)

When the owners of the slave girl realized that their **hope of making** money was gone, … (Acts 16:19)

=their hope that they should make money was gone
여종의 주인들은 자기 수익의 소망이 끊어진 것을 보고…
-돈을 벌어야 한다는 소망

• A와 B가 측량(measure)의 관계(A가 어떤 시점 또는 기간을 가리킬 때 사용하는 경우)

an hour's delay 하루연기
a day's journey 하루여행
a month's absence 한 달간의 부재
a dollar's worth 일 달러의 가치
by **a hair's breadth** 아슬아슬하게
to **a hair's breadth** 한 치도 안 틀리게
at **a pin's fee** (보통 부정적) 핀만큼(의 가치)도

(주의) Today's paper, tomorrow's program
next week's arrangements, a night's sleep
three minutes' walk, a couple of hours' sleep

• A와 B가 묘사(descriptive)의 관계

teacher's(teachers') collage 교육대학
child's play (구어)아이들 장난(같이 쉬운 일), 하찮은 일

• A와 B가 부분(partitive)의 관계

a piece of cake 빵 한 조각
a pound of butter 버터 일 파운드
half of my kingdom 나의 왕국의 절반

• A와 B가 생산지의 관계

the wines of France

=the wines produced in France)
프랑스에서 생산된 포도주

(주의1) A's B형을 the B of A형으로 바꿀 수 있는 경우가 있고 또는 불가능한 경우가 있다. 마찬가지로 the B of A형을 A's B형으로 바꿀 수 있는 경우가 있고 또는 불가능한 경우가 있다. 특히 A가 사람이거나 동물인 경우에는 속 B of A형을 쓰지 않는 경우가 있다.

the train's arrival = the arrival of the train
the plan's importance = the importance of the plan
America's history = the history of America
the book's author = the author of the book
the university's president = the president of the university

(주의2) Tom's car ≠ the car of Tom
My mother's bag ≠ the bag of my mother
the dog's food ≠ the food of the dog
(주의3) the windows of the school (불가능-the school's ~)
the bottom of the cup (불가능-the cup's bottom)
(주의4) '명사(A)+명사(B)'라는 복합명사를 만들 때 A는 형용사화 되었다고 할 수 있다. 그리고 대개 B는 개념의 주체가 되고 A는 그 객체가 된다. 예를 들어서, A는 장소, 시간, 재료, 기능, 역할, 용도, 전체 등이 된다.

a garden chair afternoon tea wool sweater
a conference room the car door a bus station

대명사(代名詞, pronoun)란 문자 그대로 명사(名詞)를 대신(代)하여 쓰는 말이며, 같은 단어(명사)를 되풀이하지 않고 간결하게 쓰고자 하는 것이다. 앞에 나왔던 명사를 뒤에서 반복할 경우에는 앞에 나온 명사의 '성(gender) · 수(number) · 격(case)'을 일치시켜서 받아야 한다.42) 또한 대명사도 품사가 명사처럼 문장 속에서 '주어·보어·타동사(전치사)의 목적어'로도 사용될 수 있다. 이러한 대명사의 종류는 크게 5가지로 분류할 수 있다.

대명사의 종류	용 법
① 인칭대명사 (Personal)	사람(person)을 대신 칭하는 명사로서, 이것의 변형으로 소유대명사·재귀대명사가 있다.
② 지시대명사 (Demonstrative)	사람과 사물을 대신 칭하는 명사이다. that, this such, the same, so.
③ 부정대명사 (Indefinite)	불특정한 사람이나 사물을 대신 가리키는 명사이다.
④ 의문대명사 (Interrogative)	관계사의 변형으로 의문문을 나타낼 때 사용된 대명사이다.
⑤ 관계대명사 (Relative)	「대명사+접속사」의 구실을 하는 대명사의 일종이다.

(1) 인칭대명사(personal pronoun)

인칭대명사의 각각의 격변화(주격, 소유격, 목적격)는 암기하고 있어야 되며 특히 이것의 변형인 소유대명사와 재귀대명사의 형태와 그 용법들을 파악해 놓아야 한다. 소유대명사(mine, yours, hers, his, theirs, ours)는 앞에서 설명한 이중소유격과 앞뒤에 있는 명사의 반복을 피하기 위해서도 사용된다. 재귀대명사(myself, ourself, yourself, himself, herself, itself, ourselves, yourselves, themselves)는 문장 속에서 재귀적 용법과 강조적용법 그리고 관용적 용법으로 사용되어진다.

---

42) I liked **the boy**, and **he** lived in Seoul.
　　I liked **the boys**, and **they** lived in Seoul.
　　I liked **the book**, and she lived **it** very much.
　　I liked **the books**, and she lived **them** very much.

His is a large family.(=his family)
그의 가족은 대가족입니다.

His family and **mine** are all well.(=my family)
그의 가족과 나의 가족 모두는 건강합니다.

this world of **ours** 우리들의 이 세상

some friends of **mine** 나의 몇몇 친구들

He killed **himself** with a pistol. (재귀용법)
그는 권총으로 자살하였다. (=suicide)

He often absents **himself** from the meeting. (재귀용법)
그는 종종 그 모임에 빠진다.

History repeats **itself**. (재귀용법)
역사는 반복된다.

I did the work **myself**. (강조용법)
내가 직접 그 일을 했다.

I saw her **herself**. (강조용법)
나는 그녀 자신을 보았다.

The light went out **of itself**. (관용용법)
그 불빛이 저절로 꺼졌다.

The door opened **in itself**. (관용용법)
문이 저절로 열렸다.

(주의) by oneself (완전히) 혼자서, 고독하게, 저절로

beside oneself 자신을 잃고, 흥분하여(with)
for oneself 혼자 힘으로, 스스로, 자기를 위하여
in oneself 본심으로는(at heart), 원래(basically)
in spite of oneself 자기도 모르게
of oneself 저절로, 자기 스스로, 자연히
to oneself 자신에게; 독점하여

(2) 지시대명사(demonstrative pronoun)

지시대명사로 주로 사용되는 것은 'this, that'이지만 이외에도 'such, so, the same'이 있다. 「this, that」은 가깝고(this) 또는 먼 (that) 사람과 사물을 받기도 하고, 앞서 나온 문장의 두 가지 사실 (명사)을 전자(that, the one, the former) 또는 후자(this, the other, the latter)로서 받기도 하고, 앞 문장의 내용을 받기도 하고 (this, that), 앞에 나온 명사의 반복을 피하기 위해서도 사용되고(~ that, those+형용사구 또는 절), 지시형용사와 지시부사(this, that) 로도 사용된다. 「such, the same, so」에서 such는 한정사로서는 '그 러한, 그 정도의, 그만큼의'의 뜻으로 쓰이지만 지시대명사로서는 '그 와 같은 사람(사물)'의 뜻을 갖게 되며, the same은 '~와 같은 사람 (사물, 일)'의 뜻을 갖게 되며, so는 원래 부사였으나 문장에 따라서 대명사(부사, 접속사)의 역할을 한다.

This is better than **that** in quality.
질적인 면에서 이것이 저것보다 더 좋다.

Health is above wealth ; **this** can t give so much happiness as **that**. (this=wealth, that=health)
건강이 부보다 중요하다. 부는 건강만큼의 많은 행복을 주지 못한다.

I have heard today's meeting cancelled.
― If **this**(**that**) is so, I will stay home.

나는 오늘 회의가 취소되었다는 소식을 들었다.
― 만약에 그것이 사실이라면 집에 그대로 잇겠다.

The price of that book is higher than **that** of this one.
그 책의 가격은 이 책의 가격보다 더 비싸다.

I can t wait **that** long.
나는 그렇게 오랫동안 기다릴 수 없다.

She is a child, and must be treated as **such**.
(such=a child)
그녀는 어린아이다. 그러므로 어린아이로 취급해야 한다.

She asked for **the same** once more.
그녀는 동일한 것을 한 번 더 요구했다.

Will she come?― I think **so**.(so=that she will come)
그녀가 올까요? ― 나는 그렇게(그녀가 올 거라고) 생각한다.

(3) **부정대명사**(indefinite pronoun)

성질(용도)	종 류
대 명 사 형 용 사	one · other · another / some · any / each · both · all / either · neither / enough · few · less · little · many · more · much · several
형 용 사	every · no
대 명 사	something―somebody―someone anything―everybody―anyone everything―everybody―everyone nothing―nobody―none

부정대명사란 확실하게 정하여진 특정의 것을 나타내는 것이 아니라 막연하고도 부정확한 수의 '사람·사물·수량' 등을 나타낼 때 사용되는 것을 말하는데 가장 대표적인 것들은 다음과 같다.

① One (it)의 용법

one	it
불특정한 것은 「a(n)+보통명사」로 받는다.	특정한 것은 「the+보통명사」로 받는다.
물질명사와 추상명사는 받지 못한다.	물질명사와 추상명사를 받을 수 있다.
「a(n)+형용사+one」으로 쓸 수 있다.	「a(n)+형용사+it」가 불가능하다.
복수형 - ones	복수형 - they

앞에 쓰인 단수(복수)보통명사의 반복을 피하기 위해서 단수보통명사는 one으로 받고 복수보통명사는 ones로 받는다. 그러나 앞에 나온 명사를 대명사 'it' 로도 받을 수 있기 때문에 one과 it의 차이점을 구별하여 알아둘 필요가 있다.

Do you have **a car**? - Yes, I have **one**.(one=a car)
당신은 (어떤 종류든 간에) 자동차가 있습니까?
예, 나는 자동차가 있습니다.

Do you have **the car** ? - Yes, I have **it**(it=the car)
당신은 (전번에 보았던) 그 자동차를 가지고 있습니까?
예, 나는 지금도 (동일한) 자동차를 가지고 있습니다.

I have lost my camera; I think I must buy one.
나는 내 카메라를 분실했다. 그래서 카메라를 하나 사야겠다.

*(one= a camera) 분실한 카메라와 유사한 다른 카메라

My camera is broken; I must have it mended.
나의 카메라가 고장이 났다. 그래서 그것을 고쳐야겠다.
(it = the camera) 고장 난 바로 그 카메라

그리고 대명사 it는 그밖에 여러 가지로 사용되는데, 앞 문장에 나온 단어(구, 절)를 받거나, 시간(요일, 날씨, 명암, 온도, 거리, 상황, 온도)을 받거나, 「명사절·부정사(n)·동명사·that명사절·wh-명사절·의문사+to부정사·복합관계대명사절」과 관련되어 가주어(형식주어) 또는 가목적어(형식목적어)로 대신 받고 문장의 뒤로 물러나거나, 강조구문을 이끈다.

● **대명사의 역할**

I picked up **a stone** and threw **it**.(단어)
나는 돌 하나를 집어서 던졌다. (it=a stone)

I tried **to open the window**, but **it** is impossible.(구)
나는 창문을 열려고 애썼지만 불가능했다. (it=to open the window)

He saved the girl's life. All of us know **it**.(문장 또는 절)
그가 그 소녀의 생명을 구했다. 우리 모두를 그 사실을 알고 잇다.
(it=he saved the girl's life)

● **비(非)인칭 주어의 역할**

What time is **it** now? 지금 몇 시인가요? (시간)
It is Sunday today. 오늘은 주일입니다. (요일)
It is fine today. 오늘 날씨가 화창합니다. (날씨)
It is dark out of doors. 집밖에는 어둡습니다. (명암)

It is very cool here. 이곳은 시원합니다. (온도)
How far is **it** from here to school? 여기에서 학교까지 먼가요? (거리)
We have to fight **it** out. 우리는 싸워야합니다. (상황)

● 가주어(가목적어)의 역할

It is very difficult **to master English in a year or two**.
일이년 내에 영어를 정복하기란 어렵다. (가주어: 부정사)

It is very difficult **mastering English in a year or two**.
일이년 내에 영어를 정복하기란 어렵다. (동명사)

It is very difficult **that you master English in a year or two**.
일이년 내에 영어를 정복하기란 어렵다. (명사절)

It is all the same to me **whatever he may say**.
그가 무엇이라고 말하건 간에 나에게는 마찬가지이다. (복합관계대명사)

It doesn't interest me **who will be the president next year**.
(의문사)
내년에 누가 대통령이 되느냐는 나의 관심거리가 못된다.

I think **it** difficult __to master__ **English in a year or two**.
(가목적어: 부정사) (=mastering~ ; that you master~)
나는 일이년 내에 영어를 정복하기란 어렵다.

특히 that명사절 안에서 조동사 should와의 관계를 가지는 다음의 구문들을 주의하길 바란다. 즉 should의 생략여부의 문제 그리고 해석의 문제와 관련지어 주의를 요하는 문장구조이다.

- It is(was) + **형용사 또는 명사** + that + s' + **should** + v' ~.

- 주어 + **타동사** + that + s' + **should** + v' ~.

즉, 위의 구문에서 형용사나 명사가 이성적 판단(rational judgement)의 단어들이 쓰이면 should는 해석을 하지 않고 생략하지 않으며, 감정적 판단(emotional judgement)의 단어들이 쓰이면 should는 '~하다니'라고 해석하고 생략하지 않으며, 당위성과 필요(justice and necessity)의 단어들이 쓰이면 should는 해석하지 않고 생략해도 되고 그냥 써도 되고, 그리고 아래의 구문에서 타동사가 제안(요구, 명령, 주장, 결정, 희망→동사 advise, recommend, ask, demand, desire, direct, order, propose, require, suggest, urge,…; 명사 proposal, request, recommendation, suggestion, direction, advice,…; 형용사 desirous, necessary, essential, indispensible, anxious, imperative,…)의 뜻을 가지고 있으면 should는 해석하지 않고 생략한다.

It is **natural** that man and woman **should** love each other.
남자와 여자가 서로 사랑한다는 것은 자연스러운 일이다.

It is **wonderful** that she **should** go to Seoul.
그녀가 서울로 간다니 이상한 일이다.

It is **a pity** that she **should** go to Seoul.
그녀가 서울로 간다니 유감이다.

It is **necessary** that she (**should**) take an examination.
반드시 그녀는 시험을 치러야 합니다.

The doctor **suggested** that she **remain** in bed.

의사는 그녀에게 침대에서 쉬어야한다고 제안했다.

My father's **recommendation** was that the car **be** bought.
아버지께서는 그 차를 사야한다고 권고하셨다.

The **requirement** that she **write** a report was dropped.
그녀가 보고서를 작성해야한다는 요청이 취소되었다.

② One (other, another)의 용법

one(~the other)는 지정된 같은 종류의 2개에서 '하나는~이고 다른 하나는~이다'이고, one(~the others)는 여러 개(셋 이상에서) 중에서 '하나는~이고 나머지 전부는~이다'이고, the one(~the other)는 지정된 다른 종류 2개에서 '전자(=the former)는~이고 후자(=the latter)는~이다'이고, one(~another~ a third~,…)는 셋 이상을 열거할 경우이며 무순(無順)으로 '하나는~또 하나는~'이고, the first(the second~ the third~,…)는 셋 이상을 열거할 경우이며 유순(有順)으로 '첫째는~둘째는~'이고, others(the others)에서 막연하게 다른 사람과 사물들을 나타낼 경우는 others(=other people(things))이고 주어진 수중에서 일부를 빼고 남은 나머지 전부의 사람과 사물은 the others를 쓴다. each other(one another)에서 둘 사이에서 '서로서로'는 each other이고 셋 이상에서 '서로서로'는 one another를 쓰고, A~one thing, and B~another(=A and B are different)는 「A와 B는 별개의 문제다」이고, some(~other)는 '~하는 사도 있고 ~하는 자도 있다'이고, another는 여러 개 중 1차로 빼고 남은 것 중에 '또 하나'가 another이고 그리고 나머지가 또 있어야 한다. 따라서 another는 3개 이상의 경우에만 쓴다.

(주의) another 용법
one more(하나 더): I want **another** cup of tea.

the same one(비슷한, 유사한): If I am a liar, you are **another**.
a different one(다른 하나): I don't like this hat, show me **another**.
be different from(별개의): To know is one thing, to teach is **another**.

③ All (both, each, every)의 용법

모두가	both 둘뿐일 때	either 둘 중의 하나	neither 둘일 때 전체부정
	all 셋 이상일 때	one 셋 이상 중의 하나	none 셋 이상일 때 전체부정
각자마다	each 둘이상일 때	둘 또는 셋 이상이라도 숫자가 분명할 때 "각자마다"	
	every 셋이상일 때(each+all)	셋 이상이며 숫자가 불분명할 때 "각자마다"	

(주의) 「each, either, neither, every」는 단수동사로 받고 「both」는 복수동사로 받고, 그리고 「all」은 단수·복수 양쪽이 가능하다. 특히 「all, every, both」와 not 또는 기타의 부정어가 함께 쓰이면 부분부정이 된다.

'all'이 대명사로서 양을 나타내면 단수 취급하고 수를 나타내면 복수 취급 한다 그리고 형용사와 부사의 역할도 한다. 'both'는 둘을 가리키는데 둘 다 긍정으로 취급하며 그리고 형용사와 접속사(both~and…)로도 사용된다. 'each'는 둘 또는 둘 이상의 것에 대하여 개별적인「각각」의 뜻을 가지고 있으며 그리고 형용사로도 사용된다. 'every'는 셋 이상의 것에 대하여「어느 것이든지, 모두 다」의 개별적이고 종합적인 뜻을 가진다.

Neither of them could make up his mind (their minds).
두 사람 다 결심이 서지 않았다.

Either of them is (are) good enough.
그 둘 어느 쪽도 좋다
*either는 단수 취급을 원칙으로 하지만, 구어에서는, 특히 of
다음에 복수(대)명사가 계속될 때에는 복수로 취급될 때가 있음.

Both of them are not coming.
 =**Neither** of them is coming.
둘이 다 오는 것은 아니다. (혼자만이 온다)

All of us have to go.
우리는 전원 가야 한다.

All that glitters is not gold.
(격언) 빛나는 게 다 금은 아니다.

One of them lost his watch.
그들 중의 한 사람이 시계를 잃어버렸다.

Did you ask **any** of the children?
이 애들 중의 누구에게 물어 보았나?

Each of us has his opinion. (명사)
우리는 제각기 자기의 의견을 갖고 있다
*단수 취급을 원칙으로 하지만, 구어에서는 Each of
us have our opinions.처럼 복수 취급을 할 때도 있음.

Each country has its own customs. (형용사)
각(各) 나라에는 각기 특유한 풍습이 있다.

Every man desires to live long. (형용사)
사람은 누구나 오래 살기를 바란다.

④ **Enough (few, less, little, many, more, much, several)** 의 **용법**

Many returned.
많은 사람들이 돌아왔다.

Few returned.
사람들이 거의 돌아오지 않았다.

I shall see you in **less** than a week.
일주일 이내에 뵙겠습니다.

Knowledge has **little** to do with wisdom.
지식은 슬기와는 그다지 관계가 없다.

Enough has been said.
말할 것은 다 말했다.

More is meant than meets the ear.
언외(言外)에 뜻이 있다.

Several (of them) were absent.
(그들 중) 몇 사람은 결석이었다.

Do you have **much** to finish?
끝내야 할 일이 많습니까.

9. 형용사, 부사, 비교

형용사(adjective)란 명사가 무엇인지 설명하고자 할 경우에 사용된다. 그 설명하는 방법으로 한정(limiting)과 서술(descriptive)이 있다. 일반적으로 형용사는 한정용법과 서술용법 양쪽으로 다 쓰이지만 일부의 형용사들에 한해서는 두 가지 용법 중에 한가지로만 사용되는 경우가 있다. 더욱이 어떤 형용사들은 한정용법일 때와 서술용법일 때 그 의미가 달라지는 경우도 있기 때문에 주의해서 다루어야 한다.

그리고 형용사를 형태상으로 분류하면 '단일형태(good)·복합형태(teen-aged)·파생형태(timely, friendly)'가 있는데 대개 형용사의 어미는 '-y, ful, less, en, able, ible, ive, ous, ish, al, ic, ary, some, ly'로 끝나는 일반적인 특징이 있다. 그리고 의미상으로 분류하면 '성상형용사·수량형용사·대명형용사'가 있다.

(1) 형용사의 용법

형용사의 가장 기본적인 역할은 문장 속에 있는 명사를 앞 또는 뒤에서 그 명사를 한정해주는 용법과 2형식의 주격보어와 5형식의 목적격보어로서 서술(설명)해주는 용법인데 이때 어느 용법으로 사용되든 그 형용사의 의미는 같은 것이 일반적이다. 그러나 모든 형용사들이 앞의 두 가지 용법으로 다 사용되는 것이 아니라 어떤 형용사는 한정용법만 있고(elder, inner, upper, former, latter, utter, olden, wooden, drunken, mere, total, main, the very, sheer, only, lone, daily, through, silken, sunken, outer, sole, utmost,~), 그리고 서술용법만 있는 경우(alive, akin, aware, well, alike, awake, glad, ashamed, alone, afraid, worth, unable, wont, asleep, content,~)도 있기 때문에 각각의 형용사들을 그 용법의 가부여하를 자주 다루어서 암기하는 것이 바람직하다. 더욱이 어떤 형용사들은 한정할 때와 서술할 때 그 의미가 달라질 수 있다는 사실(present, ill, certain, late, involved, fond, ready, sorry, sick, right, apt,~)이다.

9. 형용사, 부사, 비교

● **제한과 서술용법 모두 있는 것들**

A **useful** information 유용한 정보 (전치수식)

An information **useful** for me 내게 유용한 정보 (후치수식)

She is very **useful** at cooking. (주격보어)
그녀는 요리를 매우 잘한다. (그녀는 요리에서 매우 유능하다.)

I made myself generally **useful** for her cooking. (목적격보어)
나는 여러 가지로 그녀가 요리하는데 도움이 되었다.

● **제한적 용법만 있는 것들**

the **elder** brother(sister) 형(누나)
a **wooden** building 목재건물
the **former** part 전자(앞의 것)
the **inner** life 내적(정신)생활
my **only** son 독자(외아들)
outer world 외부세계, 외계(外界)
the **upper** lip 윗입술
golden hours (라디오·TV의) 골든 아워
a **golden** boy([girl]) 인기 있는 남자(여자)
a **golden** saying 금언

● **서술적 용법만 있는 것들**

I think his father is still **alive**.
그의 부친은 아직 살아 있다고 생각한다.

This picture is **worth** fifty hundred dollars.

이 그림은 5천 달러의 값어치가 있다.

He was **awake** all night.
그는 밤새껏 깨어 있었다.

They are **alike** in character.
그들은 성격이 비슷하다.

This picture is **worth** fifty hundred dollars.
이 그림은 5천 달러의 값어치가 있다.

I am very **glad** to see you.
만나게 되니 반갑습니다.

● 제한과 서술에 따라서 의미가 바뀌는 것들

A **certain** Mr.Kim   (어떤~)
His success is **certain**. (확실한)

The **present** president   (현재의)
The president was **present**. (출석한)

Ill news run apace.   (나쁜)
The woman looks **ill**.   (아픈)

The **late** Tom was a good man. (돌아가신)
Tom was **late** for the train.   (늦은)
I forgot her late residence.   전(前)

*concerned students 걱정하는 학생들
*students concerned 관련된 학생들

9. 형용사, 부사, 비교

 이상과 같은 두 가지 용법으로 사용되는 형용사들로는 주로 '성상(성질과 상태)형용사·분사(과거분사와 현재분사)·부정사'가 있고 그 밖에 '수량형용사와 대명형용사 그리고 관계형용사절'은 형용사의 두 가지 용법 중에 한정적인 용법으로만 사용되는 특징을 가지고 있다.

sleeping babies
잠자고 있는 아기들

babies **sleeping in the cradle**
=babies who are sleeping in the cradle
요람에서 잠자고 있는 아기들

broken cups
깨진 컵들

cups **broken by him**
=cups which were broken by him
그에 의해서 깨진 컵들

people **to help me**
=people who will help me
나를 도와줄 사람들

*many boys *two boys *my boy *this boy

 형용사가 뒤에 다른 수식 어구를 동반하게 될 때 명사 뒤에서 한정하게 되는데 이외에도 관용적으로 항상 명사 뒤에서만 그 명사를 한정하는 경우가 있는데 다음과 같다.

 ① 형용사가 뒤에 다른 어구를 동반할 때

These are books **useful for young students**.
이것들은 어린 학생들에게 유용한 책들입니다.

These are books **difficult to understand**.
이것들은 이해하기 어려운 책들입니다.

② 같은 종류의 형용사가 여러 개 겹쳐서 명사를 한정할 때
　(형용사가 전치사구를 동반할 때도 후치 수식)

He is a man **rich, simple and polite**.
그는 부유하면서 소박하고 예의바른 사람이다.

She wrote many stories **noble and ignoble, moral and immoral**.
그녀는 고귀하면서 비열하고 그리고 도덕적이면서 비도덕적인 많은 이야기를 썼다.

There is a garden **full of flowers**. (=The garden is full of flowers)
꽃들로 가득 찬 정원이 있다.

(주의) 여러 개의 형용사들이 동시에 명사를 수식하게 될 경우에는 그들만의 순서가 있는데, "전치한정사(all, both, half, twice, 분수)+한정사(관사, 지시형용사, 대명사의 소유격, 부정대명사)+수량형용사(서수+기수)+성질+상태(대소+연령+색채)+분사+유래+재료)"의 어순을 지켜야 한다.-a large blue crystal knife, a unique old gold knife, those two large nice old stone buildings

③ 최상급 또는 all, every 등에 의해 수식받는 명사를 '-able, -ible' 따위의 어미로 끝나는 형용사가 한정하고자 할 때는 명사 뒤에 위치한다.

He tried every means **possible**.
그는 가능한 한 많은 수단들을 시도했다.

That is the best method **imaginable**.
그것은 생각할 수 있는 방법 중의 최고의 방법이다.

He is the greatest man (who is) **alive**.
그는 살아있는 사람들 중에서 가장 위대한 사람이다.

④ 명사가 관계형용사절인 '주격관계대명사+be+형용사~'에 의해 뒤에서 한정 받게 될 때 대개는 '주격관계대명사+be'를 생략하게 되기 때문에 명사 바로 뒤에 형용사가 있게 된다. 이때 성질과 상태 형용사일 때는 서술적 용법으로 만 쓸 수 있는 형용사인 경우가 많다.

I received a letter (which was) **written in English**.
=I received a letter written in English.
나는 영어로 쓰여 진 편지를 받았다.

The members (who were) **present** are only women.
=The members present are only women.
출석하고 있는 회원들은 여성들뿐입니다.

⑤ 형용사가 '~body, ~thing, ~where, ~one'를 한정할 때는 뒤에서

Please give me something **cool**.
시원한 것을 좀 주세요.

I saw somebody **strange** there.
나는 그곳에서 이상한 것을 보았다.

⑥ 측량표시 형용사 'old, long, high, wide, deep, tall, thin, thick, ~'이 수사와 함께 쓸 때

She is fourteen years **old**. (=a fourteen-year-old girl)
그녀의 나이는 14살입니다.

The bridge is six miles **long**. (=a six-mile-long bridge)
그 다리는 길이가 6마일이나 된다.

⑦ 관용적으로 사용되는 경우: the sum total 총계, Asia Minor 소아시아, those present 출석하고 있는 사람들, from time immemorial 아득한 옛날부터, heir female 여성 상속인, China proper 중국본토, poet laureate 계관시인, governor-general 총독, Attorney General 사법관장, Alexander the Great 알렉산더 대왕, thing Korean 한국적인 것들,…

(2) 형용사의 명사화

형용사가 그 앞에 정관사 the를 동반하여 명사화되어 '단수보통명사화, 복수보통명사화, 추상명사화, 부분명사화' 등의 명사로 전환된다. 단, 형용사 뒤에 명사가 따라오는 경우에는 형용사의 제한적 용법으로 사용된 것이다.

<u>the + 형용사</u> -------- 명사화
<u>the + 형용사</u> + 명사---- 형용사의 제한적 용법

the accused 피고(被告)   (단수보통명사화)
(=*the accused man)
the deceased 고인(故人) (=*the deceased man)

the fool 어리석은 자
the proud 교만한 자
the humble 겸손한 자
the simple 어리석은 자
the absent 없는 사람(부재자)
the undersigned 서명자

the rich 부유한 사람들　　　(복수보통명사화)
(=*the rich people)
the poor 가난한 사람들 (=*the poor people)
the old 노인들
the meek 온유한(애통하는) 자들
the young 젊은이들
the dead 죽은 자들
the wise 지혜로운 자들
the righteous 의로운 자들
the pure 마음이 청결한 자들
the low 하류층의 사람들
the living 살아있는 사람들
the missing 실종자들
the killed 죽은 자들
the wounded 부상자들

the beautiful 미(美), 아름다운 것　(추상명사화)
(=*the beautiful thing)
the inevitable 불가피한 것
the sublime 숭고, 장엄
the unknown 미지의 것
the universal 보편적인 것
the particular 특별한 것

the perishable 썩을 것
the imperishable 썩지 않을 것
the (im)practical 실현 (불)가능한 것
the true 진실 the actual 현실

the white of the eye 눈의 흰 부분 (부분명사화)
the dead of the night 밤의 중간, 한 밤중
the deep of his heart 그의 마음의 깊은 곳
the yellow of an egg 계란의 노란 부분(노른자위)

*the good 선(善), 좋은 일(것, 결과)(=goodness)
*the rich 부(富) (=richness, 추상명사화)

(3) 「many-(a) few, much-(a) little」의 용법

many·(a) few	much·(a) little	뜻
셀 수 있는 명사에 붙여 쓰며 반드시 복수명사를 받는다. (수)	셀 수 없는 명사에 붙여 쓰며 반드시 단수명사를 받는다.(양.정도)	
many	much	많은
few	a little	거의~없는
not a few (=no few = many)	not a little (=not little=much)	적지 않은
only a few (=but few)	only a little (= but little)	별로~없는 약간의
like so many as so many	like so much as so much	동량(수)의~처럼, 마치~처럼
as many (= the same number of ~)	as much (= the same amount of ~)	동량(수)의~, 꼭~만큼
a great many, a good many, quite a few	a great deal of, a good deal of, quite a little	꽤 많은
a lot of, lots of, a plenty of	a lot of, lots of, (a) plenty of	많은

(4) 숫자(Number)를 읽는 방법

숫자 : 1,234,567 one million, two hundred and thirty-four thousand, five hundred and sixty-seven
1,000 one thousand 10,000 ten thousand
100,000 one hundred thousand 1,000,000 one million
10,000,000 ten million 100,000,000 one hundred million
십억 one billion 백억 ten billion 천억 one hundred billion
조(兆) one trillion

연호 : 1493 fourteen ninety-three 1800 eighteen hundred
18— eighteen blank in 1956 nineteen fifty-six
in the 1500s fifteen hundreds

시간 : 6:10 six ten, ten minutes past six
7:15 seven fifteen, a quarter past seven
the 6:15 p.m. train, the six fifteen p.p. train

전화번호 : 284 - 4753 two eight four, four seven five three

금액 : £2. 4s. 6d. two pounds four (shillings) and six (pence)
$2.60 two dollars (and) sixty (cents)

날자 : 1월 15일 January 15(th), January (the) fifteen(th)

국왕(世) : 엘리자베스 2세 Elizabeth the second, Elizabeth Ⅱ
조지 2세 George the Second, King George Ⅱ

제2차대전: Word War Two, The Second World War, Word War Ⅱ

분수 : 2분의1 a half, one half
3분의2 two-thirds
2의 3분의2 two and two-thirds

온도 : 34℃ thirty-four degrees Centigrade
-34℃ thirty-four degrees below zero Centigrade
34°F thirty-four degrees Fahrenheit

소수 : 36.205 thirty six point two zero five

더하기 : 3+8=11 three and eight are(is, make, makes) eleven
　　　　　　　　three plus eight is(equals) eleven
빼기 : 15-5=10 five from fifteen is(leaves) ten
　　　　　　　　fifteen minus five is(leaves) ten
곱하기 : 3×4=12 three times four is(equals) twelve
　　　　　　　　three multiplied by four is(equals) twelve
나누기 : 6÷2=3 six divided by two is(equals) three
연극 : 제1막 Act Ⅰ, Act one
서적 : 제1권 Volume Ⅰ, Volume one [略: v., vol(s).)]
　　　제1장 Chapter Ⅰ Chapter one

(5) 형용사의 형태에 따라 의미가 달라지는 경우

- **respectful** 공경하는, 공손한, 존중하는
  respectable 존경받을만한, 훌륭한
  respective 각자의, 저마다의

  He is respectful to age.
  그는 노인을 존경한다.

  He is a respectable citizen.
  그는 훌륭한 시민이다.

  They have their respective merits.
  그들은 각기 장점이 있다.

- **desirous** (본인이)바라는, 바라는, 욕망 하는
  desirable (상대방이)바람직한, 얻고 싶은

  I am desirous to know further details.
  더 자세한 것을 알고 싶다.

He has many companions.
그는 마음에 드는 많은 친구들이 있다.

- **sensible** 분별 있는, 현명한, 느낄 수 있을만한, 현저한
  sensual 관능적인, 감각적인, 육감적인
  sensitive 민감한, 섬세한, 신경과민의

He is a sensible man.
그는 지각이 있는 사람이다.

He abstained from sensual pleasures.
그는 주색을 멀리했다.

He is sensitive to heat(cold).
그는 더위(추위)를 잘 타다.

- **healthful** 건강에 좋은, 위생적인, 건전한
  healthy 건강한, 위생적인, 건전한

Table tennis is a healthful exercise.
탁구는 건강에 좋은 운동이다.

He is perfectly healthy.
그는 완전히 건강하다.

- **considerable** 많은, 상당한, 주목할 만한, 무시할 수 없는
  considerate 동정심이 많은, 이해심이 있는, 사려 깊은
  considering ~을 고려하면(in view of), (if), (seeing that)

He is a considerable personage.
그는 저명인사이다.

He is considerate of old people.
그는 노인들에게 동정심이 많다.

Considering her age, she looks very young.
그녀는 나이에 비해서는 퍽 젊어 보인다.

- **literal** 문자의, 문자그대로의, 축어적인, 상상력이 없는
  literary 문학의, 문학에 정통한
  literate 학식이 있는, 읽고 쓸 줄 아는, 학문의, 문학의

  in the literal sense(meaning) of the word
  글자 그대로의 의미로, (의도를 참작하지 않고) 글자 뜻 그대로, (비유적이 아닌) 본래의 뜻에 있어서.

  literary works(writings) 문학작품
  literate in computer usage 컴퓨터 사용기술을 가진

- **historic** 역사상 유명한, 역사에 남는
  historical 역사적 사실에 토대를 둔, 근거가 있는

  a historic building 역사상으로 유명한 건물
  historic occasions 역사상 중요한 사건
  the historic scenes 사적, 유적
  a historical novel(play) 역사 소설[사극]
  historical geography 역사 지리학
  historical evidence 사실(史實)
  historical records 역사 기록문서
  the historical sciences 역사학

- **imaginative** 상상력이 풍부한, 상상력에 의한

imaginable 상상할 수 있는, 생각할 수 있는 모든
imaginary 가상적인, 비현실적인, 공상의

He is imaginative. or He has a lively(an active) imagination.
그는 상상력이 풍부하다

He tried every means imaginable.
가능한 모든 방법을 다하다.

the best thing imaginable 상상할 수 있는 최상의 것.
an imaginary enemy 가상의 적

- **economical** 절약하는, (사람이)검소한
economic 경제의, 경제학의, 실리적인

an economical housewife 알뜰한 주부
economic growth 경제 성장

- **successive** 연속적인, 계승하는, 잇따라 일어나는
successful 성공적인, 결과가 좋은, 합격한, 성황을 이룬

It rained (for) five successive days.
5일간 계속 비가 왔다.

a successful business 번창하고 있는 사업

- **industrious** 근면한, 열심히 일하는
industrial 산업의, 상업에 종사하는, 근로자의

If he was not industrious in his youth, he now

works very hard.
그는 젊었을 때에는 근면하지 않았지만 지금은 아주
열심히 일한다.

an industrial nation 공업국
an industrial exhibition 산업 박람회
industrial workers 공원(工員), 산업 노동자
an industrial accident 산업 재해

- **momentous** 중요한, 중대한, 심상치 않는
  momentary 일시적인, 순간의, 끊임없이 되풀이되는, 덧없는

  a momentous decision 중대한 결정
  a momentary joy 찰나의 기쁨
  in momentary expectation 고대하여

- **popular** 인기 있는, 유행하는, 대중의, 일반의 평판이 좋은
  populous 사람이 많은, 인구가 조밀한

  popular discontent 민중의 불만
  the popular opinion(voice) 여론, 민중의 소리
  a popular government 민주 정치
  popular subscription 주식 공모
  popular music 대중음악
  popular prices 대종(적)가격, 염가
  the world`s most populous country
  세계에서 가장 인구가 많은(조밀한)

- **practical** 현실적인, 실용적인, 경험이 풍부한
  practicable 실행에 옮길 수 있는, 실제로 쓸 수 있는

practical experience 실지의 경험
practical value 실제상 가치; 실용 가치
practical philosophy 실천 철학
practical English 실용 영어
practical knowledge 실용적인 지식
a practical mind (man) 실제적인 사람

It was not practicable to put up a new building there.
그 곳에 새로운 빌딩을 세우는 것은 실행가능성이 없었다.

- **continuous** (끊임없이)연속되는, 끊임없는, 잇 달은
  continual (단속적으로)연속되는, 자주 일어나는, 빈번한

a continuous stream of telephone calls 계속되는 전화 소리
continual interruptions 계속 거듭되는 방해
continual invitations 잇따른 초대
a week of continual sunshine 내리 좋은 날씨의 일주일간

 부사(副詞, adverb)는 문장 속에 있는 '동사·형용사·다른 부사'를 주로 수식하지만 그 밖에도 '명사·대명사·문장전체'를 수식하는 경우도 있다. 종류로는 단순부사(simple adverb)·의문부사(interrogative adverb)·관계부사(relative adverb)가 있는데 여기서는 단순부사만을 다루기로 하겠다. 그리고 앞에서 부사의 성질을 가지고 있는 여러 부사들인 '분사 구문·부정사(adv)·부사절'에 대해서도 설명한바가 있는데 이것들도 이제부터 설명하게 될 단순부사와 같은 종류의 부사로서 취급하길 바란다.

(1) **단순부사의 종류**

 시간(때): now already today yesterday tomorrow ago

	early late then before formerly lately soon
장소·방향:	here there far above below down out near in inside outside nowhere home upstairs up abroad away off …
빈도·순서:	once twice again often sometimes seldom frequently first secondly hardly scarcely
정도·수량:	very much little enough too quite almost greatly nearly rather merely only just even
방법·상태:	well slowly gladly ill wisely merrily willingly bravely kindly carefully how so vividly …
긍정·부정:	yes no not never perhaps truly clearly really certainly possibly undoubtedly either …
양 보:	anyhow anyway yet notwithstanding …
원인·추론·결과:	therefore hence naturally consequently accordingly thus …

(2) 부사의 형태

① 부사의 형태는 일반적으로 형용사의 어미에 '-ly'를 붙이는 경우가 있는데 모든 부사의 형태가 그러하다는 것이 아니라 대개는 양태와 정도의 부사인 경우가 많다. 그러나 무조건 형용사 어미에 '-ly'를 붙이는 것이 아니라 몇몇의 규칙들이 있는데 「자음+ly→y를 i로 바꾸고 ly를 붙이고, -le→e를 없애고 y를 붙이고, -ll→뒤에다 y만 덧붙이면 되고, -ue→e를 없애고 ly를 붙이고, -ic→뒤에다 ally를 붙이면 된다.」특히 이러한 규칙을 벗어나는 단어(sole→solely, whole→wholly, public→publicly, unique→uniquely, vague→vaguely,…)들도 있다.

happy→happily   easy→easily
gentle→gently   simple→simply

```
        true→truly          due→duly
        full→fully          dull→dully
        basic→basically     dramatic→dramatically
```

② '명사+ly'의 형태로서 형용사(manly, motherly, lovely, worldly, timely, womanly, friendly, heavenly, yearly, weekly,~)가 된 것들도 있는데 이러한 형용사들의 부사는 'in a 명사+ly manner, in a 명사+ly way'의 형태를 취해서 나타낸다. ('motherly, manly, weekly, friendly, earthly, orderly, lovely, lively, homely, heavenly, ~'는 형용사이면서 부사이기도 하다.)

③ '전치사+명사'의 형태로 부사(with ease→easily, by force→forcibly, on purpose→purposely, with care→carefully, in private→privately, to excess→excessively)인 것들도 있다.

④ 형용사와 부사의 형태가 같은 것들로서 'early, fast, hard, little, far, monthly, well, much, low, long, wide, right, enough, high, near, ill, weekly, daily'들이 있다.

⑤ 형용사와 부사의 형태가 같은 단어들이 있는데 이러한 단어의 어미에 '-ly'를 붙이면 그 의미가 같은 것들과 달라지는 것들이 있다.

● 의미가 같은 경우:

```
    close-closely 가까이   loud-loudly 큰소리로
    sure-surely 확실하게   right-rightly 올바르게
    slow-slowly 천천히     quick-quickly 빠르게
    wrong-wrongly 그릇되게
```

● 의미가 다른 경우:

high 높은, 높게 — highly 매우, 고도로
dear 친애하는, 비싸게 — dearly 극진하게
deep 깊은, 깊게 — deeply 매우, 마음속 깊이
hard 단단한, 부지런한, 열심히 — hardly 거의~않다
near 가까운, 가까이 — nearly 거의
cheap 싼, 싸게 — cheaply 희생을 치르지 않고
late 늦은, 늦게 — lately 최근에, 요즈음
pretty 예쁜, 꽤, 상당히 — prettily 예쁘게
direct 똑바른, 곧장 — directly 곧이어, 즉시로

(3) 부사의 위치

 기본적인 부사의 위치는 '문두·문중·문미'의 어느 위치에도 놓을 수는 있지만, 그러나 부사의 위치에 따라 그 의미가 달라질 수도 있고 또한 저마다의 부사들은 문장 속에서 각자의 위치가 정해져 있기 때문에 그 규칙을 따라야 한다. 일반적으로 문두와 문미인 경우에는 문장전체를 수식하거나 문장 속의 동사를 강조할 경우에 사용되는 수가 많고, 문중인 경우에 있어서 문장전체를 수식할 때는 동사 바로 뒤에, 타동사를 수식할 때는 타동사 바로 뒤에, be동사(일반 동사)를 수식(빈도부사)할 때는 be동사는 앞에 일반 동사는 뒤에, 조동사와 관련해서는 본동사와의 사이에 부사를 놓는 특징이 있다.

> **Happily** he didn't die.
> =It was happy that he didn't die.
> 다행히 그는 죽지 않았다.
>
> He didn't die **happily**.
> =He died unhappily.
> 그는 행복하게 죽지 못했다.

Slowly she *rose* from her seat.
천천히 그녀는 자신의 좌석에서 일어났다.

I *could* **hardly** *believe* my eyes.
나는 내 눈을 거의 믿을 수가 없었다.

① 동사를 수식함에 있어서 방법부사는 자동사인 경우에는 그 뒤에 놓고 타동사인 경우에는 목적어 뒤에 놓는 것이 원칙이지만 그 목적어가 길 경우에는 목적어 앞에 놓을 수도 있다. 빈도부사는 be동사와 조동사인 경우에는 그 뒤에 놓고 일반 동사인 경우에는 그 앞에 놓는다. 장소와 시간 부사들은 대개 문미에 위치하는 특징을 가지고 있지만 예외도 있으므로 주의해야 한다. 그리고 형용사와 다른 부사를 수식함에 있어서는 그 앞에 놓는 것이 일반적이지만 때로는 뒤에 (enough) 놓는 경우도 있으며, 명사와 대명사를 수식함에 있어서는 대개 그 앞에(even, only, just, almost) 놓지만 뒤에(alone) 놓는 경우도 있으며, 문장전체를 수식함에 있어서는 대개 문두 또는 동사 바로 뒤에 놓는다.('certainly, indeed, evidently, probably'는 문장전체를 수식함에 있어서 문두·문중·문미 모두 가능한 부사들이다.)

I *ate* **heartily**.
나는 배불리 먹었다.

She *read* the letter **slowly**.
그녀는 천천히 그 편지를 읽었다.

Did you *understand* **clearly** what I had told you?
당신은 내가 당신에게 말한 것을 분명히 이해하셨나요?

She **always** *get up* at six.
그녀는 항상 여섯시에 일어난다.

She **has** *often* **seen** him.
그녀는 자주 그를 만나왔다.

She is **always** *busy* studying English.
그녀는 항상 영어 공부하느라 바쁘다.

This cake is **very** *delicious*.
이 빵은 매우 맛이 있다.

He can swim **very** *well*.
그는 수영을 매우 잘한다.

You are **just** *the lady* I want.
당신은 내가 원하는 바로 그 여자입니다.

Even *he* can do the work.
그 조차도 그 일을 할 수 있다.

You cannot live by *love* **alone**.
사람은 사랑만으로 살 수는 없다.

Fortunately *he passed the exam*.
다행스럽게도 그는 그 시험을 통과했다.

He *passed* **fortunately** the exam.
그는 그 시험을 다행히 통과했다.

Certainly *he is a good boy*.
 = *He is* **certainly** *a good boy*.
 = *He is a good boy* **certainly**.
확실히 그는 좋은 아이다.

② 부사가 문장 속에서 한 번에 여러 부사들이 함께 사용될 경우에는 일반적으로 '장소부사+빈도부사+시간부사'의 순서를 가지게 되는데 여기에 방법부사가 끼어들게 되면 장소부사와 시간부사 사이에 놓지만 방법부사가 장소부사보다 짧은 낱말일 때는 그 앞에 놓기도 한다. 그리고 같은 성질의 부사가 동시에 여러 개 쓰일 경우에는 '짧은 부사(작은 시간·장소)+긴 부사(시간·장소)'의 순서를 갖게 된다.

He went to the library **everyday during July**.
그는 7월 동안 매일 도서관에 갔다.

We lived there **happily before**.
우리는 전에 행복하게 그곳에서 살았다.

She sang well **at the concert yesterday**.
그녀는 어제 콘서트에서 노래를 잘 불렀다.

I will call on you **at six next Sunday**.
나는 다음 주일 여섯시에 당신을 방문하겠습니다.

He was born **in Seoul, Korea, in March, 1963**.
그는 1963년 3월에 한국 서울에서 태어났다.

비교(比較, comparison)란 어떤 대상에 대하여 그 '성질·상태·수량·우월'에 있어서 서로간의 정도의 차이를 나타내기 위해서 사용되는 표현방식인데 이때 사용되는 품사는 '형용사와 부사'이다. 그러므로 문장 속에서 형용사와 부사가 사용되는 용법을 정확하게 알고 있으면 비교와 관련된 문장을 분석하는데 많은 도움이 된다.

형용사: 한정적인 용법-명사를 앞 또는 뒤에서 꾸며준다.

서술적인 용법-주격보어 또는 목적격보어로 사용.
부 사: 문장 속에 있는 동사, 형용사, 또 다른 부사를 꾸며준다.

● 형용사의 한정적 용법.

He is a **kind** man. 〉 I am a **kind** man.
→He is a **kinder** man than I am a kind man.
→He is a **kinder** man than I (am a kind man).
→He is a **kinder** man than I.
그는 나보다 더 친절한 사람입니다.

● 형용사의 서술적 용법.

He is **kind**. 〉 I am **kind**.
→He is **kinder** than I (am kind).
→He is **kinder** than I.
그는 나보다 더 친절합니다.

● 부사의 동사수식.

He speaks English **well**. 〉 I speak English **well**.
→He speaks English **better** than I (speak English).
→He speaks English **better** than I.
그는 나보다 더 영어를 잘합니다.

비교의 종류로는 세 가지가 있는데, 다른 것과 비교하지 않고 '성질·상태·수량·우월·정도' 따위를 나타내는 원급(positive degree)에 의한 비교가 있고, 두 개 중에서 어느 한쪽이 다른 쪽보다 우월함을 나타내는 비교급(comparative degree)에 의한 비교가 있고, 그리고 셋 이상 중에서 어느 하나가 최상임을 나타내는 최상급(superlative

9. 형용사, 부사, 비교

degree)에 의한 비교가 있다. 특히 비교급과 최상급의 경우에는 그 어형변화에 있어서 규칙변화형(~, ~er, the~est)(~, more~, most~)과 불규칙변화형(일종의 숙어)이 있으므로 구별해 놓아야 한다.

규칙형의 비교급과 최상급은 단어의 음절수가 1음절일 때는 원급에다 '-(e)r과 -(e)st'를 붙이고, 2음절 이상의 단어들은 대개 '-er(est)'를 붙인다. 특히 어미가 '-er(le, ly, ow, some)'일 때와 앞의 단어들과 같은 어미가 아닐지라도 악센트가 뒤에 있는 경우에는 '-(e)r과 -(e)st'를 붙인다. 그러나 2음절로서 어미가 '-full(less, ous, ive, long, ish, ed, able, ible)'인 경우에는 'more (most)~'를 붙인다. 다음으로 3음절 이상의 단어에는 'more (most)'를 붙인다.

규칙형: deep-deeper-deepest
large-larger-largest
big-bigger-biggest
hot-hotter-hottest
dry-drier-driest
coy-coyer-coyest
clever-cleverer-cleverest
narrow-narrower-narrowest
polite-politer-politest
useful-more useful-most useful
beautiful-more beautiful-most beautiful

불규칙형: good(well)―better―best
bad(ill)―worse―worst
many(much)―more―most
little―less(lesser, smaller)―least(smallest)
old―older(elder)―oldest(eldest)
late―later(latter)―latest(last)
far―farther(further)―farthest(furthest)

(1) 원급(原級, positive degree)

다른 것과 비교하지 않고 자체의 성질과 수량을 나타내는 경우인데 이때는 형용사 또는 부사의 원급(즉, 형용사와 부사의 원래형태)을 사용한다. 그 종류로는 동등비교(as~as, so~as)와 열등비교(not as~as, not so~as)가 있다. 그리고 뒤에 있는 'as'는 접속사로서 절을 끌고 오는 것이 원칙인데 앞의 문장과 반복되는 요소들은 생략되기 때문에 온전한 문장이 쓰일 경우가 드물다. 경우에 따라서, 글의 전체문맥을 통해서 추론이 가능한 경우에는 'as'를 포함한 비교부사절 전체가 생략되기도 한다.

He is **as**(or **so**) *clever* **as** she (is clever).
=He is as(or so) clever as she.
그는 그녀만큼 영리하다.

He is **not as**(or **so**) *clever* **as** she (is clever).
=He is not as(or so) clever as she.
그는 그녀만큼 영리하지는 못하다.

I know her **as** *well* **as** he (knows her well).
=I know her as well as he does.
나는 그만큼 그녀에 대해서 잘 알고 있다.

I do **not** know her **as** *well* **as** he (knows her well).
=I do not know her as well as he does.
나는 그만큼 그녀에 대해서 잘 아는 것은 아니다.

This is three **times as** *long* **as** that.
이것은 그것에 세배 더 길다.

원급과 관련된 아래의 중요한 표현들에 대해서는 자주 다루어서 익숙한 표현이 되게끔 하는 것이 좋다.

① 원급으로서 최상급의 의미를 나타내는 경우로 'as+원급+as any+명사, as+원급+as ever~과거동사, 부정주어~as+ 원급+as'가 있다.

> She is **as** great **as any** poet.
> =She is **as** great a poet **as ever** lived.
> =**No** poet is **as** great **as** he.
> 그녀는 어떤 시인보다도 훌륭하다.
> (그녀가 이제껏 생존해온 시인들 중에서 가장 위대하다.)
> (어떤 시인도 그녀만큼 위대하지는 않다.)

② '~라기 보다는 오히려—이다'라는 의미를 나타내는 구문으로 'not so much~as-; not~so much as-; less~than-; ~less than-; more(rather)-than~; -more(rather) than~'이 있다.

> He is **not so much** a novelist **as** a poet.
> =He is **not** a novelist **so much as** a poet.
> =He is **less** a novelist **than** a poet.
> =He is **more** a poet **than** a novelist.
> 그는 소설가라기보다는 시인이다.

③ 이외에 'as+원급+as (원급) can be 매우~하다, as+원급+as possible(=as+원급+as+주어+can) 가능한 한~하게, not so much as(=not even) ~조차도 못하다, without so much as(=without even) ~조차도 없이, may as well~as- -하느니 보다는 ~하는 것이 더 낫겠다, as good as 거의' 등의 표현들이 있다.

> I ran **as** fast **as possible**.

9. 형용사, 부사, 비교

나는 가능한 한 빠르게 달려갔다.

He worked **as** hard **as he could**.
그는 될 수 있는 한 열심히 공부했다.

I am **as** happy **as** (happy) **can be**.
나는 아주(무척) 행복하다.

One **might as well** throw money away **as** spend it in betting.
내기에 돈을 거느니 차라리 그냥 내다버리는 게 낫겠다.

(2) 비교급(比較級, comparative degree)

두 가지의 요소를 서로 비교하여 그 성질과 수량의 차이를 나타낼 때 사용하는 표현방법이다. 그 종류로 우등비교(-er or more~than)와 열등비교(less+원급+than, not so~as))가 있으며, 형용사와 부사의 음절과 악센트 그리고 단어의 어미에 따라서 비교급을 만들어 '~er(more) than-'의 형태로 나타낸다. 그리고 뒤에 있는 'than'은 접속사로서 절을 끌고 오는 것이 원칙인데 앞의 문장과 반복되는 요소들은 생략되기 때문에 온전한 문장이 쓰일 경우가 드물다. 경우에 따라서, 글의 전체문맥을 통해서 추론이 가능할 때에는 'than'을 포함한 비교부사절 전체가 생략되기도 한다.

She is clever**er than** he (is clever).
=She is cleverer than he.
그녀는 그보다 더 영리하다. (clever-cleverer-cleverest)

I like her **better than** you (like her).
-I like her better than you do.
나는 너보다 더 그녀를 더 좋아한다. (well-better-best)

She is **more** famous **than** he (is famous).
=She is more famous than he.
그녀는 그보다 더 유명하다. (famous-more famous-the most famous)

 비교급과 관련된 아래의 중요한 표현들에 대해서는 자주 다루어서 익숙한 표현이 되게끔 하는 것이 좋다.

① 동일물(인)의 다른 성질을 비교할 때에는 단어의 음절수와 관계없이 무조건 'more+원급+than'의 형식으로 나타내고, 서로 다른 사람(물)의 다른 성질을 비교할 때에는 규칙(또는 불규칙)변화를 적용하여 '비교급+than'의 형식으로 나타낸다.

She is **more** kind **than** (she is) generous.
그녀는 관대하기보다는 친절한 편이다. (동일인의 비교)

She is kind**er than** her sister (is kind).
그녀는 그녀의 언니보다 더 친절하다. (다른 사람과 비교)

② 라틴어(Latin)에서 온 비교급에서는 접속사 'than' 대신에 전치사 'to'를 쓰기 때문에 뒤에 이끌고 오는 문장구조가 다른데 절(Clause)이 아닌 (동)명사가 온다. 예를 들어, superior to~보다 월등한; inferior to~보다 열등한; junior to~보다 손아래인; senior to~보다 손위인; interior to~보다 내부의; exterior to~보다 외부의; anterior to~보다 앞의; posterior to~보다 뒤의; major to~보다 큰; minor to~보다 작은; preferable to~보다 더 좋아하는; prior to~보다 우선인(중요한).

She is super**ior to** me in English.
=She is **better than** I in English.

그녀는 영어실력에 있어서 나보다 더 유능하다.

I **prefer** studying **to** playing.
=I prefer to study **rather than** to play.
나는 노는 것보다 공부하는 것을 더 좋아한다.

③ 비교급으로 최상급의 의미를 나타낼 수 있는데 '비교급+than any other+단수명사, 비교급+than all the other+복수명사, 비교급+than anyone(thing) else, 부정어구+비교급+than~' 등이 있다.

She is kind**er than any other** girl **in** the class.
=**No other** girl **in** the class is kind**er than** she.
=She is kind**er than anyone else in** the class.
=She is **the** kind**est** girl **in** the class.
그녀는 우리 반에서 가장 친절하다.

④ 비례비교급: 한쪽의 정도의 변화에 따라 다른 쪽도 더불어 정도의 변화를 갖게 되는 표현방법으로서 'the+비교급~, the+비교급—:~하면 할수록 그만큼 더욱 더—하게 되다'가 있다. 이때 뒤의 the는 지시부사로서 to the extent(그만큼, 그 정도)의 뜻을 가지고 앞의 the는 접속사 역할을 한다. 그리고 동사가 생략되는 경우가 많다.

The higher we go up, **the** colder it becomes.
우리가 위로 높이 올라가면 갈수록 기온이 더욱 차가웠다.

The more we learn, **the** easi**er** do things become.
우리가 더 배우면 배울수록 모든 일들이 더욱 쉬워진다.

The smaller the mind (is), **the** greater the conceit (is).
마음이 좁으면 좁을수록 자만심은 더욱 커진다.

⑤ 점층 비교급: 정도가 점차적으로 증가 또는 감소하고 있음을 표현하는 방법으로서 '비교급+and+비교급: 점점 더~한' 이 있다.

It is getting cold**er and** cold**er**.
날씨가 점점 더 추워지고 있다.

I began to like English **more and more**.
나는 영어가 점점 더 좋아지고 있다.

⑥ 비교급을 강조하기 위해서 바로 앞에 'much, still, even, far, by far, a lot'를 두어서 '훨씬'으로 해석한다.

This is **much** bigg**er than** that.
이것은 저것보다 훨씬 더 크다.

Her satisfaction was **even** great**er than** mine.
그녀의 만족감은 나보다 훨씬 더 크다.

⑦ 'less~than-'을 해석할 때 서로 다른 사람(물)의 비교일 때는 '-보다 덜~한(not so~as-)'로 하고 같은 사람(물)의 비교일 때는 '~라기 보다는-이다(not so much~as-)로 한다.

He is **less** diligent **than** his wife.
=He is **not so** diligent **as** his wife.
그는 그의 부인보다 덜 부지런하다.

He is **less** diligent **than** wise.
=He is **not so much** diligent **as** wise.
그는 현명하기보다는 부지런한 편이다.

⑧ 이외에 중요한 표현들로는 'the+비교급 of(for, because of)+the two(clause):~중에서(때문에) 더욱…하다, 긍정문+much more or still more(부정문+much less or still less):~은 말할 것도 없이, A is no more B than C is D(=A is not B any more than C is D):C가 D아닌 것처럼 A도 B가 아니다, A is no less B than C is D :C가 D인 것처럼 A도 B이다(~못지않게, ~와 같이), not less ~ than-:-보다 더~하지는 않다, not more~than-:-보다 덜~하지는 않다, no more than(=only):~밖에 없다, no less than(=as much as):~만큼이나, not more than(=at most):~기껏해야, not less than(=at least):~적어도, more often than not(=frequently):흔히, more or less(=somewhat, a little):~대략, no better than(=as good as):~와 다를 바 없는' 등이 있다.

I am **no more** mad **than** you (are).
너와 마찬가지로 나도 미치지 않았다.

It is **no less than** a fraud.
그것은 사기 행위나 다름없다.

He is **no less** clever **than** his elder brother.
그는 형만큼 영리하다.

⑨ 비교급에서 than은 비교대상이 두 개인 경우인 'the+비교급+of the two'에서, 비교급이 명사 또는 one을 수식하는 경우에, 비교급이 서술적 용법으로 쓰이는 경우에, 비교급이 명사나 대명사를 후치 수식하는 경우에, 서술적 용법으로만 쓰이는 비교급 형태에서(outer, upper, former, inner, latter, utter, 등등), 비교급 뒤에 if 조건절이 따르는 경우에, 점진비교급에서 than이 생략된다.

Tom is **the older of (the) two**.

톰이 그 두 명 중에서 나이를 더 들었다.

I am looking for a **better** job.
나는 더 좋은 일자리를 찾고 있다.

She is getting **older**.
그녀는 점점 더 나이 들어가고 있다.

I need **something cooler**.
나는 좀 더 시원한 것을 원한다.

She became **more and more** tired.
그녀는 점점 더 지쳐갔다.

You can solve it **more** quickly **if you use the calculator**.
만약에 계산기를 사용한다면 더 빨리 풀 수 있을 것이다.

(3) 최상급(最上級, superlative degree)

세 가지 이상의 요소를 서로 비교하여 그 성질과 수량의 차이에서 어느 하나가 최고임을 나타낼 때 사용하는 표현방법으로서 형용사와 부사의 최상급을 사용하여 나타낸다. 이때 형용사의 최상급 앞에는 정관사 'the'를 놓고 부사 앞에는 붙이지 않는다. 그러나 동일인·동일물의 성질·상태를 비교할 때에, 최상급 앞에 소유격이 오는 경우일 때에, 서술적으로 쓰이는 형용사의 최상급에서 the를 붙이지 않는다. 그리고 최상급을 강조할 때 바로 앞에 'far, by far, the very, much, that have ever+p.p'를 놓는다.

She is **the most** diligent **of** all. (형용사의 최상급)
그녀는 모든 사람들 중에서 가장 부지런하다.

She is **the tallest in** the class. (형용사의 최상급)
그녀는 학급에서 키가 가장 크다.

He always works **hardest** in the office. (부사의 최상급)
그는 사무실에서 언제나 가장 열심히 일한다.

Who runs **fastest** in your class? (부사의 최상급)
누가 너의 학급에서 가장 빨리 달리니?

He is **my best** friend. (one's+최상급+명사)
그는 나의 최고 친구이다.

She is **by far the tallest** girl in the class. (최상급 강조)
그녀는 그 학급에서 훨씬 가장 키가 큰 소녀이다.

*This lake is **deepest** at this position. (동일물 비교)
 이 호수는 이 지점이 가장 깊다.

*This lake is **the deepest** in Korea. (다른 것과 비교)
 이 호수는 한국에서 가장 깊다.

*She is **happiest** when her plan is done. (본인)
 그녀는 자신의 계획이 마무리 되었을 때 가장 행복했다.

*She is **the happiest** of all her friends. (타인과 비교)
 그녀는 친구들 중에서 가장 행복하다.

 최상급과 관련된 아래의 중요한 표현들에 대해서는 자주 다루어서 익숙한 표현이 되게끔 하는 것이 좋다.

① the+최상급+of+복수명사(같은 종류) ~중에서 가장…한; the+

최상급 + in + 단수명사(단체, 지역) ~중에서 가장…한; one of(among) the+최상급+복수명사 가장~한 중의 하나; the+서수사+최상급~ ~번째로…한; the least+원급~ 가장~이 아닌; the+최상급+명사+that+절 가장~한; the most unlikely+명사+to+동사원형 가장(결코)~이 아닌; the last+명사+to+동사원형 가장(결코)~이 아닌; 등등

Gold is **the most** valuable **of all metals**.
금은 모든 금속들 중에서 가장 값비싸다.

Mother is **the** earli**est** riser **in my family**.
어머니는 (우리) 가족 중에서 가장 일찍 일어나신다.

*He is **the last** man **to tell a lie**.
=He is **the most unlikely** man **to tell a lie**.
그는 결코 거짓말할 사람이 아니다.

Chicago is **the second** largest city in the U.S..
시카고는 미국에서 두 번째로 큰 도시이다.

This is **the least** expensive car.
이것은 가장 비용이 적게 드는 자동차이다.

You are **the most** beautiful lady **that I have ever seen**.
당신이 내가 이제껏 만났던 사람들 중에서 가장 아름답다.
(당신이 모든 숙녀들 중에서 가장 아름답다.)

② 이외에 중요한 관용어구로는 'at best 잘해야(기껏해야, 고작), at worst 아무리 나빠도, not~in the least 조금도~않다, for the most part 대개(주로, 보통), make the most(the best) of~을 최대한 이용하다, do one's best 최선을 다하다, the second best 차선의' 등이

있다.

At best we cannot arrive before noon.
아무래도 정오 전에는 도착할 수 없다.

At best it is a poor piece of work.
기껏 해 봤자 뻔한 작품이다.

You must **make the most of** your chance.
기회를 최대한으로 이용해야 한다.

③ 문장의 주어로 최상급이 사용된 경우에는 양보(아무리~일지라도)의 뜻을 가지게 된다.

The wisest man will not be able to understand it.
=**Even the wisest** man will not be~.
아무리 현명한 사람일지라도 그것을 이해하지는 못할 것이다.

The smallest needle will sometimes kill a man.
=**Even the smallest** needle will~.
아무리 작은 바늘일지라도 때로는 사람을 죽일 수가 있다.

The bravest man would have been frightened.
=**Even the bravest** man~.
아무리 용감한 사람이었더라도 놀랐을 것이다.

The best friend often becomes the worst (friend).
=**Even the best** man~.
가장 친한 친구일지라도 이따금 아주 나쁜 친구가 되는 일이 많다.

④ 최상급이 부정적 의미를 나타내는 경우가 있다.

    This is **the last** thing to try. (late-latter-last)
    이것은 시험해 볼 필요도 없는 것이다.

    She is the **last man** to do such a thing.
    그녀는 결코 그런 일을 할 사람이 아니다.

10. 일치와 화법

일치(一致, agreement)라는 것은 주부에 있는 명사의 인칭(1, 2, 3인칭)과 수(단수, 복수)에 따라서 뒤에 따르는 동사의 수(단수, 복수)와의 관계를 나타내는 수(number)의 일치와 주절에 있는 동사의 시제(단순, 완료)와 종속절에 있는 동사의 시제와의 관계를 나타내는 시제(tense)의 일치를 말하는 것이고, 화법(narration)이라는 것은 남(other)이 한 말을 그대로 전달하는 직접화법(direct narration)과 남(other)이 한 말을 화자(speaker)의 입장에서 그 의미만을 전달하는 간접화법(indirect narration)을 말한다.

(1) 수의 일치 (數一致, agreement of number)

수의 일치란 문장의 주어가 「복수주어이면 복수동사, 단수주어(3인칭단수)이면 단수동사」가 쓰이는 것을 말한다.

- **복수주어 + 복수동사(ⓥ, are, were, have)~**
- **단수주어 + 단수동사(ⓥs, ⓥes, is, was, has)~**
  →3인칭단수주어

The girls get(got) up at six in the morning.
The girls are(were) very diligent.
The girls have(had) been very diligent.

The girl gets(got) up at six in the morning.
The girl is(was) very diligent.
The girl has(had) been very diligent.

① 접속사로 연결된 (대)명사의 경우: 두 개 이상의 명사를 접속사

'and'로 연결될 때는 원칙적으로는 복수 취급하지만 전체로서 통일된 단일개념이나 동일인 또는 동일물일 때에는 단수동사로 받고, 그리고 그 밖의 접속사와 전치사로 연결될 때는 앞 또는 뒤의 명사 중의 어느 하나에 동사의 수를 일치시킨다. 「or / either(neither)~or(nor)- / not only~but also- / not~, but- : 뒤의 명사에 일치 ; ~, and not- / ~no less than- / ~as well as- / ~(along, together) with- / ~of- : 앞의 명사에 일치 ; ~in addition to- / ~accompanied by- : 앞의 명사에 일치」

His wife and mine are good friends.
그의 아내와 나의 아내는 좋은 친구이다.

All work and no play makes Jack a dull boy.
(속담) 공부만 하고 놀지 않으면 아이는 바보가 된다,
잘 배우고 잘 놀아라.

The red and white rose is beautiful.
빨강색과 흰색이 섞여있는 장미는 아름답다.

Trial and error is the source of our knowledge.
시행착오는 지식의 원천이다.

Curry and rice is my favorite dish.
카레라이스는 내가 좋아하는 음식이다.

Ten years is a long time to make many changes.
십년이란 세월은 많은 변화를 초래할 정도의 긴 세월이다.
(시간, 거리, 금액, 무게-하나의 단위 ; 즉 총체적 개념으로 단수취급)

The philippines consists of about seven thousand islands.
　　(복수 국가명)

필리핀이라는 나라는 대략 칠천 개의 섬들로 이루어져있다.

<u>Ethics deals</u> with problems of moral duty. (학문)
윤리학은 도덕적 의무라는 문제들을 다룬다.

<u>The dialogues of Platon is</u> a great classic. (책이름)
플라톤의 책 '대화론'은 훌륭한 고전이다.

Either he or <u>his brothers were</u> requested to go.
그나 그의 동생들 중에 어느 하나는 가도록 요청받았다.

Neither you nor <u>he is</u> wrong.
당신이나 그 중에서 어느 하나는 잘못이 있다.

John <u>or I am</u> to blame.
존인지 난지 어느 쪽인지가 나쁘다.

Not only you <u>but also she is</u> safe.
당신뿐만 아니라 그녀도 역시 안전하다.

Not you <u>but I am</u> to blame.
당신이 아니라 내가 비난받아 마땅하다.

<u>I</u>, and you <u>am</u> wrong.
네가 아니라 나에게 잘못이 있다.

<u>The girl, as well as</u> the boys, <u>has</u> learned to ride.
 =<u>The girl, no less than</u> the boys, <u>has</u> learned to ride.
 =<u>The girl, (together) with</u> the boys, <u>has</u> learned to ride.
소년들뿐만 아니라 소녀들 역시 승마를 배웠다.

② 주격관계대명사 다음에 쓰이는 동사의 수는 선행사의 명사에 일치

시키고 그리고 강조구문에서 that이하의 동사의 수는 강조하고자 앞으로 나가있는 명사(주어)에 일치시킨다.

　　We live in a house which was built in 1984.
　　우리는 1984년에 지어진 집에서 살고 있다.

　　It was Kim and his mother that were in the car.
　　자동차에 있는 사람들은 바로 김과 그의 어머니였다.

③ 「부분을 나타내는 명사(분수, all, some, half, the rest, part, most, all, a lot, lots, plenty)+of+명사」가 문장의 주어로 쓰일 경우에 뒤의 명사가 양을 표시할 때는 단수동사로 받고 수를 표시할 때는 복수동사로 받는다. 특히 'few(a few, a great many, a good many, many, a number of)+수를 표시하는 복수의 명사→복수동사, little(a little, a great deal of, a good deal of, much)+양을 표시하는 단수명사→단수동사'를 써야 한다.43)

　　Half of our classmates are present.
　　우리 학급친구들 중에 절반이 참석한다.

　　Half of my money is spent.
　　나의 돈의 절반이 탕진되다.

　　Three-fourths of the earth's surface is water.
　　지구 표면의 4분의 3이 물이다.

　　Three-fourths of the books are mine.
　　그 책들의 4분의 3이 나의 것이다.

---

43) the number of+복수명사는 '~의 수'의 뜻으로 단수동사를 받음.

Few boys were present.
거의 소년들이 참석하지 않았다.

Little sugar was left in the box.
거의 설탕이 상자에 남아있지 않았다.

④ 「Each(every, any, no)+명사」가 「and」로 결합되어 주어로 사용될 경우는 단수동사로 받는다.

Every boy and girl is taught to read and write.
모든 소년과 소녀들이 읽고 쓰기를 배우고 있다.

Every boy and every girl was invited.
모든 소년과 모든 소녀가 초대받았다.

Each boy and girl has a camera.
각각의 소년과 소녀는 카메라를 가지고 있다.

Each of the girls has her own camera.
그 소녀들 각자는 자신의 카메라를 가지고 있다.

No minute and no second is to be wasted.
일분 일 초도 허비해서는 안 된다.

Was any one there? — No one was there.
그곳에 누구 있나요? — 아무도 없습니다.

(주의) every+복수명사→ every two weeks (매)두주마다.

⑤ 단수와 복수 형태를 가질 수 있는 집합명사(또는 군집명사)들 (family, people, committee, class, jury, team, audience)은 그

집합체를 하나의 집단으로서 크기를 나타내면 집합명사로 취급해서 단수동사로 받고, 그 집합체의 구성원 각자의 특징을 나타내면 군집명사로 취급해서 복수동사로 받는다. 그리고 그 밖의 경우로서 형태가 복수형(pants, trousers, shorts, panties, stockings, socks, shoes, glasses, scissors, pincers)이면서 복수동사로 받는 것들이 있는가 하면, 부정관사와 복수형을 가질 수 없는 것들(직업이나 계층을 나타내는 police형-police, clergy, nobility, gentry, peasantry: 짐승 및 곤충의 무리를 나타내는 cattle형-cattle, vermin, poultry)로서 복수동사로 받는 것들이 있다.44)

My family is large. (가족전체)

My family are all well. (가족에서 특정의 개인)

The committee consists of eleven persons. (위원회전체)

The committee are divided in their opinions.
(위원회에서 개인)
(주의) The English are a diligent people. (=English people)

My trousers are worn out. (바지)
(주의) There is a pair of trousers on the table. (바지 한 벌)

The police are on the murderer's track. (경찰)
(주의) A policeman is on the murderer's track. (경찰 한명)

Many cattle are grazing in the meadow.
(가축 cows and bulls)

---

44) 국민전체를 나타내는 'the+~sh(ch, ese, ss)'도 복수동사로 받는다.

(2) 시제의 일치(時制一致, agreement, sequence of tenses)

시제의 일치란 주절(S+V+~)과 종속절(종속접속사+s′+v′+~→ 명사절, 형용사절, 부사절)의 관계를 가지고 있는 복문(Complex Sentence)에서 주절 속에 있는 동사의 시제(tense)와 종속절 속에 있는 동사의 시제(tense)가 서로 밀접한 관계를 가지는 것을 말한다.

주절 (S+V+~)	종속절 (종·접+S+V+~)
현재, 현재완료, 미래	12시제 모두 가능함
과거, 과거완료	과거, 과거완료

(3) 화법(話法, narration)

화법이란 남(他人, other)이 한 말을 화자(話者, speaker)가 토씨 하나 안 바꾸고 그대로 전달하는 직접화법(direct narration)과 남이 한 말을 화자의 입장에서 그 내용을 고쳐서 의미만을 전달하는 간접화법(indirect narration)을 말한다.

- **직접화법**: She said , "I am happy."
  그녀는 "나는 행복합니다."라고 말했다.

- **간접화법**: She said that she was happy.
  그녀는 자신은 행복하다고 말했다.

① 화법전환 할 때 주의사항들

- 전달동사의 변화: 피전달문의 종류에 따라서.
- 피전달문 속에 동사의 시제: 전달동사의 시제와 일치시켜서.
- 피전달문 속에 주어의 인칭변화.
- 지시어(부사 - 시간, 장소)의 변화.

직접화법에서 피전달문의 종류(평서문, 의문문, 명령문, 감탄문, 기원문)에 따라 전달동사가 간접화법으로 전환될 때 각각 다른 동사(평서문:say, tell, remark, state / 의문문:ask, inquire of, demand of, wonder, want to know / 명령문:tell, order, command, advise, request, expect, forbid, propose, ask, beg, offer, suggest / 감탄문:cry, cry out, exclaim, shout, sigh / 기원문:pray that God may, express one's wish that~may)로 바뀌고 또한 피전달문 속에 동사(종속절의 동사)의 시제도 전달동사(주절의 동사)의 시제에 따라 변화(전달동사: 과거→피전달 동사: 현재 는 과거로, 현재완료와 과거는 과거완료 로 바꾼다. 그러나 전달동사가 현재일 때 피전달동사의 시제는 12시제 모두가 가능하다.)된다. 그리고 직접화법 속에 있는 피전달문의 주어(대명사)는 각각의 인칭(1인칭→주절의 주어에 일치, 2인칭→전달동사의 목적어에 일치, 3인칭→그대로 3인칭)에 따라 변화되고 또한 지시어와 시간장소 부사들도 각기 다른 부사(now→then, ago→before, here→there, this→that, these→those, today→that day, tonight→that night, tomorrow→the next day or the following day, yesterday→the day before or the previous day, last night→the night before or the previous night, in two days→two days after, 경우에 따라 come→go)로 바뀐다.

(주의)「will과 shall」은 의지미래일 때는 그대로 시제만 바꾸면 되고 단순 미래일 때는 시제는 그대로 바꾸지만 인칭에 따른 변화는 지킨다. 단순미래로서 평서문은 1인칭(shall or will)·2인칭(will)·3인칭(will)이고 의문문은 1인칭(shall or will)·2인칭(will)·3인칭(will)이다. 의지미래로서 평서문은 1인칭(will)·2인칭(shall)·3인칭(shall)이고 의문문은 1인칭(shall)·2인칭(will)·3인칭(shall)이다.

He said, "I **will** do it." -------- 의지미래
=He said that he **would** do it.

"나는 그것을 하고 말겠다."라고 그는 말했다.
=그는 자신이 꼭 그것을 하고 말겠다고 말했다.

He said, "I **shall** fail."-------- 단순미래
=He said that he **would** fail.
"나는 실패하게 될 거야."라고 그는 말했다.
=그는 자신이 아마도 실패할 것이라고 말했다.

- 피전달문이 평서문인 경우: 접속사는 'that'를 사용.

  She said, "I met him here."
  =She said **that** she had met him there.
  그녀는 그곳에서 그를 만났었다고 말했다.

  She said to me, "I met him yesterday."
  =She told me **that** she had met him the day before.
  그녀는 어제 그를 만났었다고 내게 말했다.

- 피전달문이 의문문인 경우: 접속사는 의문사가 있으면 그대로 사용하고, 의문가가 없으면 'if or whether'를 사용.

  She said to me, "Where did you meet him?"
  =She asked me **where** I had met him.
  그녀는 그를 만났었는지를 내게 물었다.

  She said to me, "Did you meet him?"
  =She asked me **if**(or **whether**) I had met him.
  그녀는 그를 만났었는지 어떤지를 내게 물었다.

- 피전달문이 명령문인 경우: 부정사(to+ⓥ)를 이용한 5형식 문형(s+vt+o+to+동사원형)으로 전환.

She said to me, "Meet him at once."
=She ordered me **to meet** him at once.
그녀는 내게 그를 곧바로 만나라고 지시했다.

She said to me, "Don't meet him at once."
=She ordered me **not to meet** him at once.
그녀는 내게 그를 곧바로 만나지 말라고 지시했다.

She said to us, "Let's meet him."
=She suggested that we should meet him.
그녀는 우리가 그를 만나야한다고 제안했다.

She said, "Let me meet him."
=She asked **to be allowed to** meet him.
그녀는 그를 만나는 것을 허락해달라고 요구했다.

- 피전달문이 감탄문인 경우: 접속사로 이끌어서 'what(how)+s+v~'와 'that+s+v~very'를 사용하든지 또는 감탄사를 그 의미에 맞게 부사구(hurrah!→with delight, with joy/bravo!→with applause/alas!→with a sigh, with regret)로 고치든지 한다.

She said, "What a fine day it is!"
=She exclaimed **what a fine day it was**.
=She said **that it was a very fine day**.
그녀는 정말로 화창한 날씨라고 (즐겁게) 소리쳐 말했다.

She said, "Hurrah! I have no school day!"
=She **exclaimed with delight that** she had no school day.
그녀는 수업이 없다고 (기뻐서) 소리쳐 말했다.

- 피전달문이 기원문인 경우: 'pray that God may'과 'express one's wish that~may'를 사용하여 나타낸다.

  She said, "God bless my child!"
  =She **prayed that** God **might** bless her child.
  =She expressed her wish that God might bless her child.
  그녀는 하나님께서 자신의 아이를 축복해 주기를 기원했다.

  She said, "May king live long!"
  =She **prayed that** king **might** live long.
  그녀는 왕께서 장수하기를 기원했다.

② 피전달문이 중문으로서 등위접속사인 and와 but으로 연결되었을 때에는 각각의 접속사 뒤에 that을 연결시켜서 '~and that, ~but that'의 형태를 취하게 되지만 for와 명령문 뒤의 and(or)의 경우에는 that을 붙이지 않는다. 그리고 복문으로서 종속접속사인 because(as, since, if,…)으로 연결되었을 때에는 that을 붙이지 않는다.

  She said, "Sooji is pretty, and she is clever."
  =She said **that** Sooji is pretty, **and that** she is clever.
  그녀는 수지가 예쁘고 영리하다고 말했다.

  She said to me, "Work hard, or you will fail."
  =She told me **that I would fail if I didn't work hard**.
  그녀는 만약에 내가 열심히 공부하지 않는다면 실패할 거라고 말했다.

  She said, "I am very thirsty, for it is hot."
  =She said **that** she was very thirsty, **for** it was hot.
  그녀는 무더운 날씨로 인해서 매우 목마르다고 말했다.

③ 피전달문의 종류가 다를 경우에는 문의 종류에 따라 전달동사와 접속사를 달리해서 등위접속사 and로 연결시키면 된다.

> She said, "I like this book. Can I borrow it?"
> =She said **that** she liked that book **and** asked **if** she could borrow it.
> 그녀는 그 책을 좋아한다고 말하고 빌릴 수 있는지 어떤지를 물었다.
>
> She said to me, "Study hard. Are you tired?"
> =She told me **to study hard and asked me if I was tired**.
> 그녀는 내게 열심히 공부하라고 말하고 내가 피곤한지 어떤지를 물었다.

④ 피전달문이 가정법에 있어서 가정법과거(과거완료)는 동사의 시제를 그대로 쓰지만 가정법 현재는 동사의 시제가 변한다.

> She said, "If I **were** a bird, I **would fly** to you."
> =She said that If she **were** a bird, she **would fly** to me.
> 그녀는 만약에 자신이 새라면 내게 날아올 거라고 말했다.
>
> She said, "If I **had been** a bird, I **would have flown** to you."
> =She said that If she **had been** a bird, she **would have flown** to me.
> 그녀는 만약에 자신이 새였더라면 내게 날아올 수 있었다고 말했다.
>
> She said, "If it **be** fine tomorrow, I **will go** out."
> =She said that If it **were** fine the next day, she **would go** out.
> 그녀는 만약에 다음날 날씨가 좋다면 외출할 거라고 말했다.

⑤ 묘출화법이란 직접화법과 간접화법의 중간적인 성질을 띠고 있는

것으로서 소설 같은데서 작가가 좀 더 생생한 묘사를 위해서 사용하는데 인칭과 시제는 간접화법으로 쓰고 어순은 직접화법의 형태를 취한다.

She said to me, "**Will you tell me the truth?**" --- 직접화법
그녀는 "사실을 말씀해 주시겠습니까?" 라고 내게 말했다.]

=She asked me if I would tell her the truth. ---- 간접화법
그녀는 내가 자신에게 사실을 말해 줄 건지 어떤지를 물었다.

=She asked me **would I tell her the truth**. ----- 묘출화법
그녀는 내가 자신에게 사실을 말해 줄 건지 어떤지를 물었다.

11. 관사와 조동사

관사(官司, article)에는 부정(不定)관사「a, an」과 정(定)관사「the」가 있는데 일반적으로 부정관사는 처음 쓰게 되는 단수 보통명사 앞에 쓰게 되고, 정관사는 되풀이되는 모든 종류의 단·복수 명사 앞에 쓸 수 있다. 그 두 단어의 차이점을 먼저 살펴보기로 한다.

부정관사 (a, an)	정관사 (the)
특정한 것이 아닌 것을 나타낸다.	특정한 것을 나타낸다.
셀 수 있는 단수 보통명사에 붙인다.	모든 종류의 단·복수 명사에 붙인다.
해석하지 않을 때가 많지만, 특수한 경우에는 해석한다.	that의 변형으로 "그"라고 해석할 때가 많다.
new information	old information

Shall we go to buy **a book**?
(*말하는 사람이나 듣는 사람 모두 잘 모르는 새로 나온 임의의 어떤 책을 말하므로, 둘 모두에게 new information이다.)

Did you buy **the book**?
(*말하는 사람이나 듣는 사람 모두 어떤 책인지를 잘 알고 있는 특정한 책을 말하므로, 둘 모두에게 old information이다.)

(1) 부정관사「a, an」의 용법

부정관사의 해석에 있어서는 그것이 가지고 있는 의미가 여러 가지이기 때문에 사용된 문장의 전·후 문맥에 따라 알맞은 의미로 해석하여야 한다. 아래의 의미들은 부정관사의 여러 가지 의미들 중에서 많이 사용되고 있는 것들을 옮겨 놓았다. 특히 'an'은 발음상 모음 [a

→ æ, ə (악센트 없는 음절에서): *hat, america* / **i** or **y** → i : *sit, hymn* / **e** → e : *hen* / **o** → a, ɔ : *dog, hot* / **u** → ʌ : *cut* / **oo** → u : *book*] 으로 시작하는 단어들 앞에서 사용되고 'a'는 그 밖의 경우인 자음으로 시작하는 단어들 앞에서 사용된다.

● 하나(one): 많은 동종의 것 중 한 예를 가리킬 때 쓰이며 (직업을 뜻하는 명사 또는 사람이나 사물이 어떤 특정집단이나 부류의 일원임을 나타낼 때에는 보통 부정관사를 붙인다.), 보통 번역하지 않음(one of many), 그러나 부정부사와 함께 쓰이면 강조가 되어서 '단 하나의, 어떤 하나의, 하나뿐의'

I am **a** boy.
나는 소년입니다.

We will be back in **a** day or two.
우리는 하루나 이틀 후에 돌아올 겁니다.

You **can't** do two things at **a** time.
한 번에 두 가지 일은 못 한다.

● ~이라는 어떤 사람 (a certain one)

A Mr. Kim called you yesterday.
Mr. Kim이라는 어떤 분이 어제 당신에게 전화했었다.

● ~과 같은 사람 [물건] (one like ~)

He is **an** Edison. (=an inventor like Edison)
그는 에디슨과 같은 발명가입니다.

I want to be like **a** Thomas Stearns Eliot.
나는 엘리엇과 같은 시인이 되고 싶다.

- ~의 작품 (a work by ~)

It is **a** Picasso which I like.
그것은 내가 좋아하는 피카소의 작품입니다.

- 종족대표(어느 것이나, 모두, 전부) (=any, every)

A dog is more faithful than **a** cat.
=**The** dog is more faithful than **the** cat.
=**Dogs** are more faithful than **cats**.
개라는 동물은 고양이라는 동물보다 더 충직하다.

- 동일한 (the same)

Birds of **a** feather flock together.
유유상종(類類相從)

Tom and Marry are of **an** age.
톰과 메리는 동갑이다.

- 각, 매, 당, ~마다 (each, per)

I met her in school three times **a** week.
나는 일주일에 세 번씩 그녀를 학교에서 만난다.

Take the medicine three times **a** day.
이 약을 하루마다 세 번씩 복용하세요.

- 일종의 ~ (a kind of ~)

It was painted **a** bright yellow.
(일종의) 밝은 노랑으로 칠해져 있었다.

This is **a** good wine.
이것은 일종의 좋은 술이다.

- 약간의 ~ (some)

I have **a** knowledge of astronomy.
(전문가는 아니지만) 천문학에 관해 좀 알고 있다.

They were quarreling among themselves for **a** time.
그들은 얼마동안 자기들끼리 싸웠다.

(2) 정관사 「the」의 용법

정관사의 해석에 있어서는 그것이 가지고 있는 의미가 부정관사처럼 여러 가지가 있는 것이 아닌 단 하나의 의미를 가지고 있는데 '그(저)~'로 해석한다. 그리고 정관사의 일반적인 위치는 앞에 나온 명사(a, an+명사)를 다시금 받고자 할 때 그 명사(the+명사) 앞에 놓는 것 외에 아래의 경우들이 있다.

- 앞에 나온 명사(a, an+명사)를 다시금 받고자 할 때

Once there lived *a king*. **The king** had many children.
어느 옛날에 한 왕이 있었다. 그 왕은 많은 자녀를 두었다.

- 한정적인 수식어에 의해 꾸밈을 받는 명사 앞에(불가산 명사라 할지라도 관계형용사절 또는 전치사에 의해서 한정되는 경우)

*Death 죽음(일반적인 의미의 죽음)
***the** death of their son 그들의 아들의 죽음
(특정인에게 한정된 죽음)

*marriage 결혼(일반적인 의미의 결혼)
***the** marriage that had taken place that noon
그날 정오에 있었던 결혼식(특정인에게 한정된 결혼)

He is **the** Eliot *of Korea.*
그는 한국의 엘리엇과 같은 시인이다.

the Seoul *of the 19th century.*
19세기의 한국

Bring me **the** book *on the desk.*
책상위에 있는 그 책을 가져오시오.

This is **the** book *which I bought yesterday.*
이것은 내가 어제 구입한 책이다.

● 유일물이나 유일한 것으로 여겨지는 명사 앞에

the sun(moon, earth, world, universe, Bible, left, right, east, west, north, south, North pole, equator, air, sky, sea, ⋯.

● 문맥이나 주위환경을 통해서 알고 있는 명사 앞에

Would you mind opening **the window**?
창문을 열어도 괜찮겠습니까?
(창문을 열면 안 되겠습니까?)

Please, pass **the salt**.
소금 좀 건네주세요.

● 형용사의 최상급과 서수사 그리고 only
 (very, last, same, ….)앞에

He is **the richest** man in this town.
그는 이 마을에서 가장 부유한 사람입니다.

She is **the only girl** that knows it.
그녀가 그것을 알고 있는 유일한 소녀이다.

● 그밖에 기계(발명품, 악기명)와 신체의 일부 등에

~catch(hold, take, seize, grip, grasp)+
 someone+**by the hand**. =someone's hand
   ~의 손을 잡다

~strike(knock,beat,pat,hit,tap,touch,kiss)+
 someone+**by the head**. =someone's head
   ~의 머리를 때리다

~look(stare, gaze)+someone+**in the face**.
   ~의 얼굴을 바라보다 =someone's face

~pull+someone+**in the 신체부분**.
   ~의 신체부분을 잡아당기다 =someone's 신체부분

He plays **the piano** after school.
그는 방과 후에 피아노를 친다.

He invented **the radio**.
그가 라디오를 발명했다.

He **took** the girl **by the hand**.
= He took **the girl's** hand.
그는 그 소녀의 손을 잡았다.

특히 정관사 the는 단수보통명사 앞에 붙여서 대표단수(종족, 종류전체)와 추상명사화 될 때가 있고 또한 형용사 앞에 붙여서 복수보통명사(단수보통명사, 추상명사, 일부분의 명사)화 될 때도 있음을 주의하여야 한다.

<u>**The cow**</u> is a useful animal.(모든 소라는 동물)
Any kind of cow

She felt **the mother** rise in her heart.(모성애)
　　　　motherhood

The rich are not always happier than **the poor**.
(부자들 rich people),　　　(가난한 자들, poor people)

We must tell **the wrong** from **the right**.(그릇됨, 올바름)
wrongness (wrongdoing)　　righteousness

The judge told **the accused** to stand up.(피고)
　　　　　　an accused man

This is **the yellow** of an egg.(노른자위 부분)
　　　an yellow part

(3) 관사의 위치

관사는 일반적으로 '관사+부사+형용사+명사'의 어순을 가지고 있지만 다음과 같은 특별한 경우는 그 기본적인 어순이 바뀌게 되는데 암기하고 있어야 한다.

● 형용사+관사+명사

all the ~	all the student
both the ~	both the presents
half the ~	half the price
double the ~	double the money
many a ~	many a student
such+a(n)+형용사 ~	such a good book
what+a(n)+형용사 ~	what a fine day
*quite+a(n)+형용사 ~	quite a diligent man
*rather+a(n)+형용사 ~	rather a charming lady

(주의) quite, rather는 부사이다.

● 부사+형용사+관사+명사

so	so short a time
as	as fine a day
too+형용사+a(n)+명사	too small a bottle
how	how kind a boy
however	however kind a boy

(4) 관사의 생략

명사 앞에 붙인 관사가 때로는 생략되는 경우가 있는데 다음과 같은 한정된 경우에만 가능하다. 전통문법에서 물질명사 및 추상명사가 그 본래의 물질성과 추상성을 그대로 유지하고 있을 때는 관사를 붙이지 않는다. 그러나 그러한 명사들이 앞에 형용사에 의해서 한정이 될 때는 일반적이고 추상적인 개념에서 구체적이고 특수한 개별적 의미로 변하기 때문에 그 앞에 부정관사를 붙여서 보통명사화가 되는 경우가 있다. (단, 물질명사는 앞에 형용사가 한정을 시켜도 관사가 붙지 않는다.) *a deep knowledge, *fresh air *French wine *Brazilian coffee *a lot of wheat chocolate milk

- 호격과 자기가족을 말할 때

  Boys, be ambitious !
  소년들이여, 야망을 가져라!

- 식사(질병, 운동, 학문)의 이름들 앞에서

  I have **breakfast** at six every morning.
  나는 매일 아침 여섯시에 아침식사를 한다.

  She is suffering from **cancer**(**pneumonia, athlete, influenza, measles, appendicitis**).
  그녀는 암(폐렴, 무좀, 독감, 홍역, 맹장염)으로 고통을 받고 있다.

  Can you play **tennis**(chess, football, skating, skiing)?
  테니스 칠 줄 아시나요?

  I majored in **Linguistics**.
  나는 언어학을 전공했다.

- 계절(달, 요일)의 이름들 앞에서

  Christmas is on **Friday** this year.

올해에 크리스마스는 금요일이다.

Winter is gone and **spring** has come.
겨울이 가고 봄이 왔다.

● 관직과 신분의 명사가 인명 앞에서 칭호로 쓰일 때

King SeJong, 세종왕 **President** Lincoln, 링컨대통령
Professor Kim 김교수

● 관직과 신분의 명사가 인명 다음에 나오는 동격관계
 일 때

Victoria, **Queen** of England, made England prosperous.
영국의 여왕인 빅토리아는 영국을 번영으로 이끌었다.

● 관직과 신분의 명사가 보어로 쓰일 때(보어로 사용되는 직위 또는 유일한 직위 명사 앞에는 무관사이다. 단, 직위가 보어로 사용되지 않고 주어나 목적어 등으로 사용되는 경우에는 관사를 붙인다.)

He was appointed **principal** of our school.
그는 우리 학교의 교장으로 임명되었다.

We elected him **president**.
우리는 그를 대통령으로 선출했다.

***The chairman** was present in the party.
*We all liked **the president**.

● 명사가 문두로 도치된 양보 절에서

Child as he is, he knows much.
그는 아이지만 많은 것을 알고 있다.

- 명사의 어근만으로 쓰여서 본래의 목적과 활동을 나타낼 때(school, prison, bed, court, college, sea, town, breakfast, lunch, supper, dinner, chapel, class, vacation, work, tea, …)

We saw him after **church** last Sunday.
지난주에 우리는 예배를 드린 후에 그를 만났다.

(주의) The grocery store is next to **the church**.
그 식료품점은 교회(건물) 바로 옆에 위치해있다.

- 교통과 통신수단을 나타낼 때

by **bus**(car, train, taxi)   by **mail**(telephone, wireless)
버스(기차, 택시)로   우편(전화, 무선)으로

- 대조되는 두 개의 명사가 전치사(접속사)로 연결될 때

husband and **wife**, body and soul, man to man, arm in arm, father and son, day and night, young and old, side by side, from hand to mouth, step by step, face to face

- 한 사람이 가질 수 있는 자격명사 앞에서: as + 명사
  (~자격으로서)

He acted as **chairman**.
그는 의장으로 활동했다.

- 속성을 나타내는 명사 앞에서와 실물이 아닌 이름뿐인 명사 앞에

She was **mother** enough to observe it.
그녀는 그것을 관찰할 수 있을 만큼 어머니와 같은 사람이다.

● 고유명사에 준 하는 것들 앞에서

God, Heaven, Hell, Fate, Fortune, Nature

● 감탄문의 문두에 쓰인 명사 앞에서와 last(next, most) + 명사에서

Nice boy, isn't it !
멋진 소년이야, 그렇지 않니?

● 그밖에 관용적인 경우에

on business(purpose, duty) 사업차, 사업상
at hand(stake, dawn, daybreak, noon, night) 가까이
by mistake(nature, turns) 실수로
in haste(fact, town, part) 급하게, 서둘러, 허둥지둥
make room(haste) 자리를 내다
take cold(care of, hold of, part, place) 감기에 걸리다
without fail 실패 없이, 틀림없이, 반드시
off duty 비번으로, 근무시간외에

조동사(助動詞, auxiliary)는 문장 속에 있는 동사(main verb)를 도와주는 기능을 가지고 있는데 그 종류는 앞에서 이미 언급한바 있다. 즉 「(modal) (have+pp) (be+~ing) (be+pp)」에서 'modal, have, be'는 조동사이다. 여기서는 앞에서 설명한바 없는 법조동사 (modals)인 'can, may, must, will, shall / need, dare, used to'를 다루기로 한다. 물론 이들의 문장 속에서의 위치는 술부를 이끄는

본동사 바로 앞에 놓는 것이 원칙이지만 예를 들어 의문문 또는 도치 구문 등의 구문에서는 그 위치가 바뀔 수도 있다.

(1) Can(could)의 용법

일반적으로 능력(가능)·허락(허가)·금지·의혹(의문문에서)과 부정적 추정(부정문에서)·공손한 표현을 나타낼 때 주로 사용된다. 그밖에 관용적인 용법으로도 사용되는 몇몇 구문들이 있다.

Can you speak English? (=be able to) 능력
당신은 영어로 말 할 수 있나요?

Can I stay here? (=may) 허락
제가 여기 머물러도 될까요?
(여기에 머무를 수 있도록 허락해 주시겠습니까?)

He **can not be** rich. 추정(현재형)
=It is impossible that he is rich.
그는 부자일 리가 없다.

He **can not have been** rich. 추정(과거형)
=It is impossible that he was rich.
그는 부자였을 리가 없다.

Can he **be** rich? (과연 ~일까, 도대체 ~일까?) 의혹(현재형)
과연 그가 부자일까?

Can he **have been** rich? 의혹(과거형)
과연 그가 부자였을까?

Could I see you again? 공손한 표현

당신을 다시 뵐 수 있을까요?

*Cannot help~ing(=cannot but+ⓥ) ~하지 않을 수 없다
*Cannot-too~(=cannot - over~) 아무리~해도 지나치지 않다

(2) May(might)의 용법

 일반적으로 이 조동사는 허락·가능·의혹(의문문에서)과 긍정적 추정(긍정문에서)·공손한 표현에 사용되며 또한 목적과 양보부사절 및 기원문과 관용적인 용법이 있다.

May I go home? 제가 집에 가도 되겠습니까? 허락
— Yes, you **may**. 예, 가도 됩니다 (허락)
— No, you **must not**. 아니오, 절대로 안 돼. (강한 금지)
— No, you **can not**. 아니, 안 돼. (약한 금지)

Gather roses while you **may**. (=can) 가능
장미꽃은 딸 수 있는 동안에 많이 따시오.
(젊음은 두 번 다시 오지 않는다.)

He **may be** late. 추정(현재형)
=It is possible that he is late.
그가 늦을지도 모른다.

He **may have been** late. 추정(과거형)
=It is possible that he was late.
그가 늦었을지도 모른다.

How old **may** she be? (과연 ~일까, ~인지 몰라?) 의혹
과연 그녀가 얼마나 나이를 먹었을까?

He **might** be late. 공손한 표현
그가 좀 늦을지도 모릅니다.

He is working hard (**so**) **that** he **may** pass the examination.
시험에 합격하고자 열심히 공부하고 있다. 목적부사절(in order that)

Times **may** change but human nature stays the same.
(양보부사절)
세월은 변할지언정 사람의 본성은 변하지 않는다.

Long **may** he live! 그의 장수를 빈다. 기원문
May you succeed! 성공을 빕니다.
May you be happy! 행복을 빈다.
May Heaven protect thee! 하느님의 가호가 있으시기를.

*May well + ⓥ~ (= It is natural that ~ should ⓥ) ~은 당연하다
*May as well + ⓥ~ (= had better) ~하는 게 더 낫다
*May as well + ⓥ ~ as + ⓥ -(= had better ~ than -)
  ~하느니 차라리 ~하는 게 더 낫다

(3) Must(must, have to)의 용법

일반적으로 이 조동사는 의무·필요·필연·강한 추정·금지에 주로 사용된다. 관용적인 용법으로는 must needs + ⓥ(굳이~ 하고자 한다, ~임에 틀림없다, 꼭 하겠다고 고집 부리다)가 있다.

We **must** study as hard as we can. (= should) 의무
우리는 할 수 있는 한 열심히 공부해야만 합니다.

Must we go there? 우리가 꼭 그곳에 가야만하나요? 필요
— Yes, you **must**. 예, 가야만 합니다. 필요

— No, you **need not**.(＝you don't have to) 불필요
아니오, 그럴 필요가 없습니다.

He **must be** aware of this. 단정적 추정(현재형)
그가 이것을 알고 있음에 틀림없다.

He **must have been** aware of this. 단정적 추정(과거형)
그가 이것을 알고 있었음에 틀림없다.

All man **must** die. 필연
모든 인간은 반드시 죽기 마련이다.

(4) Will(would)의 용법

일반적으로 이 조동사는 미래시제(단순 미래와 의지미래)로서의 용법과 그밖에 주어의 고집(거절)·자연적인 습성(경향)·현재의 불규칙적인 습관·가능성(포용력)·추측(짐작)·소원 등으로 사용된다.

I **will** graduate in a few weeks. (＝be going to) 단순미래
나는 몇 주지나면 졸업하게 됩니다.

I **will** go if you go. (＝be willing to) 의지미래(speaker=I)
만약에 당신이 간다면 나도 기꺼이 가겠습니다.

Will you go there? 의지미래(listener=you)
당신은 그곳에 가기를 원하십니까?

She **will** have her own way in everything. 고집
그는 모든 일을 함에 있어서 그녀 방법대로만 하려고 한다.

The window **will not** open well. (＝refuge to) 거절

그 창문은 아무리 열려고 해도 잘 열리지 않는다.

Accidents will happen. 경향
사고는 생기는 법이다.

He will often sit up late at night. 불규칙인 현재의 습관
그는 밤늦게까지 깨어있 곤 한다.

This pail will hold five gallons of water. 가능성
이 들통은 5갤런의 물을 담을 수 있다.

Will the ice bear? 추측
이 얼음은 밟아도 안전할까.

Let him do what he **will**. (=want) 소원
그가 원하는 것을 하게 하시오.

그리고 「would」는 앞의 각각의 내용들을 과거의 시점에서 본 것으로 생각하면 되는데, 그밖에 소망(의도)과 공손한 표현 그리고 관용적인 표현으로 사용된다.

I was 20 years old and **would** be 21 next year. 미래시제
나는 20살이고 그리고 내년에는 21살이 된다.

He **would** be sixty years old when he died. 짐작
그가 죽었을 때 나이가 60살 쯤 되었을 것이다.

The window **would** not open well. 고집
그 창문은 아무리 열려고 해도 잘 열리지 않았다.

He **would often** sit for hours in the dark.

(불규칙적인 과거의 습관)
그는 어둠속에서 여러 시간동안 앉아 있곤 했다.

A man who **would** search for pearls must dive deeply. 소원
진주를 찾고 싶은 사람은 바다 깊숙이 들어가야 한다.

Would you do this for me? 공손한 표현
나를 위해서 이것을 해 주시겠습니까?

*Would rather(sooner)+ⓥ ~하는 편이 낫다
*Would(should, had) sooner+ⓥ~than+ⓥ -: 할 바에야 (차라리)~하겠다

(5) Shall(should)의 용법

일반적으로 이 조동사는 미래시제(단순 미래와 의지미래)로서의
용법과 그밖에 규칙(법령)과 예언(계율, 운명, 명령)으로 사용된다.

I **shall** do everything I can. 단순미래
할 수 있는 일은 무엇이든지 하겠다.

Shall I be in time for the train? 단순미래
열차 시간에 댈 수 있을까요.

Shall you be home tomorrow? 단순미래
내일은 댁에 계십니까?

You **shall** leave the room. 미래시제(speaker=I 의지)
=I want you to leave the room.
나는 당신이 그 방에서 떠나기를 원합니다.

Shall the girl wait here? 미래시제(listener=you 의지)
=Do you want the girl to wait here?

당신은 그 소녀가 여기에서 기다리기를 원하십니까?

The fine **shall** not exceed $400. 법령
벌금은 4백 달러를 넘지 않는 것으로 한다.

Blessed are the pure in heart; for they **shall** see God. 예언
마음이 청결한 자는 복이 있나니 저희가 하나님을 볼 것임이요.

All men **shall** die someday. 운명
모든 사람은 언젠가 죽기 마련이다.

Thou shalt(**shall**) not steal. 명령
도둑질하지 마라.

그리고 「should」는 앞의 각각의 내용들을 과거의 시점에서 본 것으로 생각하면 되는데, 그러나 오늘날 should의 용법은 shall의 과거형으로서보다는 must나 ought to와 같은 독립된 조동사로서의 특별용법으로 더 많이 사용되고 있다. 즉 「의무(당연)·공손한 표현(망설임)·과거에 이루지 못한 사실에 대한 유감(should have+pp)/「It is+형용사(이성 및 감정적 판단)+that~should」형식/「주어+타동사(제안, 주장, 의향, 요구, 명령, 결정)+that~should」형식/목적부사절(~lest+주어+should-)/뜻밖의 놀람과 의외성(의문사+should+주어~?)」 등으로 사용된다.

Children **should** be taught to speak the truth.(=ought to) 의무
아이들에게 진실을 말하도록 가르쳐야 한다.

We **should have been** more careful.
우리가 좀 더 조신했어야 했는데 (그리 못한 것이 유감스럽다.)
*과거에 이루지 못한 것에 대한 유감 (~했어야 했는데 안 했다)

It is <u>natural</u> that he **should** say so. (해석안함)

*당위성과 필요(justice and necessity)의 단어들이 쓰이면 should는 해석하지 않고 생략해도 되고 그냥 써도 된다.

It is strange that **should** say so. (~하다니)

*감정적 판단(emotional judgement)의 단어들이 쓰이면 should는 '~하다니'라고 해석하고 생략하지 않는다.

He insisted that we **should** be present. (~해야 한다)

*타동사가 제안(요구, 명령, 주장, 결정, 희망; *동사:advise, ask, demand, desire, direct, order, propose, recommend, require, suggest, urge…,*명사:advice, proposal, request, recommendation, suggestion, direction…,*형용사:anxious, desirous, necessary, essential, imperative, …)의 뜻을 가지고 있으면 should는 해석하지 않고 생략한다.

He worked hard **lest** he **should** fail. 목적부사절(~하지 않도록)
그는 실패하지 않기 위해서 열심히 일했다.

Why in the world **should** I do so? (도대체~하는가?)
도대체 왜 내가 그렇게 해야 하는가?

(6) **Need/Dare**의 용법

Need와 Dare는 조동사와 본동사라는 두 가지의 용법으로 동시에 사용될 수 있는 것들로서 부정문과 의문문에서는 조동사로서 사용되고 그 밖의 문장에서는 본동사로서 사용되는 경우가 많다.

She **needs** a new suit. 본동사

그녀는 새 옷이 필요하다.

She **needs** to speak more slowly.(＝must) 본동사
그녀는 좀 더 천천히 말해야 한다.

She **need** not come. 조동사(부정문)
그녀는 올 필요가 없다.

Need she go at once? 조동사(의문문)
그녀가 즉시 갈 필요가 잇겠는가?

He **dared** to doubt my sincerity. 본동사
무례하게도 그는 나의 성실을 의심했다.

He **daren't** tell me. 조동사(부정문)
그는 내게 말할 용기가 없다.

Dare he do it? 조동사(의문문)
감히 할 수 있을까.

He **dared** me to a fight.(＝challenge) 본동사
덤빌 테면 덤비라고 그는 나에게 도전했다.

*Need not have＋pp ~할 필요가 없었는데 했다
*Did not need to ＋ⓥ ~할 필요가 없었다(＝did not have to)
*I dare say (that)＋clause. 아마~일 것이다. (＝Maybe)

12. 특수 구문

 지금까지는 문장의 기본적인 구조인 「주부+(조동사)+본동사+~보어/목적어/(수식어구)」를 중심으로 사용되는 요소들의 상호간의 어울림에 대해서 설명하였다면, 이후부터는 기본적인 구조가 여러 가지 이유들로 인해서 변화가 일어난다. 문장의 기본적인 순서인 어순(語順, word order)이 바뀌거나(倒置, inversion), 문장 속에 있어야 될 요소들이 생략되거나(省略, ellipsis), 문장 이외의 어구를 넣어서 특정요소를 강조(强調, emphasis)하거나, 문장이외의 어구를 삽입(挿入, parenthesis)하여 부가설명을 하거나, 문장이외의 어구를 넣어서 특정요소와 동격(同格, apposition)관계를 이루어 부가설명하거나, 그리고 문장 속에 사용된 요소들이 서로 반복될 때 공통관계(common relation)로 묶어서 문장을 간결하게 하는 작업을 통해서 기본적인 문장의 구조가 경우에 따라서 전혀 다른 틀(구조, 어순)을 갖게 될 때가 있다.

> * plus (+) → 강조, 삽입, 동격
> * minus (−) → 생략, 공통관계
> * upside down (∽) → 도치

(1) 도 치 (inversion)

 영어문장에 있어서 기본적인 어순은 「주어+(조동사)+동사~보어/목적어/수식어구」의 구조를 갖는 것이 일반적이다. 그러나 여러 가지의 이유로 어순이 바뀌는 경우가 발생하는데, 문미에 쓰이게 되는 요소들인 '보어·목적어·수식어구'들이 문장의 문두에 나가게 되는 경우이다.

● 문법(구문)상의 필요성에 의해서 ─ 의문문, 기원문, 감탄문,

12. 특수 구문

명령형 양보구문, 가정법에서 접속사 if가 생략된 경우.
- 어법상의 관습에 의해서 — 속담.
- 문장의 균형을 위해서.
- 어떤 특정의 문장요소(보어, 목적어, 수식어구)를 강조하기.

강조를 위한 도치에 있어서, 「① 부정어구(never, little, no, not), ②목적어나 보어(일반형용사, 분사형), ③ 부사(부사구·부사절)」들이 문두로 나갈 때 '주어+(조동사)+본동사'가 그 뒤로 밀려나게 되는 동시에 어순이 '조동사(Be동사)+주어 또는 Do(Does, Did)+주어+본동사'로 바뀌게 된다.[45]

①의 경우들:

Never shall I forget the sight.
그 광경을 결코 잊지 못할 겁니다.

Never before had she looked so charming.
그녀가 예전에 그렇게 매력적으로 보인 적이 없었다.

Hardly had I reached the station **when** the train left.
내가 역에 도착하자마자 기차가 떠나버렸다.

Not only does she read English, **but also** she writes it well.
그녀는 영어를 읽는 것뿐만 아니라 쓰기도 잘한다.

---

45) (참고) ①부정의 의미를 가진 never, little, not 등이 문두로 나갈 때, ② enough, too, so가 포함된 형용사(구) 또는 부사(구)가 문두로 갈 때, ③일반부사(구, 절)가 문두로 나갈 때, ④긴 부사구가 문두로 나갈 때, ⑤방향과 장소와 시간을 나타내는 부사가 문두로 나갈 때, ⑥강조를 위해서 부사나 보어나 목적어를 문두로 나갈 때, ⑦양보와 원인 부사절에서 보어가 문두로 나갈 때, -- 주어와 동사가 도치 된다.

Not until he was a grown-up was he able to begin it.
그는 어른이 되어서야 비로소 그것을 시작할 수 있었다.

Not till then did he realize the danger of the situation.
그때서야 비로소 그는 사태의 위험성을 깨달았다.

Not a word did she say all day long.
그녀는 하루 종일 단 한마디도 말하지 않았다.

No aid did she receive in her difficulties.
그녀는 어려운 상황에서 어떠한 도움도 받지 않았다.

No sooner had I left home than it began to rain.
=I had no sooner left home than it began to rain.
집을 나서자마자 비가 오기 시작했다.

Little did they realize they would never meet again.
그들은 다시 만나지 못하리라는 걸 전혀 깨닫지 못했다.

Seldom can there have been such a happy meeting.
그렇게 즐거운 회동은 없었다.

Not for many years was the true story known.
그 진실은 오랜 동안 알려지지 않았다.

In no way could I help her with her English grammar question.
영어문법에 대해 그녀에게 내가 도울 수 있는 건 결코 없다.

No less impressive than the invention of the laser was the development of the wheel.

바퀴의 개발은 레이저 광선에 버금간다.

②의 경우들:

Many people did I meet there.
나는 그곳에서 많은 사람들을 만났다.

This book I am going to read.
나는 이 책을 읽으려한다.

(주의) 목적어가 문두로 나가도 주어와 동사가 도치가 안 되는 경우도 있다.

Too much sugar did they eat.
그들은 너무 많은 설탕을 먹었다.

The past one can know, but **the future** one can only feel.
사람이 과거는 알 수 있지만 미래는 단지 느낄 뿐이다.

Blessed are the pure in heart; for they shall see God.
마음이 청결한 자는 복이 있나니 저희가 하나님을 볼 것임이요.

So difficult was the problem that she couldn't solve it.
그 문제는 너무 어려워서 그녀는 풀 수가 없었다.

Such was her joy that she shed tears.
그녀의 기쁨으로 눈물을 흘렸다.

Happy is a man who contents himself with his lot.
자신의 운명에 대해서 스스로 만족하는 자가 행복하다.

So self-conscious was she, **that** she thought they

despised her.
그녀는 매우 자의식이 강해서, 그녀는 그들이 자기를 무시한
다고 생각했다.

*Rich She has been and **rich** she will be.
그녀는 지금까지도 부자로 살아왔고, 그리고 앞으로도 부자일 것이다.

(주의) 보어가 문두로 나가도 주어와 동사가
도치가 안 되는 경우도 있다(=보어+주어+동사)

③의 경우들:

Well do I remember the night.
(부사가 부정의 의미가 아닌 경우)
나는 그날 밤을 잘 기억하고 있다.

Quietly he continued to stroll.
그는 말없이(조용히) 계속해서 어슬렁거렸다.

(주의) 부사가 문두로 나가도 주어와 동사가
도치가 안 되는 경우도 있지만, 비교적 드물다.

In vain did she try to persuade me.
그녀가 나를 설득하려 애썼지만 허사였다.

Only when you master this one, can you understand
the next.
당신이 이것을 끝냈을 경우에 한해서 다음 것을 이해할 수 있다.

Only later did they learn her dire secret.
얼마 지난 뒤에야 그들은 그녀의 끔찍한 비밀을 알았다.

Down he fell. (부사+대명사+동사)
그가 땅바닥에 넘어졌다.

Down fell the man. (부사+동사+명사)
그 남자가 땅바닥에 넘어졌다.

Outside the door stood she soaked to the skin.
문밖에서 그녀는 흠뻑 젖은 상태로 서 있었다.

다음으로 문장의 균형(묵직하고 지루한 어구는 문미로 놓는다는 원리에 입각해서)을 위해서 사용된 도치의 경우에는 기본적인 문장구조의 틀을 벗어나기도 하는데, 예를 들어서 5형식에서 목적어가 목적보어보다 너무 길면 짧은 목적보어를 앞으로 옮기고 긴 목적어를 뒤로 뺄 수도 있다는 것이다.

We call **dangerous** those whose minds are constituted differently from ours, and **immoral** those who do not accept our own morality.
(=We call those whose minds are constituted differently from ours dangerous, and we call those who do not accept our own morality immoral.)
우리는 우리와 다른 마음을 가지고 있는 사람들을 위험하다고 생각하고, 그리고 우리의 도덕성을 받아들이지 않는 사람들을 비도덕적이라고 생각한다.

In the gap were the footprints of the sheep.
양들의 발자국이 계곡에 찍혀있었다.

At the far end of a kaleidoscope are two plates.
만화경의 맨 끝에 두 개의 판유리가 있다.

The time came **when I met her in the park**.
내가 그녀를 공원에서 만나야할 시간이 드디어 다가왔다.

When **the news** came **that his brother was dying**, his parents set off at once for Seoul.
그의 형이 죽어가고 있다는 소식을 들은 후 그의 부모는 즉시 서울로 출발했다.

It is occurred to me **that he might be seriously ill**.
그가 어쩌면 매우 아플지도 모른다는 생각이 갑자기 떠올랐다.

그밖에 중요한 도치구문들이 많지만 자주 사용되고 있는 구문 몇 가지만 정리해 보기로 한다.

① There(Here) + be(or 일반vi) + 명사

There is a man at the door.
현관에 한 남자가 있다.

Here comes the train.
기차가 다가오고 있다.

There may come a time when we shall meet again.
우리가 다시 만날 시간이 있을 겁니다.

There remains nothing more to be desired.
더 이상 바랄 것이 없다.

② 가정법에서 접속사 if가 생략 될 경우

If I have been you, I would have done so.

→**Have I** been you, I would have done so.
만약 내가 당신이었더라면 그렇게 했을 텐데.

③ 점층비교 구문인 「The＋비교급 ~, the＋비교급 ~」에서

The higher we go up, **the colder** does it become.
우리가 높이 올라가면 갈수록 공기가 더욱 차가워졌다.

The more one learns, **the easier** do things become.
사람은 많이 배우면 배울수록 모든 일들이 더욱 쉬워진다.

The more learned a man is, **the more modest** he is.
사람은 배우면 배울수록 더욱 겸손해진다.

④ 유사(의사) 관계대명사 'as와 than' 뒤의 문장에서 주어＋동사'의 어순으로 끝나게 될 때.

Liberals tend to favor more immediate social change **than do conservatives**.
보수주의자들보다 자유주의자들이 당면한 사회적 변화들에 대해서 더욱 호의적이다.

The man, **as had Kim**, had told me to go home.
 →The man, **as Kim had told**, had told me to go home.
 →The man, **as Kim had**, had told me to go home.
    (as＋S＋V → as＋V＋S)
 →The man, **as had Kim**, had told me to go home.
   Kim이 나에게 말했던 것처럼 그 남자도 나에게 집으로 가라고 했다.

⑤ 양보 또는 원인 부사절에서 보어가 문두로 나갈 때.

Young as she is, she is very rich.
=Though she is young, she is very rich.

⑥ so 또는 nor를 사용한 도치 구문.

They study English hard. 그들은 영어공부를 열심히 한다.
I study English hard, too. 그 나 또한 그렇다.
=So do I

They don't study English hard. 그들은 영어공부를 열심히 안한다.
I don't study English hard, either. 나 또한 안한다.
=Nor do I

I don't smoke, (and) neither do I drink.
나는 담배도 피우지 않으며 술도 먹을 줄 모릅니다.

I don't smoke, (and) I don't drink, either.
　　　　　　　　　　(=Nor do I)
=I neither smoke nor drink.
나는 담배도 피우지 않으며 술도 먹을 줄 모릅니다.

*He seems to be an honest man. － So he is. (=yes)
　그는 정직한 분 같군.　　　　　－ 물론, 그렇다.
*He seems to be an honest man. － So is he. (=also)
　그는 정직한 분 같군.　　　　　－ 그 또한 그렇다.

*My answer is correct, and so is hers. (=her answer)
*My answer isn't correct, and neither is hers. (=her answer)
*I met her, and so did he.
*I didn't meet her, and neither did he.

⑥ 인용문으로 시작할 때, enough(too, so)가 포함된 형용사(구)와

부사(구)가 문두로 나갈 때, 비교 표현이 문두로 나갈 때.

"What are you looking for here?" said the man.
"여기서 무엇을 찾고 있니?" 하고 그 사람은 말했다.

Too quickly did he run for me to catch up with him.
그가 너무 빨리 달려서 그를 따라 잡을 수가 없었다.

So fine was it that we could get out to play with them.
날씨가 너무 화창해서 우리는 그들과 놀기 위해서 밖으로 나갔다.

Most astonishing of all was the recovery of the patient.
무엇보다도 놀랄만한 것은 그 환자의 회복이었다.

(2) **강 조** (emphasis)

문장 가운데 어떤 특정의 단어 또는 구와 절을 강조하기 위해서 사용되는 문법적인 표현방식을 말하는데 다음과 같은 방법들을 사용한다.

- 도치(inversion)를 통해서.
- 강조어구(intensifier)를 사용하여.
- 강조의 조동사 do(does, did)를 사용하여.
- 강조구문(It is ~ that+clause)을 사용하여.
- 같은 단어의 반복(repetition)을 사용하여.

첫째로 강조어구를 사용하는 경우는 재귀대명사를 사용하는 경우와 강조의 뜻을 가지고 있는 부사 또는 부사구(very, highly, dreadfully, awfully, too, tremendously, terribly, exceedingly, extremely,~)를 사용하는 경우가 있다.

She did the work **herself**. (주어강조)
=She **herself** did the work.
그녀 스스로 그 일을 했다.

His explanation is simplicity **itself**. (보어강조)
그의 설명은 매우 간단했다.

You had better talk to the manager **himself**. (목적어강조)
너는 바로 그 지배인과 이야기하는 편이 더 좋다.

They are **very** happy. (형용사강조)
그들은 매우 행복하다.

We were **terribly** lucky to find you here. (형용사강조)
우리는 당신을 여기서 찾게 되어 매우 다행이라고 생각한다.

He is the **very** man for the job. (명사강조)
그가 바로 그 일에 적임자이다.

둘째로 강조의 조동사 do(does, did)를 사용하는 경우는 원래의 문장 속의 동사의 시제에 일치시켜서 그 동사 앞에 놓고 본동사는 원형동사로 바꾸어 놓는다.

I **do** hope that you will succeed.
나는 당신이 성공하기를 정말로 바란다.

He always **did** say so.
그는 항상 꼭 그렇게 말했다.

Do come and see me!

꼭 나를 보러 오시오.

*He **cried** after me to return. (동사)
= He **gave a cry** after me to return. (강조: 타동사+명사)
그는 뒤에서 나에게 돌아오라고 외쳤다.

(주의) mistake=make a mistake, answer=make an answer
look=have a look, walk=take a walk, drink=have a
drink, pride=take a pride, wash=have a wash, dream
=have a dream, push=give a push, kick=give a kick

셋째로 접속사를 이용해서 강조하고자하는 어구를 반복(repetition)해서 한 번 더 쓴다.

I waited for her **hours and hours**.
나는 여러 시간동안 그녀를 기다렸다.

Up the hill she **ran and ran**.
그녀는 언덕위로 계속해서 달렸다.

She read the letter **again and again**.
그녀는 그 편지를 계속해서 반복하여 읽었다.

넷째로 강조 구문(It is ~ that+clause)을 사용할 경우에는 강조하고자하는 단어(구, 절)를 It is(was)와 that 사이에 놓는다. 단 이 구문으로는 동사를 강조할 수 없다.

          I met her in the park yesterday.

It was I **that(who) met her in the park yesterday**.
어제 공원에서 그녀를 만난 사람은 바로 나였다.

It was her **that(whom)** met in the park yesterday.
어제 공원에서 나를 만난 사람은 그녀였다.

It was in the park **that(where)** I met her yesterday.
어제 내가 그녀를 만난 곳은 바로 공원에서였다.

It was yesterday **that(when)** I met her in the park.
내가 공원에서 그녀를 만난 시간은 바로 어제였다.

다섯째로 비교급과 최상급을 강조하기 위해서 'much, still, even, far, a lot(훨씬)' 등을 사용하거나, 최상급과 all, every를 강조하기 위해서 'possible, imaginable' 등을 사용한다.

He is **much** taller than she.
그는 그녀보다 훨씬 크다.

He is **much** the best student in the class.
그는 반에서 가장 우수한 학생이다.

We must try to get all the assistance **possible**.
우리는 가능한 모든 도움을 얻도록 애써야 한다.

(3) 생 략 (ellipsis)

영어에서 어구(word or phrase)의 생략이 이루어지는 경우는 글(문장)의 전후관계로 보아서 없어도 알 수 있는 것들에 한해서 가능하다.

- 구문상의 생략이 있고.
- 문장 앞에서 나온 어구의 반복을 피하기 위해서.

12. 특수 구문

● **관용(관습)적으로 생략하는 경우.**

첫째로 구문상의 생략은 ①감탄문에서 '주어+be'가 생략되는 경우, ②타동사의 목적어로 받는 that-명사절에서 'that'가 생략되는 경우, ③두 문장의 주어가 같을 때 부사절의 '주어+be'가 생략되는 경우, ④비교 구문 as와 than뒤에서 생략되는 경우, ⑤'주격 관계대명사+be'가 생략되는 경우, ⑥대부정사의 경우, ⑦분사구문의 동사가 'being, having been'일 때 생략되는 경우, ⑧최상급 형용사 뒤의 대명사 one이 생략되는 경우, ⑨'there+be'형식의 문장일 때 앞뒤의 관계대명사가 생략되는 경우, ⑩타동사 또는 전치사의 목적격 관계 대명사가 생략되는 경우, ⑪자동사의 보어인 관계대명사 등이 있다.

What a beautiful girl **(she is)**!①
=How beautiful **(she is)**!
그녀는 얼마나 아름다운 소녀인지!

We think **(that)** she is beautiful.②
우리는 그녀가 아름답다고 생각한다.

*I am certain (of) that he saw me.
*I am surprised (at) that he has gone away.
*I am not sure (of) whether he will come.
*I am not certain (of) who she is. (의문사=명사절)
*I am surprised **at** what he did next. (의문사=명사절)

They told me **(that)** she was beautiful.②
그들은 내게 그녀가 아름답다고 말했다.

When **(he was)** young, he was very diligent.③
그는 젊었을 때 매우 부지런했다.

Although **(she was)** tired, she did not want to leave.③
그녀는 피곤했지만 떠나기를 원치 않았다.

It occurs seldom, if **(it)** ever **(occurs)**.③
설령 그러한 일이 있다 해도 흔한 일은 아니다.

She was more shy than **(she was)** unsociable.④
그는 비사교적이라기보다 수줍은 편이다.

He was more shy than **(he was)** unsociable.④
그는 비사교적이기보다는 부끄러움을 많이 탄다.

He studies harder than she **(does)**.④
그는 그녀보다도 더욱 열심히 공부한다.

The next war will be more cruel than **(it)** can be imagined.④46)
다음 전쟁은 상상하는 것 이상으로 더욱 잔인해질 것이다.

---

46) The boy moves as slowly as a turtle (**moves**).
그 소년은 거북이만큼 느리다.
His eyes shone as brightly as stars (**shine**).
그의 눈이 별처럼 빛났다.
Things could get worse (**than they are now**).
사태는 더 악화될 수 있었다.
I do not like to walk much further (**than this**).
더 이상 걷고 싶지 않다.
He is the best teacher (**of all the teachers that**) I know.
그는 내가 알기론 가장 훌륭한 선생님이다.
That is the worst thing (**of all the things**) that could have occurred.
발생할 수 있는 최악의 사태다.
That star is the brightest (**star**).
저 별이 제일 밝다.

The goods **(which was)** ordered from America hasn't arrived.⑤
미국으로부터 주문받은 물건들이 아직 도착하지 않았다.

You may go out if you want to **(go out)**.⑥
당신이 (외출하기를) 원한다면 외출해도 좋다.

(Having been) Written in haste, the book has some mistakes.⑦
급하게 쓰여 졌기 때문에, 그 책은 몇몇 실책을 가지고 있다.

(Being) Left alone, the girl began to weep.⑦
혼자 남겨지게 되자 그 소녀는 울기 시작했다.

Mercury is the smallest planet in the solar system and the closest **(one)** to the sun.⑧
수성은 태양계에서 가장 작은 행성이고 그리고 태양에서 가장 가까운 곳에 있는 행성이다.

There is a Mr. Lee at the door **(who)** wants to see you.⑨
현관문에 당신을 만나고 싶어 하는 Mr. Lee라는 어떤 분이 있습니다.

She is one of the greatest poets **(who)** there are in the world.⑨
그녀는 이 세상에 살아있는 가장 위대한 시인들 중의 한 명이다.

The lawyer **(whom)** I consulted gave me some useful advice.⑩
내가 상담한 그 변호사가 내게 몇몇 유용한 조언을 해 주었다.

This is the boy **(whom)** we are looking for.⑩
이 소년이 우리가 찾고 있는 바로 그 소년이다.

He is not the man (**that**) he was when you know him first.⑪
당신이 그를 처음 보았을 때의 그가 아니다.

She is not the idle girl (**that**) she was.⑪
그녀는 예전처럼 게으른 여자가 아니다.

둘째로 앞에서 나온 어구가 뒤에서 반복(공통어구)하게 될 경우에 생략하는 경우와 관용(관습)적으로 생략 — 일상의 대화, 전보문, 속담, 게시문, 일기문, 표어, 광고, 등등 — 하는 경우가 있다.

To some life is pleasure ; to others (**life is**) suffering.
어떤 사람들에게 있어서 삶이란 즐거움이지만 다른 사람들에
있어서는 고통이다.

The sun shines in the daytime, and the moon (**shines**) at night.
낮에는 태양이 밝게 비추고 밤에는 달이 밝게 비춘다.

Will he come ? — I think (**that he will**) not (**come**).
그가 올까요? - 나는 그가 오지 않을 거라고 생각한다.

He seems to be happy as he used to be (**happy**).
그는 예전에 그랬던 것처럼 지금도 행복해 보인다.

She is not so diligent as he (**is diligent**). (비교구문)
그녀는 그처럼 부지런하지 못하다.

Tom studies harder than they (**do**). (비교구문)
톰은 그들보다도 더욱 열심히 공부한다.

Prosperity is a great teacher; adversity is a greater **(teacher)**.
번영은 위대한 스승이다. 역경은 보다 위대한 스승이다.

Many **(students)** of the students had seen me.
학생들 중에 나를 본 사람이 많았다.

(I) Thank you. 고맙습니다.

(I) Get up at six as usual. 평소처럼 아침 여섯시에 일어나다.

(If a man is) Out of sight, **(he will go)** out of mind.
눈에서 멀어지면 마음에서도 멀어지기 마련이다.

(This is) Not for sale. 비매품

No parking **(is allowed here)**. 주차금지

She is now staying at my uncle's **(house)**.
그녀는 지금 나의 아저씨 댁에서 머무르고 있다.

(4) 삽 입 (parenthesis, insertion)

본 문장과의 독립된 요소로서 '단어와 구 또는 절'을 글 중간에 넣는 것을 삽입이라고 하는데, 이러한 삽입어구들은 대개 앞뒤에 구두점인 콤마와 대시 또는 괄호를 통해 구분시켜서 본 문장에 대해 단지 설명 또는 주석을 하게 되는 경우이다. 특히 관계대명사와 의문사 뒤에 삽입할 경우는 구두점의 표시가 없는 특징이 있다.

● 단어(word)의 삽입: indeed, however, naturally, therefore,

12. 특수 구문

nevertheless
- 구 (phrase)의 삽입: after all, to be sure, to be precise, so to speak, to begin with, 분사구문
- 절 (clause)의 삽입: 주절, 형용사절, 부사절, 독립절

관용적인 삽입어구(if ever, if any): if ever는 seldom / rarely 등과 함께 '극히 드물게,~해도 좀처럼-않다'로 해석하고 동사와 함께 쓰이는 경우가 많다. 그리고 if any는 few / little 등과 함께 '설사 있다 해도~거의 않다'로 해석하고 명사와 함께 쓰이는 경우가 많다.

He was, **indeed**, a good friend.
그는 정말로 좋은 친구이다.

She, **nevertheless**, decided to try it again.
그럼에도 불구하고, 그녀는 그것을 다시 하기로 결심했다.

I cannot, **however**, approve of your opinion.
그렇지만, 나는 너의 의견에 찬성할 수 없다.

I am, **to be precise**, thirty years and seven months old.
정확히 말하자면, 나의 나이는 30살하고 7개월이다.
→부정사의 부사적 용법(조건: ~정확히 말하자면)

The answer, **strictly speaking**, is not correct.
엄격히 말해서, 그 대답은 정확하지 않다.
→분사 구문(조건: ~엄격하게 말하자면)

His mother, **it seems**, is over fifty.
그의 어머니께서는 70이 넘으신 것처럼 보인다.
→주절삽입(=It seems that his mother is over fifty.)

I met a man who **I thought** was a gentleman.
신사로 생각되는 한 남자를 만났다.
→주절 삽입(관계대명사 주격 뒤에서)

What **do you think** the writer is like?
네가 생각하기에 그 작가는 어떤 사람인가?
→주절 삽입(의문사 뒤에서)

The boy, **who is diligent**, will succeed.
부지런한 그 소년은 성공할 것이다.
→형용사절 삽입(관계대명사의 계속적 용법)

She is, **as I told you before**, a cold-hearted girl.
전에 내가 네게 말했던 것처럼, 그녀는 냉정한 소녀이다.
→부사절 삽입(양태: ~했듯이, ~한 것처럼)

She was dishonest and, **what was worse**, unkind.
그녀는 정직하지 못한데, 더욱 나쁜 것은 불친절하다.
→명사절 삽입(~더욱 나쁜 것은)

There are *few* books, **if any**.
책이 있다손 치더라도 책이 거의 없다.

Correct errors, if any. 틀린 데가 있으면 고쳐라.

My father rarely, if ever smokes.
아버지는 담배를 피운다 해도 아주 드물게 피운다.

He *seldom*, **if ever**, goes out.
그는 설사 외출한다하더라도 좀처럼 외출하지 않는다.

(5) 동 격 (apposition)

한 문장 속에 있는 어떤 (대)명사 또는 문장전체 뒤에 다른 명사 또는 명사 상당 어구 ─명사, 대명사, 명사절, 부정사, 동명사─ 을 대등한 입장으로 나란히 놓아서 앞의 (대)명사를 설명이나 서술로서 보충하는 관계를 말한다.

- (추상)명사 + 명사절
- (추상)명사 + to부정사
- (추상)명사 + 의문사 + to부정사
- (추상)명사 + of + 동명사
- 명사 + 명사
- 문장전체 + 명사
- a(an) + 명사 + a(an) + 명사

I have an idea **that he will come today**.
나는 오늘 그가 올 거라는 생각이 든다.
→선행사인 명사와 동격인 명사절

He has but one aim in life, **to succeed**.
그는 성공하겠다는 단 하나의 인생 목표를 가지고 있다.
→선행시인 명사 동격관계(부정사의 명사적 용법)

He has three ambitions: **to live in peace, to have a few good friends, and to finish his life-work successfully**.
그는 세 가지의 야망을 가지고 있다. 즉, 평화롭게 사는 것, 좋은 친구 몇 명을 얻는 것, 그리고 자신의 일생의 작업을 성공적으로 끝내는 것이다. →선행시인 명사 동격관계(부정사의 명사적 용법)

I have a wish **to go abroad**.
나는 해외로 나가고자하는 소망을 가지고 있다.

→선행시인 명사 동격관계(부정사의 형용사적 용법)

They discussed the question **how to live**.
그들은 어떻게 사느냐에 대한 문제에 대해서 토론했다.
→의문사+to do(부정사의 명사적 용법)

He studied law with the idea *of* **becoming a lawyer**.
그는 변호사가 되겠다는 생각으로 법을 공부했다.
→of +doing(동명사의 명사적 용법)

We, **men and women**, must know ourselves.
남자나 여자들 모두가 먼저 자기 자신에 대해서 알아야한다.
→명사, 명사+명사

Her voice was ever soft, gentle, and low, **an excellent thing in woman**.
그녀의 목소리는 부드럽고, 조용하고, 저음이라는 특성을 가지고 있다.
이러한 특성은 여자로서 훌륭한 장점이다. →문장전체, 명사

She is **an angel of a girl**.
= She was *an angelic* girl.
그녀는 천사 같은 소녀이다.

He prefers outdoor activities — **fishing and hunting**.
그는 외부활동을 더 좋아한다. →dash를 통한 동격

He killed his prisoner — **a barbarous act**.
그는 데리고 있던 죄수를 살해했다.
그것은 아주 잔인한 행동이다. →dash를 통한 동격

*On the street I met Mr. Kim, **an old friend of mine**.
나는 거리에서 (나의) 오랜 친구인 Mr. Kim을 만났다.

→이중소유격을 통한 동격

(6) 공통관계 (common relation)

한 문장 안에서 한 어구(word or phrase)가 여러 번 반복해서 쓰이게 될 경우, 이들 어구를 여러 번 반복해서 쓰지 않고 문법적인 관계를 고려해서 공통관계로 묶어버리는 것을 말한다. 일반적인 공통관계의 형태는 「x(a+b+c+~) / (a+b+c+~)x」이다.

He writes novels and writes poems.
=He writes novels and poems. → *x(a+b)*
그는 소설과 시를 쓴다.

He reads novels and writes novels.
=He reads and writes stories. → *(a+b)x*
그는 소설을 읽기도하고 쓰기도 한다.

- S + (V + V) / (S + S) + V.

He worked hard but (he) failed again.
그는 열심히 일했지만 다시 실패했다.

You (are to blame) or I **am** to blame.
너와 나는 비난받아 마땅하다.

- Aux + (V + V) / (Aux + Aux) + V.

We **can** see, (can) hear and (can) speak.
우리는 볼 수 있고, 들을 수 있고, 그리고 말할 수 있다.

I must (do my best) and will **do** my best.

나는 최선을 다해야하고 그리고 최선을 다할 것이다.

- **Vt + (O + O) / (Vt + Vt) + O.**

You should **know** yourself and (you should know) others.
너는 너 자신과 다른 사람들에 대해서 알아야한다.

All the people respected (the king) and loved **the king**.
모든 사람들이 그 왕을 존경하고 사랑했다.

- **(Prep + Prep) + O / Prep + (O + O).**

You cannot live by (yourself) and for **yourself**.
너는 혼자서 그리고 혼자 힘으로 살 수 없다.

I told the truth **to** him and (to) her.
나는 그 사실을 그와 그녀에게 말했다.

- **Vi + (C + C) / Vt + O + (C + C).**

She always looks (happy), but never really is **happy**.
그녀는 항상 행복해 보이지만 정말로 행복한 것은 아니다.

We **think the man** to be rich, but (we do) not (think the man) to be happy.
우리는 그 사람이 부자라고 생각은 하지만 그가 행복하다고 생각하지는 않는다.

Our friendship was, (our friendship) is and (our friendship) will be **truthful**.
우리의 우정은 옛날에도, 지금도, 그리고 앞으로도 믿음직스러울 것이다.

*The intellectual lives in a world which **is** both *separate from*, and *potentially intertwined with*, **that of the politician**.
지성인은 정치가의 세계와 분리되어 있기도 하고 동시에 잠재적으로 뒤얽혀 있는 세계에서 살고 있다. → x(a, and b,)y

*The primary channel of transmission of culture is the family: no man wholly escapes from the kind, or holly surpasses the degree, **of culture** which he acquired from his early environment.
문화전달의 기본적인 통로는 가족이다: 어떤 사람도 어린 시절로 부터 얻은 문화의 종류에서 완전히 벗어날 수 없으며 또는 그러한 문화의 수준을 완전히 능가하지도 못한다. → (a, or b)x

그리고 공통어가 세 개 이상인 경우에는 그것들을 열거하는 방법이 몇 가지 있는데 아래와 같은 형태와 의미상의 차이를 갖게 된다. (enumeration, 나열법)

- A, B, C ----- a, b, c 이외에 d, e, f, g, h, …가 계속하여 나올 수도 있는 여지를 남겨놓는 나열법이다.
- A, B, and C ---- b뒤에 공통어구가 하나 더 나열되고 그것으로 끝이라는 표시인데, 특히 a, b와 c가 내용상 따로 떨어진 어감이 강하게 암시하는 나열법이다.
- A, and B, and C ---- a, b, c가 공통으로 어떤 하나에 연결시키는 나열법이다.
- A, B and C ---- and 뒤에 공통어구가 하나 더 나열되고 그것으로 끝이라는 표시인데, 특히 b와 c의 내용상 관계가 a 보다는 더 밀접함을 암시하는 나열법이다.
- A and B and C ---- a, b, c가 동작의 연속과 서로가 긴밀

하게 연결되어 있음을 암시하는 나열법이다.

Physical science gives power <u>*over steel, over distance, over disease*</u>.
물리학은 힘을 강철, 거리, 질병 등등에 대한 힘을 준다.

A man must <u>*learn to stand upon his own feet, to respect himself, to be independent of charity or accident*</u>.
(사람은 다른 것들도 있지만 우선적으로) 자립하고, 자존심을 갖고, 남의 자선이나 요행으로부터 독립할 줄 알아야 한다.

Despite our great scientific advances, we live in a primitive world of <u>*violence, disease, and poverty*</u>.
과학이 크게 발전하였음에도 불구하고 우리는 폭력, 질병, 그리고 빈곤의 원시적인 세계에서 살고 있다.

<u>*To hear, to speak, and to write good English*</u>, requires constant practice.
훌륭한 언어를 듣고, 말하고, 그리고 쓸 수 있기 위해서는 계속적인 연습이 필요하다.

A good book **should be** <u>*read, and reread, and loved, and loved again, and marked*</u>, in order that you can refer to the passages you want in it.
좋은 책이란 읽고, 또 읽고, 사랑하고, 또 사랑하고, 또 표시를 하여서, 그 책에서 당신이 원하는 구절을 참조할 수 있어야 한다.
*다섯 개의 과거분사들이 앞에 있는 should be에 공통으로 걸리고 있다.

As a poet, I naturally have a passionate professional interest in <u>*words, style and language*</u>.
시인으로서 나는 자연스럽게 낱말, 문체 그리고 언어에 대한 열정적이고 전문적인 관심을 가지고 있다.

Worry and fret and irritation are emotions which serve no purpose.
근심과 초조함과 짜증스러움은 아무런 쓸모없는 감정들이다.

When Marry awoke in the morning, she wondered where she was. She _sat up and rubbed her eyes and looked around_; then she comprehended.
메리는 아침에 깨어났을 때, 자신이 어디에 있는 것인가 하고 생각했다. 그녀는 일어나 앉아 눈을 비비고 사방을 둘러보았다. 그런 후 그녀는 알았다.

13. 숙 어

　숙어(熟語, idioms)란 무엇인가?47) 사전(辭典)적인 정의로 보자면, idiom이란 "숙어, 관용구; (어떤 민족의) 고유어, 통용어, 언어; (어떤 지역·계급의) 방언, 말투; (한 언어의) 특질; (한 작가·작곡가·시대 등의) 개성적 표현방식, 작풍; (어원, 그리스어 idioma) 특이성 peculiarity, 특유한 것의 나타남 a manifestation of the peculiar"이라고 되어있다. 그리고 *Longman Dictionary of English Idioms*에서는 idiom을 "개별 단어들의 뜻과는 전혀 다른 뜻을 가진 고정된 단어들의 묶음"으로 정의하고 있다. (*일반적으로 이러한 표현들은 문어체에서 보다는 구어체에서 많이 사용하고 있기는 하다.) 예를 들어 'spill the beans'에서 개별 단어인 '콩'의 'beans'와 '(액체·가루를)엎지르다, 흩뜨리다'의 'spill'이라는 뜻이 모여서 '~콩을 쏟다'라는 뜻으로 쓰이면 일반적인 뜻이지만, 개별 단어인 'beans'와 'spill'이 '~(비밀을)폭로하다'라는 개별 단어의 뜻과 전혀 다른 뜻을 가지면 숙어가 된다.

　숙어가 가지는 의미를 보면, 대개 문자그대로의 뜻을 가지기보다는 비유(은유)적인 뜻을 가지는 경우가 많다.48) 그러므로 문장 속에서 어떤 어구(고정된 단어들의 묶음)가 숙어라고 판단되면 어구 속에 사용된 개별 단어들의 일반적인 뜻으로 해석해서는 안 된다. 이 경우에는 개별 단어의 일반적인 뜻과는 전혀 다른 뜻을 가지는 숙어이므로 어구 속에 사용된 단어들 중에서 「명사→형용사→부사

---

47) ①언어(言語)에서 idiom은 한 민족의 특유한 국어, 한 지방의 특유한 방언, 한 직업의 특유한 전문어 따위에 적용될 수 있다. ②Adam Makkai의 'A Dictionary of American Idioms'에는 idiom을 다음과 같이 정의하고 있다. "An idiom is the assigning of a new meaning to a group of words which already have their meaning." (숙어란 이미 단어의 의미가 정해져있는 단어의 덩어리에 전혀 다른 새로운 의미가 지정되어있는 것을 말한다.)

48) "metaphorical rather than literal" 비유법이란 이해를 빨리 하게 하고 표현에 멋을 내기 위하여 비유를 쓰는 수사법을 말하고, 그리고 은유법이란 사물의 본뜻을 숨기고 표현하려는 대상을 암시적으로 나타내는 수사법을 말한다.

→동사→?」 순서대로 숙어인지를 찾아보면 된다. 대개 숙어인 경우는 각각의 단어들 아랫부분에 획이 굵은 활자(boldface) 또는 이탤릭 활자(italic type)로 쓰여 있다.

The trip was supposed to be a secret, but she **spilled the beans** when she made mention of buying plane tickets.
그 여행에 대한 사실은 비밀로 하기로 되어 있었다. 그런데 그녀가 비행기 표를 구입하면서 비밀이 드러났다.
(*숙어적인 의미: ~(비밀을)폭로하다)

He **spilled the beans** on the floor.
그가 마룻바닥에 콩을 쏟아버렸다.
(*일반적인 의미: ~(콩을)바닥에 쏟다)

그러면 문장 속에 사용된 어구가 숙어인지 아닌지를 어떻게 알 수 있는가? 바로 문맥(context)을 통해서 판단해야 한다. 예를 들어 글을 읽다가 단어들의 묶음(숙어)을 각 단어의 원래의 뜻으로 해석해서 자연스럽게 앞뒤 내용이 연결되면 아무런 문제가 없지만, 글의 흐름상 자연스럽게 연결되지 않는다면 숙어인 경우이다.

She **waited on**[49] the patient.
그 여자는 환자의 시중을 들었다.
(or 그 여자는 그 환자를 방문했다.)
(*숙어적인 의미: ~을 시중들다)

She waited **on**[50] **the platform**. (0)

---

49) 자동사+전치사=동사구: ①~을 모시다(받들다); ~의 (식사) 시중을 들다: Are you looked on ? 누군가에게 분부를 내리셨습니까(점원이 손님에게 하는 말). ②~를 방문하다, 문안드리다. ③(결과로서) ~에 수반되다. ④(고어) ~을 호위하다; ~를 모시고 가다.

50) 전치사+명사=부사구: (장소의 접촉을 나타내어) -의 표면에, -위에, -에(의); -에서; -에(을) 타고.

그녀는 플랫폼에서 기다렸다.
(*일반적인 의미: ~에서 기다리다)

She **waited on** the platform. (×)
그녀는 플랫폼의 시중을 들었다.
(*숙어적인 의미: ~을 시중들다)

He **took** the man **for**[51] my brother.
그는 그 사람을 나의 동생으로 착각했다.
(*숙어적인 의미: ~를 ~로 착각하다, 잘못 알다)

숙어의 형태에 있어서, 첫째는 거의 완전한 문장의 형태를 취하는 경우이고 둘째는 하나의 품사역할을 하는 구(phrase)의 형태를 취하는 경우이고, 셋째는 주부와 술부가 모두 있는 속담(sayings, proverbs)이 있다. 예를 들어, 주어만 있으면 완전한 문장을 만들 수 있는 'spill the beans(~(비밀을)폭로하다)' 또는 'give up the ghost(~죽다, ~(비유)단념하다)'가 있고, 하나의 품사역할을 할 수 있는 구의 형태인 'the salt of the earth(세상의 소금) 또는 'cats and dogs (억수처럼)'이 있고, 속담인 'A bird in the hand is worth two in the bush. (수중의 한 마리 새가 숲 속의 두 마리보다 낫다' 또는 'A rolling stone gathers no moss. (구르는 돌에는 이끼가 끼지 않는다)'가 있다.

You are **the salt of the earth**. But if the salt loves its saltiness, how can it be made salty again? It is no longer good for anything, except to be thrown out and trampled by men.
너희는 세상의 소금이니 소금이 만일 그 맛을 잃으면 무엇을 짜게 하

---

51) 타동사+목적어+전치사=동사구: ①~로 잘못 알다, ~라고 생각하다 ②(드물게) ~을 펴들다, ~을 지지하나. They took my story for a lie. 그들은 내 얘기를 거짓말이라고 생각했다.

리요. 후에는 아무 쓸데없어 다만 밖에 버리워 사람에게 밟힐 뿐이니라. (*숙어적인 의미: <u>세상의 소금</u>=여기서 강조하는 것은, 부패를 방지하고 지연시켜주는 소금의 기능과 같이 그리스도인들은 모범된 생활로 세상의 부패를 저지시키는 역할을 해야 한다는 것이다.52)=세상을 정화(淨化)하고 숭고하게 하는 사람53))

The salt of the earth is a very common colourless or white solid substance found in the earth and in seawater and with many uses including preserving food and improving its taste.
<u>세상의 소금</u>이란 육지 또는 바닷물에서 발견되는 매우 흔한 무색 또는 흰색의 결정체이며, 음식을 보관하거나 그것의 맛을 향상시켜주는 등 많은 용도로 사용된다.
(*일반적인 의미: 세상에서 생산되는 소금)

It rains(comes down) **cats and dogs**.
비가 <u>억수처럼</u> 내린다.
(*숙어적인 의미: ~매우 심하게 비가 내리다)

It is **cats and dogs** outside tonight.
오늘밤 밖에서 비가 <u>억수처럼</u> 내리고 있다.
(*숙어적인 의미)

There are **cats and dogs** playing on the playground.
운동장에 많은 <u>고양이와 개들</u>이 뛰어놀고 있다.
(*일반적인 의미: 고양이와 개들)

*We still love each other very much. But we fight like **cats and dogs**.
우리는 서로를 매우 사랑하지만, 종종 (마치 고양이와 개처럼) <u>심하게</u>

---
52) 한영해설성경(NIV), 마태복음 5장 13절
53) 사전적인 의미

13. 숙 어

싸우거나 논쟁을 벌인다.
(*일종의 숙어: ~매우 자주 심하게 싸우거나 논쟁을 벌이다)

Adam Makkai의 'A Dictionary of American Idioms'에 실린 idiom을 사용한 글과 idiom을 일반적인 단어를 사용하여 옮겨놓은 경우인데 두 개의 글을 비교해보자. 앞의 글은 매우 관용구(숙어)적이고 회화체에서 자주 사용되는 표현이라면 뒤의 글은 비교적으로 관용적인 표현을 피해서 공식적인 영어 표현으로 옮겨 놓은 것이다.

Sam is ①a real cool cat. He never ②blows his stack and hardly ever ③flies off the handle. ④What's more, he knows how to ⑤get away with things … Well, of course, he is ⑥getting on, too. His hair is ⑦pepper and salt, but he knows how to ⑧make up for lost time by ⑨taking it easy. He gets up early, ⑩works out, and ⑪turns in early. He ⑫takes care of hot dog stand ⑬like a breeze until he ⑭gets time off. Sam's ⑮got it made; ⑯this is it for him.

> (주의) cool 서늘한, 차가운 cat 고양이 blow ~을 불다, 불어대다 stack 더미, 퇴적 fly (새·비행기 따위가) 날다 handle 손잡이, 핸들, 자루, pepper 후추 salt 소금 breeze 산들바람, 미풍 time off 일이 없는 시간, (활동의) 일시적 중단 …

Sam is ①really a calm person. He never ②loses control of himself and hardly ever ③becomes too angry. ④Furthermore, he knows how to ⑤manage his business financially by using a few tricks … Needless to say, he, too, is ⑥getting older. His hair is beginning to turn ⑦grey, but he knows how to ⑧compensate for wasted time by ⑨relaxing. He rises early, ⑩ exercises, and ⑪goes to bed early. He ⑫manages his frankfurter dispensary ⑬without visible effort, until it ⑭is someone else's turn to work there. Sam is ⑮successful, he has ⑯reached his life's goal.

*샘은 정말로 침착한 사람이다. 그는 결코 이성을 잃은 적이 없으며 또한 화를 지나치게 낸 적도 없다. 더욱이 자신의 사업을 약간의 트릭을 사용하여 재정적으로 원만하게 잘 운영할 줄도 안다. 두말할 것도 없이 그 또한 나이 들어가고 있다. 그래서 머리가 점점 회색으로 변해가고 있지만 그는 잃어버린 시간을 어떻게 하면 쉽게 보충해야 할지를 알고 있다. 그는 일찍 일어나서 운동하고 그리고 일찍 잔다. 그는 일을 그만둘 때까지 소시지가게를 어려움 없이 잘 운영하였다. 샘은 성공하여 자신의 목표를 이루게 되었다.

14. 영어사전 사용방법

영어사전(english dictionary)이란 영국(또는 미국)에서 일상적으로 또는 전문적으로 사용되는 모든 분야의 단어들을 철자 순서에 따라서 "품사, 발음, 의미, 어원, 관용법" 등을 정리해 놓은 일종의 자료집이다. 그러므로 무엇보다도 영어사전은 품사(parts of speech)에 대한 기본적인 지식이 있어야만 정확하게 사용할 수 있으므로 팔 품사에 대해 자세히 설명하고 있는 영어문법(english grammar)을 어떻게든지 정복해야한다.

품사란 각각의 단어들에게 주어지는 일종의 고유한 자격(역할)이며, 특별히 부여받은 임무이며, 개개에게 주어지는 특정한 권한이다. 다시 말해서 품사란 문장 속에서 저마다 주어진 자격에 따라서 갈 수 있는 위치를 말하고 있는 것이다. 그러므로 문법에서 품사는 위치와 동의어(synonym)라고 생각해야 한다. 아래는 각각의 품사들에 대한 가장 기본적인(예외는 빼고서) 위치에 대해서 적어본다. (품사=위치)

① 명사(대명사) = 주어자리, 보어자리, 목적어자리
  (타동사 또는 전치사), 동격자리
② 형용사 = 제한적 용법(명사 앞자리 또는 뒷자리),
  서술적 용법(보어자리)
③ 부 사 = 동사의 앞자리 또는 뒷자리, 형용사와 부사의 앞자리
④ 전치사 = 명사나 대명사의 앞자리
⑤ 접속사 = 단어(구, 절)와 단어(구, 절)이 가운데 자리
⑥ 선치사 = 명사(명사구, 명사절) 앞자리
⑦ 동 사 = 주어 뒷자리 또는 조동사 뒷자리

단어들이 가지게 되는 품사의 범위에 대해서 말하자면, 단어들은 능력에 따라 하나이상의 품사를 가지는데 적게는 하나의 품사만을

가지기도 하고 많게는 다섯 개까지 가질 수 있다. 대개는 3개에서 4개까지의 품사를 가지는 경우가 일반적이다. 그리고 단어들이 가지고 있는 서로 다른 품사에 따라서 그 뜻이 같다면 아무런 문제가 없겠지만 완전히 다를 수도 있기 때문에 주의를 요한다. 즉, 단어들은 품사의 변화에 따라 보편적인 의미는 일반적으로 비슷하지만 전문적인 의미는 분야에 따라서 다를 수 있다. 예를 들어서, 하나의 단어가 그 뜻을 문맥에 따라서 20가지의 뜻으로 사용된다면 대개 5분의 1정도는 보편적인 의미로서 서로 비슷하지만 5분의 4정도는 분야에 따라서 완전히 뜻이 다를 수 있다는 것이다.

그러므로 독자는 글을 읽던 중에 모르는 단어가 발생했을 때 먼저 그것의 품사를 밝혀야 함은 물론이고 동시에 지금 읽고 있는 글의 문맥(이야기의 전후 상황, 이야기의 특정분야)을 어느 정도는 파악하고 있어야만 문제를 해결할 수 있다. 이상과 같은 판단능력이 부족하게 되면 잘못된 뜻으로 오역(misunderstanding)할 가능성이 있다.

다음은 사전에 제공된 많은 정보들을 이용자가 필요에 따라 정확히 활용할 수 있는 몇 가지 방법들에 대해서 설명하고자 한다.

(1) 사전에는 매우 많은 정보들이 제공되어있다. 하지만 그 모든 정보들이 당신에게 필요한 것이 아니다. 당신이 읽고 있는 글에서 당신에게 필요한 정보는 단 하나에 불과하다. 그것을 찾는데 집중하여야 한다. (즉, 글을 읽고 있다가 모르는 단어가 발생하여 사전을 참고하고자 할 경우에 당신은 먼저 그 단어가 가지고 있는 많은 품사들 중에서 글 속에서 사용된 지정된 품사를 밝혀야하고, 그런 후 많은 의미들 중에서 문맥에 맞는 의미를 선택해야 한다.)

> **give**라는 단어는 타동사로서 28가지의 뜻을 가지고 있고 자동사로서 7가지가 있다. 그리고 명사로서는 3가지가 있다.
> **like**라는 단어도 "동사, 형용사, 부사, 명사, 접속사, 전치사"로서 각각 그 품사에 따른 의미들이 많이 있다.

14. 영어사전 사용법

(2) 단어들은 대개 하나 이상의 품사를 많게는 여섯 개까지 가질 수 있다. 그러한 각각의 품사에 대한 최대한의 정보를 모아놓은 것이 사전이다.

　　give라는 단어는 "동사, 명사"로 사용되며, like라는 단어는 "동사, 형용사, 부사, 명사, 접속사, 전치사"로 사용된다. while이라는 단어는 "동사, 명사, 접속사, 전치사"로 사용된다.

(3) 단어들의 각 품사에 따른 의미들은 일련의 번호에 의해서 나열해 놓았는데, 첫 번째 번호는 그 단어의 가장 보편적인 의미이고 그리고 뒤 번호로 내려 갈수록 전문적인(특정한 경우의) 의미이다.

　　give가 타동사로서 1번부터 9번까지는 일반적이고 보편적인 의미로서 "~주다"라는 의미 안에서 대부분 비슷하지만, 10번부터 28번까지는 특정한 의미로서 "~보이다, ~말하다, ~연극을 상연하다, ~아이를 낳다, ~양보하다, 등등"이라는 서로 다른 의미를 가지게 된다.

(4) 단어의 의미 앞에 있는 괄호안의 내용은 문맥(context)을 알려주는 부분이고, 단어의 의미 뒤에 있는 괄호안의 정보들은 숙어(idiom)를 나타내는 경우이다. 예를 들어서, 동사의 의미 뒤에 있는 괄호 안에 전치사 또는 부사가 있을 때는 일종의 숙어로 봐야하는데, 자동사일 때는 문장 속에서 붙여 써야하고 타동사는 떨어트려서 써야한다는 약속이다.

　　give라는 동사로 예를 들자면, "(증거・예증・이유 등을)보이다, 들나, 지적하다, 제출하다; (온도・기압・무게 따위를)보이다, 가리키다; (인쇄물이)수록하고 있다; (모임을)열다, 개최하다; (극 따위를)상연하다, (강의 따위를)하다, 낭독(암송)하다; 노래하다(for); (빛·소리·목소리를) 발하다, 내다; (창이)로 향하다, 에 면하다(on, upon, onto); (복도가)로 통하다(into; on, to); 포기하다(up)"

(5) 문맥(글의 전후 상황, 이야기의 특정 분야)은 세부적이기 보다 포괄적으로 설명하고 있다. 즉, 영한사전은 한 단어가 함축하고 있는 여러 가지 뜻들 중에서 우리말로 옮길 수 있는 부분만을 기록해 놓은 것이기 때문에, 각 단어들이 가지고 있는 의미(또는 정의)의 전체적인 영상(image)을 그리기가 어렵다.

> (주의) 대개 사전에 소개되어있는 의미들은 세 가지로 분류할 수 있는데, 첫째는 그 단어가 가지고 있는 기본적인(일반적인, 보편적인) 또는 사전적인 의미(denotative meaning; dictionary or lexical meaning)이고, 둘째는 그 단어가 하나의 문장 속에서만 그 뜻을 드러내는 문맥적인 의미(denotative meaning; contextual meaning)이고, 셋째는 그 단어에서 연상되는 함축적인 의미(connotative meaning)이다. 예를 들어, "세상의 소금(the salt of the earth)과 같은~(성서, 마태복음 V:13)"에서 지시적 의미로서 사전적 의미는 '음식의 간을 맞추는 데 쓰는 짠맛이 나는 결정체로서 주성분은 염화(塩化)나트륨'이고, 지시적 의미로서 문맥적 의미는 '사람'이고, 그리고 함축적 의미로서 '세상을 정화(淨化)하고 숭고하게 하는 사람(성서), 사회의 중견 또는 엘리트들(일반)'이다. 물론, 단어가 가지고 있는 지시적 의미와 함축적 의미의 한계가 뚜렷하게 정해져있는 것이 아니다. 왜냐하면 그 단어를 사용하는 사람의 문화·관습·체험에 따라서 다를 수 있기 때문이다.

push라는 단어에 대해 사전에서 기록한 내용을 보자면, "① a) (한 번) 밀기; (한 번) 찌르기, 찌름; 〖테니스·크리켓·야구〗 푸시(밀어대듯 침). b) 〖군사〗 공격; 압력, 압박; (the

~)(구어) 해고, 목 잘림. c) 〖당구〗 밀어치기; 누름단추. ② a)추진; 한바탕의 앙버팀, 분발, 용씀; U 기력, 진취적 기상, 억지가 셈. b)U 추천, 후원. ③ 절박, 위기, 궁지. ④ (구어)군중, 동아리; (영국속어)(도둑·범인의) 일단, 한패거리, 악당들. ⑤ 〖컴퓨터〗 밀어 넣기"라고 되어있다.

salt라는 단어에 대해 사전에서 기록한 내용을 보자면, "①U 소금, 식염(=cómmon ~); C 〖화학〗염(塩), 염류 (pl.)약용염: ⇨ table salt. ②C 소금 그릇(saltcellar). ③U 바닷물이 드나드는 소택지; 강으로 역류하는 해수. ④U 얼얼한[짜릿한] 맛; 자극, 활기[흥미]를 주는 것; 기지(機智): ⇨ attic salt. ⑤상식, 속된 지식. ⑥의심; 유보(留保) 조건. ⑦ 사회 혁신의 원동력이 되는 사람들[계급]. ⑧C (보통 old ~) (구어)노련한 뱃사람. ⑨(미국속어)(가루로 된) 헤로인."라고 되어있다.

(6) 명사의 의미 앞뒤에 있는 괄호 안에 복수형(pl)과 관사(a, an, the)를 제시하는 경우는 특정한 의미(숙어)를 갖게 되는 경우이다.

mother는 명사로서 "어머니/(the~)모성(애)", **advice**는 명사로서 "충고, 조언, 권고/(보통 pl.)알림, 보고, 통지", **custom**은 명사로서 "관습, 풍습, 관행/(pl.)관세(~s),(sl.)세관, 통관 절차; 사용세[료]" 등의 의미상 차이를 가진다.

(7) 형용사가 제한적 용법과 서술적 용법으로 사용될 때 의미상의 변화를 갖게 될 경우는 괄호를 통해서 밝힌다.

present라는 형용사는 "(보통 서술적)있는, 출석하고 있는/(제한적)지금의, 오늘날의, 현재의, 현(現), 〖문법〗현재(시제)의, 당면한, 문제의, 익기 있는" 등의 의미상 차이점을 가진다.

(8) 단어의 가장 아래 부분에 진한 글씨체(**bold face**)로 된 구(phrase)들이 있는데 숙어이거나 속담(proverb)에 대한 정보들이다.(*만약에 해석하다가 구와 절 또는 문장이 문법적 분석을 통해서도 해석이 안 되면 혹시 숙어와 속담이 아닌가를 의심해야 한다)

give 라는 단어 밑 부분에는 다음과 같은 숙어들이 있다. ~**away**남에게 주다, 싸게 팔다, (기회를)놓치다, 무너지다, 【미국】양보하다,(고의 또는 우연히)폭로하다, 누설하다, ~에게 정체를 드러내게 하다, 나누어 주다, (결혼식에서 신부를) 신랑에게 인도하다, 저버리다, 배신하다/~**back**(vt.)돌려주다, 되돌리다 (to),~에게(자유·능력 등을)회복시키다, 되 갚음하다, 말대답하다, 응수하다(insult for insult); (소리·빛을)반향[반사]하다,(vi.)움츠리다, 물러서다, 굴복하다, 쑥 들어가다/~**forth**(소리·냄새 따위를)발하다, 내다, (작품 따위를)발표하다, (소문 따위를)퍼뜨리다/~**in**(vt.)(보고서 따위를)제출하다, 건네다(to), 공표하다, (vi.)굴복하다(to); 양보하다; 싸움을[논의를]그만두다; 덤으로 첨부하다/~**into**(양보하여)~에 응하다, ~에 몸을 맡기다/~**of**~을 아낌없이 주다/~**off**(vt.)(냄새·빛 따위를)내다, 방출하다; (가지를)내다,(vi.)가지를 내다/~**up**(vt.)(환자 등을)단념[포기]하다, ~와 손을 끊다, (신앙 등을)버리다, (술·놀이 따위를)그만두다, 끊다(smoking), (직업 등을)그만 두다, (시도를)포기하다(doing), (자리 등을)양보하다, (영토 등을)내주다, (죄인 따위를)넘겨주다(to), 「흔히 수동태」 ~을 주로(~에)배당하다(to), (공범자 등의 이름을)말해버리다, 분명히 하다(to), (집·차 등을)처분하다; (회복·도착 등의 가망이 없다고)~의 일을 단념하다.

(9) 동사(verb)에 대한 정보들은 다음과 같다. ①동사를 자동사와 타동사로 구분하여 제공하고 한다. ②자동사는 vi(자, 自)로 그리고 타동사는 vt(타, 他)로 표기되어 있다. ③사전에는 자동사와 타동사만을 구분해 줄 뿐이지 문형(sentence patterns)에 대해 직접적으로는 알려주지는 않는다. 그러나 간접적인 방법을 통해서 알려주는데, 예를 들어서, 괄호 속에 제시되어있는 구조들(~+부사(1형식)/~+보어(2형식)/~+목적어(3형식)/~+간·목+직·목(4형식)/~+목적어+목·보(5형식)/~+분사(2형식)/~+목적어+분사(5형식)/~+목적어+to+ⓥ(5형식)/~+to+ⓥ(3형식)/~+ⓥing(3형식)/~+that(wh.)절(3형식)/~+목적어+that절(4형식)/…)을 통해서 알려 주던가 또는 그 밑에 제시되어있는 많은 예문들을 통해서 알려 준다.

want라는 동사가 만들 수 있는 문형 및 구조들은 다음과 같다. —vt. ① 탐내다,~을 원하다, 갖고[손에 넣고]싶다. (아무에게)볼일이 있다; (아무를)찾다, 수사하다. ② 『+to do(3형식)/+목+to do(5형식)/+목+done(5형식)/+목+-ing(5형식)/+목+보(5형식)』 ~하고 싶다;(아무가)~해 줄 것을 바라다, ~해 주었으면 하다. ③ 『~+목(3형식)/+-ing(3형식)』 ~이 필요하다, 필요로 하다(need). ④ 『+to do(3형식)』 (구어)~하지 않으면 안 되다, ~하는 편이 좋다(ought, must). ⑤ 『~+목(3형식)/+목+전+명(3형식)』 없다, 빠져 있다; ~이 모자라다, ~이 부족하다 —vi. 『~/+전+명(1, 3형식)』 ① 바라다, 원하다. ② 없다, 부족하다, 모자라다(in; for)(1, 3형식) ③ (~을)필요로 하다(for)(1, 3형식). ④ 활이 군색스럽다, 옹색하다.

- We~a small house. 우리는 조그만 집을 원한다.
- You are~ed on the phone. 당신에게 전홥니다.
- He is~ed by the police. 그는 지명 수배 중에 있다.
- I~to go there [to be rich]. 거기에 가고[부자가 되고] 싶다.

- I~you to do it at once [to be happy].
  자네가 그것을 곧 해주기[행복해지기]를 바라네.
- What do you~me to do? 내가 무엇을 해주기를 바라는가.
- I~it done at once. 그것을 곧 해 주기 바란다.
- I don't~those children ill-treated.
  그 아이들이 학대받는 걸 바라지 않는다.
- I don't~women meddling in my affairs.
  나의 일에 여자들이 관여하는 것을 바라지 않는다.
- I~everything ready by five o'clock.
  5시까지 만반의 준비가 되어 있기를 바란다.
- He~ed that everybody should be present.
  모두 출석해 줄 것을 바라고 있었다(비표준적인 표현).
- Children~plenty of sleep. 어린이에게는 충분한 수면이 필요하다.
- My shoes~mending. 내 구두는 수선할 필요가 있다.

15. 문장의 부호

　구두법(句讀法, punctuation)이란 글을 쓸 때 사용되는 여러 가지 부호들을 말하는데, 즉 글의 맺고 끊음을 알기 쉽게 하기 위하여 점이나 부호로 표시하는 방법을 말한다. 중요한 점은 글을 쓰는 사람들이 각각의 부호들을 문장 속에 사용할 경우에는 특정의 의도를 가지고 쓴 것들이기 때문에 글을 읽는 사람들로서는 그 의도를 알아차려야 할 것이다. 영어의 구두점들로는 『①종지부호(period; full stop → .) ②의문부호(question mark → ?) ③감탄부호(exclamation mark → !) ④휴식부호(comma → ,) ⑤중지부호(colon → :) ⑥정류부호(semicolon → ;) ⑦인용부호(quotation mark → " ") ⑧환원부호(dash → —) ⑨아포스트로피(apostrophe → ') ⑩접합부호(hyphen → -) ⑪소괄호(parenthesis → ( )) ⑫중괄호(bracket → 【 】) ⑬사선(slash → /) ⑭생략부호(abbreviation → *** asterisk, ⋯ ellipsis)』 등이 있다.

(1) **종지부호**(period or full stop → .): 평서문과 명령문 그리고 간접의문문의 끝에는 종지부호를 쓰지만 의문문과 감탄문에서는 의문부호와 감탄부호가 종지부호를 대신한다. 그밖에 단어의 생략(abbreviations)으로도 사용되는데, 특히 미국식과는 다르게 영국식에서는 약어의 경우에도 마침표를 사용하지 않는 경우가 많다. 예를 들어 p. m. (=pm) 또는 U. S. A. (=USA, USA., US.)에서처럼 양쪽이 가능한 경우들이 많이 있기 때문에 사용할 때 사전을 찾아보는 것이 좋다.

　We arrived at the airport late in the afternoon.
　우리는 공항에 오후에 도착했다.

　Close the window. 창문을 닫으시오.

I don't know where she went. 그녀가 어디로 갔는지 모릅니다.

She said, "I am happy." 그녀는 "나는 행복합니다."라고 말했다.

(주의) 인용대상이 구일 경우에는 마침표를 끝의 인용부호 뒤에 놓고 인용대상이 단어일 경우에는 마침표를 끝의 인용부호 안쪽에 놓는다. 그리고 약어에 붙는 마침표가 문장 끝에 사용될 경우에는 그것이 문장의 마침표를 대신한다.

a. m. (before noon, ante meridian) 오전
p. m. (after noon, post meridian) 오후
p. s. (postscript, post scripture) 추신
T. S. Eliot (Thomas Stearns Eliot) 토마스 스턴스 엘리엇
p. 20 (page 20) 쪽수20, 페이지20
Sun. (Sunday) 주일, 일요일
Ph. D. (doctor of philosophy) 박사학위
M. A. (Master of Arts) 석사학위
B. A. (Bachelor of Arts) 학사학위
Mr. (Mister) ~씨
Mrs. (Mistress) ~부인(기혼여성)
Ms. (Miss) ~양(미혼여성)
US $ 200.20 200달러 20센트
20.74 (twenty point seven four)
5. 5. 08 (2nd May 2008, May 2nd, 2008)
Prof. Kim (Professor Kim) 김 교수
U. S. A. (=USA) (The United States of America) 미합중국
FDA (=F. D. A.)(Food and Drug Administration) 식품의약품국
USTR (the United States Trade Representative) 미국통상대표부
FIFA(Federation Internationale of Football Association)국제축구연맹

그밖에 라틴어 등에서 유래한 표현의 약어들로 「i.e., (id est, that is)~즉, etc. (et cetra, and so forth)~기타, 등등, e.g.,(exampli gratia, for example)~예를 들면, cf.(confer, compare)~비교하라, vs.(versus)~대(對), A. D.(Anno Domini)~기원후, B. C.(before Christ)~기원전, ibid., (ibidem, in the same place)~같은 장소에, 같은 책[페이지, 구, 장]에(略: ib.)」 등이 있다.

(2) **의문부호**(question mark → **?**): 의문문의 끝에 둔다. 그리고 글 중간에 저자가 내용에 대해서 의심을 표현할 때는 소괄호 안에 다 넣는다.

    Where are you?
    당신은 어디에 있습니까?

    Columbus was born in 1446(?) and died in 1506.
    콜럼버스는 아마도 1446년에 태어나서 정확하게 1506년에 죽었다.

(3) **감탄부호**(exclamation mark → **!**): 감탄문이나 감탄부호 뒤에 두거나 명령문과 기원문과 호명하는 단어와 인사말 뒤에 붙인다.

    How quickly time passes!
    시간이 얼마나 빠르게 지나가던지!

    Hooray 안녕! Sit down! 앉아라!

    Oh!
    오오!, 아!, 어허!, 앗!, 아아!, 여기 봐!

(4) **휴식부호**(comma → **,**): 구두점들 중에서 가장 널리 사용되고 가장 복잡하다. 삽입어와 구와 절 등의 전후에 붙이거나 동격관계에 있는 어구의 앞뒤에 붙인다. 또한 공통관계의 어구를 표시하기

위해서, 두 개의 절이 「and, but, or, for, nor」 등으로 연결될 때 이들 접속사 앞에, 부사구나 부사절이 문장 앞에 올 경우에 주절 앞에, 관계대명사나 관계부사의 앞에 와서 계속적 용법을 이끌 때, 어구의 생략을 나타내는 위치에, 동 종류의 단어(구, 절)를 나열하는 경우에는 대등접속사 대용으로, 단어(구, 절)가 잘못 결합되어 혼동을 일으킬 가능성이 있을 경우에, 「then, yet, so」 등으로 이끌 어지는 절 앞에 둔다.

He has, I believe, no right to say such a thing.
내가 믿기로, 그는 그렇게 말할 권리가 없는 사람이다.

Later, however, he decided to give it up.
어째든, 나중에 그는 그것을 포기하기로 결정했다.

John Milton was born in London, the capital of England.
존 밀턴은 영국의 수도인 런던에서 태어났다.

The little boy was playing with a tall, cheerful girl.
그 작은 소년은 키가 크고 발랄한 소녀와 놀고 있었다.

Running is supposed to be, and is, good for the health.
달리기는 건강에 좋을 것으로 기대가 되고 그리고 실상 건강에 좋다.

His daughters were diligent, but his sons were lazy.
그의 딸들은 부지런하지만 그의 아들들은 게으르다.

When I came back, my daughter was asleep.
내가 돌아왔을 때 나의 딸은 자고 있었다.

I met Kim, who invited me to the party.
내가 Kim을 만났는데 그가 나를 파티에 초대했다.

*Students who are noisy and talkative should not be allowed in the library.
시끄럽게 떠드는 학생들은 도서관 출입시켜서는 안 된다.

(주의)관계사의 제한적 용법에서 관계사로 이끌어진 형용사절과 선행사의 관계는 형용사절을 생략하면 의도했던 바가 바뀌거나 비논리적인 글이 된다. (~ <u>명사(선행사)</u>+ <u>관계사 + 절 ...</u>)

*Astronomy, which is the study of heavenly bodies, is a fascinating subject.
천문학은, 천체를 연구하는 학문으로서, 매혹적인 학문이다.

(주의)관계사의 비제한적 용법에서 관계사로 이끌어진 형용사절과 선행사의 관계는 형용사절을 생략해도 의도했던 바가 바뀌지 않으며 비논리적이지 않다. (~ <u>명사(선행사)</u>, <u>관계사 + 절 ...</u>)

*Seoul, which has a population of more than ten million, is the capital of Korea.
인구가 천만이 넘는 서울은 한국의 수도이다.

(주의)고유명사(특히 인명, 지명) 또는 세상에 하나뿐인 것을 수식하는 구나 절은 동일인(물)의 경우를 제외하고는 비제한적인 용법으로 사용한다.

The men all waited in anxious silence, for the messenger seemed to be caught in the rigging.
소식을 가져온 사람이 무척 황급해 보였기 때문에 모든 사람들은 아무 말 없이 초조히 기다렸다.

(주의)접속사 for 앞에 comma가 없으면 waited in anxious silence the messenger를 '잠자코 메신저를 초조히 기다렸다'라

고 착각할 수 있기 때문이다.

The hens are hungry, so I must feed them now.
암탉들은 배가 고프다. 그래서 나는 지금 그들에게 먹이를 주어야 한다.

At the edge of the town, a tall tower stood.
그 마을의 모퉁이에 높은 탑이 세워져있다.

Seoul is the capital of Korea; paris, of France.
서울은 한국의 수도이고, 파리는 프랑스의 수도이다.

To know is one thing, to teach, another.
=To know is one thing, to teach is another.
아는 것과 가르치는 것은 별개의 문제이다.

Colleges award degrees to their graduates, but high school do not.
= ~, but high school do not award degrees to their graduates.
대학은 졸업생들에게 학위를 수여한다. 그러나 고등학교는 그렇지 않다.

I have a pencil, a pen, and a notebook.
나는 연필과 볼펜과 그리고 공책을 가지고 있다.

She talked fluently, wittily, penetratingly.
그녀는 유창하고, 재미있게, 그리고 날카롭게 말했다.

(주의) 보통 세 개 이상의 단어, 구, 절 등이 평행을 이루면서 나열시킬 때 각각을 comma로 구분해 준다.

No, I can't find them anywhere. (yes, well, indeed, alas)
아니오, 어디에서도 그들을 찾을 수가 없습니다.

Mary, are you ready to leave? (direct address)
메리, 떠날 준비가 됐니?

He must have won, because he is smiling so broadly.
*앞의 내용·main thought 과 밀접한 관계가 없음
그가 호탕하게 웃고 있는 것을 보니, 그가 승리했음에 틀림없었다.

John will call you when he comes in.
*앞의 내용·main thought 과 밀접한 관계를 가짐
존이 들어올 때쯤에 당신께 전화하겠습니다.

The boys, hot but tired, came slowly into the school.
*서술적인 용법 nonrestrictive
혈기왕성했지만 지쳐버린 상태로 아이들이 학교로 천천히 들어 왔다.

The boys in the red uniforms are from our school.
*제한적인 용법 restrictive
붉은 유니폼을 입은 아이들은 우리학교 출신이다.

July 4, 1963
1963년 7월 4일

2, 879
이천팔백칠십구

Thursday, November
12 11월12일에 목요일

Mrs. Kim, Mrs. Lee, and Mrs. Park are at the party.
김씨 부인과 이씨 부인 그리고 박씨 부인이 파티에 참석하고 있다.

107 Patterson Ave., Tulsa, Oklahoma
오클라호마주(州), 툴사, 패터슨가(街) 107호

Dear Kim, 근계(謹啓),
(친애하는 Kim에게-편지의 서두에 쓰는 말 ' 친애하는 ~에게')

(주의) 개인에 대해서 "Dear Sir, Dear Mr.(Miss, Mrs., Ms.);
회사 등에 대해서 "Dear Sirs, Gentlemen,"

Sincerely yours,
불비(不備), 경구(敬具)-편지의 끝맺음 말

He is a boy, isn't he?
그는 소년이다, 그렇지 않나요?

He said, "she is kind."
그는 그녀는 착하다고 말했다.

(5) **중지부호**[54](colon → **:**): 중지부호는 환원부호와 마찬가지로 앞에 나온 내용과 동격을 이루거나 또는 그 내용을 구체적으로 설명하는 문구를 구분하는데 쓰인다. 다시 말해서, 「즉, 아래와 같다」라는 의미로서 이미 말한 것을 더욱 세밀하게 설명하기 위해서 구체적인 예들의 열거나 설명과 이유와 결과 등을 제시할 경우에 사용한다. 그밖에 논제(제목과 부제목)와 비교적 긴 인용문을 소개하거나, 상용편지나 인사말이나 시간의 표시에, The following이나 As follows가 이끄는 연속항목을 구분할 때도 사용한다.

the three R's: reading, writing, and arithmetic.

---

54) The chief function of a colon is to introduce something that will follow, or to introduce a list when the items follow such as the following and these, or to use before a long, formal statement or a formal quotation.

15. 문장의 부호

세 개의 R, 즉 읽기, 쓰기, 산수

We visited many interesting places on our trip: the Eiffel Tower, the leaning tower of Pizza, Westminster Abbey, and so on.
우리는 여행 중에 많은 재미있는 장소들을 방문하였는데, 즉 에펠탑, 피사의 사탑, 웨스트민스터 사원, 그리고 기타 등등의 장소를 방문하였다.

I have some news for you: Kim has arrived.
나는 당신에게 전할 소식이 있는데, 즉 Kim이 도착했다는 소식이다.

Those who lead must be considerate: those who follow must be responsive.
앞에서 이끄는 사람들은 사려심이 깊어야한다. 그래야 뒤따르는 사람들이 감동받아 잘 따르는 법이다.

Kim and Lee were obviously weary: I got up to go.
Kim과 Lee는 분명히 지루해했다. 그래서 나는 가려고 일어났다.

There remained one thing he desired above all else: a country cottage.
그가 무엇보다도 원했던 한 가지가 남아있었는데, 바로 시골의 아담한 집이었다.

Adopt the pace of nature: her secret is patience.
자연의 순리를 받아들여라. 즉, 자연의 비밀은 인내심이다.

Please send the stipulated items, namely:
(i) birth certificate (ii) passport (iii) correct fee
제발 명기된 물품들, 즉 출생증명서, 여권, 정확한 수수료 등을 보내주세요.

The topic to be discussed is:
토론될 주제는 다음과 같습니다.

Dear sir:
친애하는 ~

Correct error if any:
만약에 있다면 틀린 부분을 고쳐주세요.

10: 30 a. m.
오전 10시 30분

The poet T. S. Eliot said in Selected Essays: "Immature poet imitate, mature poet steal."
시인 엘리엇은 그의 비평집에서 다음과 같이 말하고 있다. "미숙한 시인은 모방을 하고 성숙한 시인은 훔친다."

The following people were present: Smith, the teacher; Tom, the dentist; and Wilson, the psychiatrist.
다음의 사람들이 참석했다. 즉, 선생인 스미스, 치과의사인 톰, 그리고 정신과 의사인 윌슨.

She had only one pleasure: traveling.
She had only one pleasure—traveling.
그녀의 유일한 위안거리는 오직 하나, 즉 여행이다.

*문장 끝에 나오는 동격이나 앞 문장의 내용을 확대, 반복, 설명, 강조하는 문구는 colon이나 dash를 사용하여 표기한다.

(6) **정류부호**(semicolon → **;**): 휴식부호보다는 크고 중지 부호보다는 작은 정지에 사용한다. 대등접속사로 결합된 대등절이 길거나 또는 대등절 자체 내에 이미 comma가 사용됐을 경우에는 정류부호로 구분해주는 것이 좋다. 「and, but, or, for」 등의 대등접속사

를 사용하지 않고 대등절을 계속해서 대조를 분명하게 하는 경우에도 사용한다. 그리고 「즉, 바꿔 말하면(that is), 예를 들면(for example or for instance), 실제로는(in fact), 마침내(at last), 적어도(at least), 반대로(on the contrary)」 등이 독립한 절을 이끌 때 그 앞에다 사용할 수 있고, 또한 접속부사들인 「moreover, also, thus, hence, consequently, however, still, nevertheless, therefore, indeed, namely, then, likewise, furthermore」 등으로 시작하는 절 앞에서도 사용한다.

(주의) 정류부호와 휴식부호 중에 어느 것을 사용하느냐의 차이점을 말한다면 앞뒤의 내용에서 보다 가까운 것에는 정류부호를 사용하고 어느 정도 거리가 있는 것일 때에는 휴식부호를 사용한다.

Etymology is the study of words; entomology is the study of insects.
어원학의란 단어를 연구하는 것이고 그리고 곤충학이란 곤충을 연구하는 학문이다.

Astigmatism causes poor, blurred vision; however, it can be corrected by properly fitted glasses.
난시는 물체를 명확하게 볼 수 없는 시력을 유발하지만 적절하게 맞추어진 안경으로 교정될 수 있다.

The house badly needed painting; the garden was overgrown with weeds.
그 집은 페인트를 칠해져야할 필요가 절실하나. 그리고 정원은 잡초 풀들로 덥혀 있었다.

The chief commodities are butter, cheese, milk, eggs; lamb, beef, veal, pork; oats, barley, rye, and heat.
주요 필수품들로는 버터, 치즈, 우유, 계란, 그리고 양고기, 쇠고기, 송아지고기, 돼지고기, 그리고 귀리, 보리, 호밀, 그리고 가열할 수 있는 열기이다.

In one respect, government policy has been firmly decided; that is, there will be no conscription.
한 가지 점에서 정부정책이 확고하게 결정되었는데, 즉 어떠한 징병도 없을 것이라는 것이다.

We got a late start; nevertheless, we got to the airport on time.
우리는 늦게 출발하였다. 그럼에도 불구하고 우리는 공항에 정시에 도착했다.

(주의) accordingly, therefore, however, hence, instead, yet, thus, for example, consequently.

We will start out early in the morning with our bicycles and a few sandwiches; and when we reach a quiet, shady spot along the shore, we will stop for lunch.
우리는 아침 일찍이 샌드위치를 준비해서 자전거를 타고 출발한 다음에, 해변 가를 따라 가다가 조용하고 그늘진 장소에 도착해서 점심을 먹게 될 것이다.

The car stopped; Joe got in. (행동의 연관성 중시)
=The car stopped and Joe got in. (더욱 친밀한 연관성)

(7) **인용부호**(quotation mark → " "double quotation, ' 'single quotation): 글자 그대로 인용문을 구분해주고, 시와 노래 및 가사 등의 제목과 특별한 의미로 사용되는 단어를 구분해 줄 때 주로 사용된다. 다시 말해서, 직접화법의 피전달문의 전후에 사용하고 그리고 작품의 표제나 신문과 잡지명, 인용어구, 강조 등을 표시할 때 사용한다.

He said, "She is an honesty woman."

그는 "그녀는 정직한 사람이다"라고 말했다.

I read Bertrand Russell's "Unarmed Victory."
나는 버트런드 러셀의 "Unarmed Victory"를 읽었다.

'Hard Times' by Charles Dickens
찰스 디킨스의 'Hard Times'

He asked, 'Do you know what "integrated circuit" means?'
그는 '당신은 "집적회로"가 무엇을 의미하는지 알고 있는가?'
라고 물었다.

What does 'integrated circuit' mean?
'집적회로'는 무엇을 의미하는가?

the 'king' of jazz (원래의 의미로 안 쓴 경우) 재즈의 왕

He said he had enough 'bread' to buy a car.
그는 자신은 차를 살 충분한 '빵'을 가지고 있다고 말했다.

"Anarchy" means "without a leader," hence "without government."
"Anarchy"란 "지도자가 없음"을 뜻하며, 따라서 "정부가 없음"뜻한다.

(주의) 문장 속에 단어(구, 절)를 강조하거나, 그것을 특별한 의미를 부여하고자 할 때 인용부호를 사용할 수 있다.

She turned and said, "Remember Father's advice, 'When other people run, you walk.'"
그녀는 돌아서서 "'다른 사람들이 뛸 때 너는 걸어가라' 라고 말씀하신 아버지의 충고를 기억하라'"라고 말했다.

15. 문장의 부호

(주의)인용문 속에 또 다른 인용문을 쓰고자 할 경우에는 single quotation을 사용한다.

"The woman is dead," she said.
"그 여자가 죽었다"라고 그녀가 말했다.

(주의)문두에 사용된 인용문이 의문부호나 감탄부호로 끝나지 않을 때, 즉 period로 끝날 때는 period 대신에 comma를 사용한다.

She said, "Can I see you tomorrow?"
그녀는 "제가 당신을 내일 볼 수 있을까요?"라고 말했다.

Didn't she say, "I can see you tomorrow"?
그녀가 "당신을 내일 볼 수 있다"라고 말하지 않던가요?

(주의)dash, quotation mark, exclamation mark는 인용문에만 적용될 때는 인용부호 안쪽에 표기하고, 문장 전체에 적용될 때는 밖에 (문장 끝에) 표기한다.

He said, "I am very happy."
그는 "나는 매우 행복합니다."라고 말했다.

"I am very happy," he said.
"나는 매우 행복합니다."라고 그는 말했다.

The poet writes in a "fine frenzy"; "fine frenzy" means a combination of energy, enthusiasm, imagination, and a certain madness.
그 시인은 "훌륭한 광란"상태에서 시를 쓴다. 여기서 "훌륭한 광란"이란 정력과 열성과 상상력과 어떤 광기의 결합을 뜻한다.

(주의)period와 comma는 인용부호 안쪽에 표기하고, colon과

semicolon은 인용부호 바깥쪽에 표기한다.

(8) **환원부호**55)(dash → ―): 삽입어구의 전후와 앞에서 서술한 말을 바꿔 말할 경우(문장의 도중에서 일시 중단할 경우)에 또는 문장의 뜻이나 문장의 구조의 전환을 표시하는데 사용한다.

    The woman is a beauty―seen from a distance.
    그 여자는 미인이다―먼데서 보면

    We are interested―it is no use pretending that we are not ―in this novel.
    우리는 이 소설에 관심-아니, 관심이 없는 척해도 소용이 없다-이 있다.

    Can we―should we―produce this play ?
    우리는 과연 이 연극을 연출할 수-아니, 해야만 하는-있는가?

    The other man―Kim―refused to make a statement.
    다른 사람-바로, Kim-이 진술하는 것을 거부했다.

    They all, without hesitation, pick―as they have been told to pick―the same wrong line.
    그들 모두는 주저함 없이 똑 같이 잘못된 선을 선택-그들이 선택하라고 들은 바대로-했다.

    But many things―and many more important things―are by no means so clear-cut.
    많은 문제들-무엇보다도 더욱 중요한 문제들-이 베일에 묻혀버렸다.

---

55) The chief function of a dash is to show changes or interruptions in the thought of a sentence, or to indicate a sudden change in the direction of thought.

in 19__ (=nineteen something(blink)) 19xx 년에
Mr.—(=Mr. so-and-so) 모씨

(9) **아포스트로피**(apostrophe → '): 문자의 생략, 명사의 소유격 및 문자의 복수를 표시하는 경우에 사용한다.

I've(=I have), We'll(=We will), can't(=can not)
Today's paper, my daughter's dolls, a girls' school
There are four i's in the word Mississippi.
The 1940's(=the 1940s)
the summer of '68(=1968)
children's books, Bill's book(singular name)
Moses' mother, Bridges' poems(= [-iz])(plural name)
for God's sake, for goodness' sake (two syllables)
*Nicholas's coat(=Nicholas' coat)
*Dickens's works(=Dickens' works)

(10) **접합부호**(hyphen → -): 파생어나 복합어를 만들 때, 숫자나 날짜를 잇는 용도에, 그리고 행말(行末)에서 단어가 끊어질 경우에 사용한다.

father-in-law 장인, 시아버지; a five-year-old girl 다섯 살 먹은 아이; a passer-by 지나가는 사람, 통행인; low-fat 저지방의; twenty-five 25; out-of-date 구식인, 시대에 뒤떨어진, 낡은; well-aimed 잘 조준된; attorney-at-law 변호사; editor-in-chief 편집장; re-cover(=recover) 회복하다; self-reliance 자기신뢰, 자립, 자신; self-employed 자가 영업(근무)의, 자영(自營)의, 자유업의; attorney-in-fact 대리인; ambassador-at-large 전권대사, 무소임 특사; dressing-table(=dressing table) 화장대, (영국)보조탁자; debt-stricken company 빚에 허덕이는 회사; far-reaching effect 광범한 효과; duty-free shop 면세점; anti-pollution 반공해의

(11) **소괄호**56)(round brackets, parentheses → **( )**): dash와 마찬가지로 삽입구와 삽입절을 구분하는데 사용하지만, 그 삽입구의 내용이 글의 문맥과 거리가 있음을 알려줄 때 주로 사용된다는 점에서 dash와 차이가 있다. 다시 말해서, 본문에 직접 관계가 없는 삽입어구나 삽입문을 표시하거나 인용의 출처를 표시하는데 사용한다.

If anyone has not bought his ticket yet (reservations began a week ago), a few choice seats are still left.
아직 표를 사지 못한 사람이 있다면 (예매는 일주일 전에 시작되었다) 좋은 자리가 아직 몇 개 남아있다.

When the law was passed(1963), few people were aware of its implications.
법이 통과(1963년에 통과됨)되었을 때 사람들은 그 법의 함축된 의미를 깨닫지 못했다.

Zimbabwe (formerly Rhodesia)
짐바브웨(전에는 로디지아라고 불려 짐)

He is (as he always was) kind.

---

56) ①The chief function of a bracket is to enclose material that has been interpolated by someone other than the original writer or speaker, or to show that an error in quoted material is one that occurs in the original material. ②The chief function of a parentheses is to enclose material that is explanatory or incidental and that gives directions or references, or to mark numbered or lettered divisions within sentences or paragraphs.

그는 지금도(과거에도 항상 그랬듯이) 친절한 사람이다.

crossword (puzzle) 크로스워드 퍼즐, 십자말풀이,
king-size(d) 특별히 긴(큰), 대형의, (침대가)특대형의

(12) **중괄호**(brackets → 【 】): 대괄호 또는 꺽쇠묶음이라고 불리며 인용문 속의 삽입적요소를 구분할 때 쓰인다. 즉, 인용문의 일부분을 독자들이 혼동을 하거나 모르는 것 같을 때, 독자들의 이해를 돕기 위해서 주석을 달아줄 때, 인용문의 일부가 문법이나 철자법에서 문제가 있다는 것을 지적할 때 주로 사용한다.

Then the man said, "He [the police officer] can't prove
I did it."
그 남자는 "그(경찰관)는 내가 한 일을 증명할 수 없을 것이다"라고 말했다.
*문맥상 독자들이 He가 누구인지 혼동할 것 같아서 알려 줌

"In 1956 he [Eisenhower] was again elected to the presidency."
1956년 그(아이젠하워)는 다시 대통령직에 선출되었다.
*문맥상 독자들이 He가 누구인지 혼동할 것 같아서 알려 줌

"In April of that year [1942] Johnson took out his first
patent."
1942년 그해 4월에 존슨은 자신의 첫 번째 특허를 얻었다.
*the year가 원문에서 어느 해인지 밝혀있기 않았기에 소개

"Milton portrays Satan as a fallen angle [sic] of tremendous
size."
밀턴은 사탄을 무서울 정도의 큰 타락한 천사로 묘사하고 있다.

(주의)(틀린 원문을 인용할 때 틀린 부분 다음에 (sic) 또는
[sic]라고 부기(附記)함).

16. 독해방법론

　영문독해 방법에는 두 가지 단계를 통해서 이루어진다고 할 수 있다. 우선 독자는 글을 구성하고 있는 각 문장들을 문법적으로 분석이 가능해야 한다. 그런 후에 각 분석된 문장을 문맥적 독해방법을 통해서 주제를 찾아서 정확하고 빠르게 우리말로 옮긴다.

(1) 문법적 독해방법(grammatical reading)

　문장은 두 가지의 재료들이 결합해서 이루어지는데 바로 재료적인 요소인 "단어·구·절"과 성질적인 요소인 "8품사"이다. 둘이 결합해서 만들어진 또 다른 요소가 "주어·동사·보어·목적어·수식어"라는 문의 주요소들이다. 여기서 구와 절은 연결사인 접속사와 전치사만 잘 알면 해결되지만 그러나 품사에 대해서 정확히 이해하는 것은 노력이 필요하다. 특히 구와 절중에서 준동사로 이루어진 구(명사구, 형용사구, 부사구)와 접속사로 이루어진 절(명사절, 형용사절, 부사절)이 중요하며, 그리고 문장의 골격(또는 구조)을 만드는데 주도적인 역할을 하는 동사가 중요하다. 결국, 문장을 분석한다는 것은 그 속에 사용된 재료들인 단어와 구와 절이 어떠한 품사와 결합해서 어떤 역할을 하고 있는지를 밝히면 되는 것이다. 그러므로 영문으로 된 글을 읽고자하는 사람이라면 글을 우리말로 옮기기 전에 다음과 같은 순서로 문장을 분석하는 능력을 키워 나아가야 할 것이다.

　첫째로, 접속사를 통해서 문장의 종류(단문, 중문, 복문, 혼합문)를 확인하라. 글을 쓰는 사람(writer)이 자신이 말하고자하는 하나의 줄거리가 있는 생각(thought)이나 느낌(feeling)을 글자로 기록해 나타내는 최소 단위가 문장(sentence)이다. 문장이란 하나의 주부(=명사구)와 술부(=동사구)로 이루어져 있는 것을 말하는데, 이때 주부에 핵심요소인 명사가 하나든지 또는 여러 개이든지 간에 뒤에 뒤

따라오는 하나의 술부에 걸리거나 술부에 핵심요소인 동사가 하나든지 또는 여러 개이든지 간에 앞에 있는 하나의 주부에 걸리면 하나의 문장이다.

명사 + 명사 + 동사 ~
　주부　　　　술부

He and his brother read English everyday.
　　　　　　s　　　　　v

명사 + 동사 + 동사 ~
　주부　　　술부

He reads and writes English everyday.
　s　v1　　　　v2

Solitude is essential tome and rests my nerved and
　　s　　v1　　　　　　　　　　　v2
helps me to branch out.
v3

　하나의 문장을 볼 때 먼저 문장의 첫 단어부터 문장의 마지막 단어까지 훑어보면서 접속사와 전치사를 중심으로 절과 구를 찾아낸다. 특히 접속사는 문장 속에 사용되는 가장 큰 덩어리(대등접속사 → 대등절, 종속접속사 → 주절+종속절)를 이끌고 다니는 요소이며 그리고 문장의 종류를 알 수 있는 요소이기 때문에 특히 중요하다. 문장 속에 대등절이 있으면 중문이고, 문장 속에 종속절이 있으면 복문이고, 문장 속에 대등절과 종속절이 함께 있으면 혼합문이고, 문장 속에 절이 없이 이루어지면 단문이다.
　접속사의 뜻에 따라서 문장의 내용의 차이가 발생할 수도 있기 때문에 가능한 한 접속사들이 가지게 되는 다양한 뜻을 암기하거나 또는 사전을 통해서 밝힐 수 있도록 많은 노력이 필요하다.

I was tired. + I went home to rest.

- and: I was tired and I went home to rest.
  나는 피곤해서 쉬려고 집에 갔다.

- for: I went home to rest, for I was tired.
  나는 집으로 쉬러갔다, 왜냐하면 지쳤기 때문이다.

- so ~ that: I was so tired that I went home to rest.
  나는 너무 피곤해서 그 결과 쉬려고 집에 갔다.

- though: Though I was tired, I went home to rest.
  나는 너무 피곤했지만 집에 가서 쉬려고 발길을 옮겼다.

- if: If I was tired, I went home to rest.
  (=Because I am not tired, I didn't go home to rest.)
  만약에 내가 피곤했다면 집에 가서 쉬었다.

- whenever: Whenever I was tired, I went home to rest.
  나는 피곤할 때면 언제나 집에 가서 쉬었다.

문장들을 종류별로 구분하여 읽게 되면 마치 낯익은 사람을 만나듯이 친근힘을 갖게 된다. 이 때 접속사에 따라서 대등접속사로 연결되면 대등절이 되고 종속접속사로 연결되면 주절과 종속절이 된다. 물론 하나의 문장 속에 사용될 수 있는 절의 숫자는 글 쓰는 사람이 필요에 의해서 무한정으로 사용할 수 있다. 예를 들어서, 중문과 복문을 만들고사 할 때 기본적으로 두 개의 절이 필요하지만 그 이상이 있을 수도 있다는 것을 말하며, 혼합문에서는 기본적으로는 세 개이지만 또한 그 이상일 수 있다는 것을 말한다. 그러므로 학습자들은 많은 단어들 중에서 접속사로도 사용될 수 있는 단어들은 특히 암기하고 있어야 한다.

(ex.) <u>The principal was going to report it to the police</u>,
         대등절1
but [<u>when he finally understood better (what had</u>
         부사절   명사절
<u>happened)</u>] , he dropped the case.
                 대등절2

교장은 그 사실을 경찰에 신고하려 했지만, 어제 일어났던 사건에 대해서 이해하고 나서는 신고를 취소하였다.

(문법설명) 전체적으로는 대등접속사 'but'로 두 개의 대등절을 연결시키고 있는데, 앞의 대등절은 단문인데 뒤의 대등절은 주절과 종속절(부사절 when이하~, 명사절 what이하~)로 된 복문이다. 이 문장에는 접속사가 세 개가 쓰였으므로 기본 문장(=절) 하나에다 다른 세 개의 절이 어우러졌다. 그리고 밑에 있는 선은 문장을 도식(graph)으로 나타낸 것이다.

위의 문장은 혼합문이다. 전체적으로는 대등접속사 'but'로 두 개의 대등절을 연결시키고 있는데, 앞의 대등절은 단문이지만 뒤의 대등절은 주절과 종속절(부사절 when→부사절 속에 명사절 what이 포함됨)로 된 복문이다. 이 문장에는 접속사가 세 개가 쓰였으므로 기본 문장(이것도 전체 문장 속에서는 절이라고 부른다) 하나에다 다른 세 개의 절이 어우러졌다. 다시 말해서, 문형(1~5형식)을 가지는 것이 모두 네 개가 있다는 것이다. 아래에는 위의 문장을 도식(graph)으로 나타내 보았다.

(ex.) <u>There were not many Asian students</u> (<u>where I</u>

16. 독해방법론 343

```
                      대등절1
first went to school), so (when I got sick) I didn't know
   부사절                     부사절
what to do, whether to stay home or go to school.
                      대등절2
```

내가 맨 처음 학교에 갔을 때 아시아계 학생들은 별로 없었다. 그래서 나는 아프게 될 때 무엇을 해야 할지, 집에 그냥 있어야할지 아니면 학교에 가야할지를 몰랐다.

(문법설명) 전체적으로는 대등접속사 'so'로 두 개의 대등절을 연결시키고 있는데, 앞의 대등절은 주절과 종속절(형용사절 where)로 된 복문이고 뒤의 대등절도 주절과 종속절(부사절 when)로 된 복문이다. 이 문장에도 접속사가 세 개가 쓰였으므로 기본 문장(=절) 하나에다 다른 세 개의 절이 어우러졌다. 그리고 밑에 있는 선은 문장을 도식(graph)으로 나타낸 것이다.

둘째로, 문장 속에 있는 절(대등절, 주절, 종속절)이 있다면 하나의 문장으로 확인하라. 문장의 핵심요소(주어s, 동사v)와 준 핵심요소(보어c, 목적어o)로 나눠라. 왜냐하면 대부분의 단어(구, 절)들은 그것이 어느 위치에 사용되었느냐를 통해서 그 품사를 알 수 있기 때문이고, 더욱이 품사에 따라서(또는 문맥에 따라서) 뜻이 달라질 수도 있기 때문이다.

다시 말해서, 절은 저마다 하나의 문형으로 이루어져 있다. 그러므로 그 속에는 주요소들(주어, 동사, 보어, 목적어, 수식어)들이 저마다의 역할에 따라서 자신의 위치에 있을 것이다. 일반적으로 동사(자동사, 타동사)를 중심으로 그 앞에는 주어가 있고 뒤에는 보어(주격보어, 목적격보어)나 목적어(직접목적어, 간접목적어)가 뒤따르게 된다. 특히, 보어나 목적어는 앞에 사용된 동사의 성질에 따라서 끌려오는 것들이며, 그들의 관계는 영어사전을 통해서 확인할 수 있다. [동사는 대부분 자동사와 타동사의 성질을 모두 가지고 있으므로 문장 속에 사용된 동사가 어느 성질로 사용되었는지는 동사 뒤에 사용된 요소들을 통해서 문형을 밝혀야하고, 그런 다음에는 보어(명사, 형용사)나 목적어(명사)로 구체적으로 무엇이 사용되었는지도 밝혀야 한다. 왜냐하면 동사가 보어나 목적어로 어떤 것을 사용하였느냐에 따라서도 그 것의 의미가 다를 수도 있기 때문이다. 물론, 글의 문맥도 의미를 결정하는 중요한 요소가 된다는 것은 두말할 것도 없다.]

- **want**
  vt. (~+to do/+목+to do/+목+done/+목+-ing/+목+보)
  (~+목/+-ing/+목+전+명)
  vi. (~/+전+명)

- **like**
  vt. (~+목/+목+(to be) 보)
  (~+to do/+목+to do/+-ing/+목+-ing)
  (~+목/+to do/+목+to do)
  vi. (~+(부))

- **think**
  vt. (~+(that)절)(~+wh.[how]절)
  (~+목/+wh. to do)
  (~+목+(to be)보/+목+to do/+목+전+명)
  (~+목+전+명/+(that)절/+ to do)
  (~+목+부/+목+보/+목+전+명)
  vi. (~/+전+명)

이상과 같이 문장 속에 사용된 주요소들이 밝혀지면 자연스럽게 품사와의 관계를 알 수 있게 된다. 만약에 주어로 쓰였다면 명사상당어구이고, 동사는 동사이고, 보어로 쓰였다면 명사 또는 형용사 (서술적 용법) 상당어구이고, 목적어로 쓰였다면 명사 상당어구이고, 수식어로 쓰였다면 부사 또는 조동사 또는 형용사의 제한적 용법일 것이기 때문이다.

그러면 아래의 두 문장을 예로 들어서 한 문장 속에 사용된 각각의 절들을 문형으로 나누어 보기로 한다.

(ex.) ① <u>The principal was going to report it to the</u>
        s   vt   o
<u>police</u>, but (② <u>when he finally understood better</u>
                    s   vt
③ <u>what had happened</u>), ④ <u>he dropped the case</u>.
  o (s' + v')   s   vt   o

(문법설명) ①번 절(節)은 3형식(s+vt+o+prep.+o)이다. 주어인 the principal 다음에 준조동사인 'be able to=can'가 사용되었고, 본동사인 완전타동사 report는 목적어인 대명사 it를 취하였다. 뒤에 사용된 전치사인 to는 목적어로 the police를 받아서 앞에 사용된 동사 report와 관련된 타동사구로서 숙어 'report~to~'에 속한다. ②번 절(節)은 3형식 (s+vt+ <u>what+s'+vi'</u>)이다. 주어인 he 다음에 본동사인 완전타동사 understand는 목적어인 명사절을 취하고 있다. 그리고 주어와 동사 사이에 수식어인 부사 finally와 better를 사용하여 동사를 수식하고 있다. ③번 절(節)은 1형식(s+vi)이다. 주어인 주격 의문대명사 what 다음에 본동사인 완전자동사 happen이 사용되고 있다. 특히 동사는 완료시제를 사용하고 있다. ④번 절(節)은 3형식(s+vt+o)이다. 주어인 he 다음에 본동사인 완전타동사 drop은 목적어인 명사 the case를 취하고 있다.)

(ex.) ① <u>There were not many Asian students</u> ② (<u>where</u>
              vi   s
<u>I first went to school</u>), ③ <u>so</u> (④ <u>when I got sick</u>) I <u>didn't</u>
s   vi   s vi sc s

<u>know what to do, whether to stay home or go to school</u>.
　vt　　　o1　　　　　　　o2

(문법설명) ①②번은 전체적으로 앞뒤를 종속접속사 where로 연결된 복문이다. 즉, 대등절이면서 형용사절을 포함하고 있는 하나의 복문이 있다. 주절인 주절로 ①번 절은 1형식의 변형(there+be+명사)이고, ②번 절은 앞의 명사를 제한하고 있는 형용사절로 1형식(s+vi+prep.+o)이다. ③④번은 전체적으로는 앞뒤를 대등접속사 so로 연결된 중문이다. 즉, 대등절이면서 부사절을 포함하고 있는 하나의 복문이 있다. 주절인 ③번 절은 3형식(s+vt+<u>what to do, whether to stay or (whether to) go</u>.)인데 상관접속사구인 whether~or-가 사용되었고, ④번 절은 2형식(s+vi+sc)이다.

셋째로, 문장에서 핵심요소와 준 핵심요소를 빼면 나머지 것들은 부가적인 요소인 수식어(modifiers = 부사, 조동사, 형용사의 제한적 용법)들이다. 이들은 문장 속에서 (준)핵심요소들을 찾기 힘들게 하는 방해요소들이기 때문에 주의해야한다. 특히, 수식어들이 문장 속에서 어디에서(where) 또는 어떻게(how) 활동하는지에 대해서 주의 깊게 관찰하기 바란다.

문장에 사용되는 재료는 형태적인 재료(단어, 구, 절)와 성질적인 재료(팔 품사)를 들 수 있지만, 문장 속에 사용되는 요소들로는 핵심요소(주어, 동사)와 준 핵심요소(보어, 목적어) 그리고 부가적인 요소(수식어)로 나눌 수 있다. 이 중에서 (준)핵심 요소들은 문장의 전체적인 구조(틀)를 결정한다면 부가적인 요소인 수식어들은 문장의 양(short sentence 短文, long sentence 長文)을 결정하는 요소이다. 글 쓰는 이의 문장력에 따라서 부연적인 설명을 많이 하는 것을 좋아하는 사람도 있고 아니면 핵심만을 간결하게 쓰기를 좋아하는 사람도 있다. 그러나 우리들이 친구와 대화를 생각해 볼 때 대부분 본론보다는 부연설명을 더 많이 하는 것을 보면 어쩌면 글이라는 것도 마찬가지 일 것이라고 짐작해 볼 수 있다. 그러므로 우리가 영문독해 할 때 어려움을 주는 요소는 문장의 (준)핵심 요소들 보다는 부가적인 요소들인 수식어인 경우가 많다. 간단한(짧은) 문장에서 복잡한(긴) 문장으로의 단계별 독해연습을 통해서 구체적으로 수식어들이 어떻게 사용되고 있는지에 대해서 많이 경험해보는 것이 좋다.

(ex.) ① <u>The principal was going to report it to the</u>
　　　　　　　　m(aux)　　　　　　　　　m(ad)
<u>police</u>, but (② <u>when he finally understood better what</u>
　　　　　　　　　　　　　m(ad)
<u>had happened</u>), he dropped the case.

(문법설명) 문의 핵심요소로, ①번에서는 주어 principal과 동사 report이고, ②번에서는 주어 he와 동사 drop이다. 문의 준 핵심요소로, ①번에서는 목적어 it가 있고, ②번에서는 목적어 the case이다. 문의 부가적요소를 구분하면 다음과 같다. ①번에서는 조동사 be going to(=can)과 동사구인 to the police가 사용되었다. 그러나 문장 전체로 볼 때는 부사구로도 볼 수 있다. ②번에서는 부사절 when이 주절을 수식하고 있다. 그리고 부사절 속에도 부사인 finally와 better가 동사를 수식하고 있고 목적어인 명사절 속에도 조동사 have가 있다.

(2) 문맥적 독해방법(contextual reading)

읽어야 할 대상의 언어(言語, language)가 무엇이든 간에 저자(著者, writer)가 글(reading)을 통해서 말하고자 하는 바를 빠르고 정확하게 알아내는 방법을 다룬 것이 바로 독서법(讀書法, reading skill)이다. 영문독해 할 경우에도 독서법을 이용하면 보다 빠르고 정확하게 글의 주제를 파악하는데 큰 도움을 주리라 생각한다.

영어로 된 글을 읽고자 할 경우에는 우선적으로 영어가 모국어와 다른 점들인 문법과 사용되는 수많은 단어(words)에 대한 선지식(先知識, previous knowledge)이 있어야 할 것이다. 그런 다음에야 독서법이 영문독해 하고자 하는 사람들에게 효과적인 기술이 될 것이다. 문장의 구조 또는 구성요소를 중심으로 분석하면서 읽어나가는 것을 문법적 독해(grammatical reading)라고 한다면 글의 전체적인 줄거리(앞뒤상황, 전개상황, 문맥)를 중심으로 분석하는 것은 문맥적 독해(contextual reading)라고 한다.

대부분의 사람들은 글을 읽을 때 자신들이 알고 있는 몇몇 단어들만을 가지고 이야기의 줄거리를 대충 추론하여 밝혀내려 한다. 이러한 방법은 일반적이고 보편적인 사실을 다룬 글에서는 알고 있는 단어들만으로 이야기의 줄거리를 대충 추론하여 이끌어 내겠지만 전문적이고 복잡한 사실을 다룬 글을 다룰 때도 가능하겠는가라는 의문이 든다. 문장에 대한 구조와 구성요소에 대한 문법지식이야말로 여러분이 독해하다가 어려움을 겪을 때 해결할 수 있는 분석능력을 주는 매우 중요한 것임을 명심해야한다.

독해 방법론을 쓴 Linda R. Baker는 *Interactions 2: Integrated Skills*에서 독서법에 대해 소개하고 있다. 그는 독서법을 설명하는데 있어서 3S(skipping, skimming, scanning)를 특히 강조하고 있다.

Skipping이란 「모르는 부분 일단 건너뛰기」라고 바꿔서 말할 수 있는데, 글을 읽다가 모르는 단어가 나온다고 해서 한글 사전을 펴고 일일이 찾아가면서 글을 읽지 않는다. 모르는 단어가 나오면 그냥 건너뛰어 읽어 내려가면 뒤에서 전개되는 상황을 미뤄 짐작하여 앞의 상황을 추론하지 않는가. 이러한 독서방법을 "skipping"이라고 한다. 다시 말해서, 사람들은 글 속에 모르는 부분(단어, 구, 절, 문장, 단락)이 나타나면 그것을 어떻게든 해결하고 다음으로 넘어가려하지 말고 그냥 건너뛰어 읽어 내려가도 된다는 것이다. 왜냐하면 일반적으로 글을 쓰는 저자들은 자신이 한 말을 단 한번만 언급하는 것이 아니라 여러 번 반복을 통해서 설명하기 때문이다. 특히 그 단어(또는 구, 절, 문장, 단락)가 글 속에서 중요한 단어(key words)이면 더욱 그러하다.

저자들이 반복(또는 암시)하는 방법에는 세 가지가 있는데 다음과 같다. 첫 번째 방법은 모르는 단어 바로 뒤에 구두점(punctuation)인 「괄호와 대시와 콤마: in parentheses ( ), after a dash (—), or after a comma (,)」등을 사용하여 보다 쉬운 단어로 반복하여 준다는 것이다.

*Sometimes a sentence gives a definition of a word or information about it. This information may be in parentheses ( ), after a dash (—), or after a comma (,).

There is a <u>drawback</u>, a <u>disadvantage</u>.
(You can see the word 'disadvantage')
결점, 다시 말해서, 불리한 조건이 있습니다.

두 번째 방법으로는 모르는 단어가 있는 문장 속에서가 아닌 「다른 (또는 다음) 문장 또는 문장의 파편(in another sentence or sentence part)」을 통해서 보다 쉬운 말(문장)로 반복하여 준다는 것이다.

*Sometimes a clue to the meaning of a new vocabulary item is in another sentence or sentence part.

(ex) A school system in one country is not <u>identical</u> to the system in any other country. It cannot be <u>exactly the same</u> because each culture is different.
(You can see the meaning in the second sentence— 'exactly the same')
한 나라의 학교교육 체계는 다른 나라의 학교교육 체계와 동일하지는 않다. 다시 말해서, 각 나라의 문화가 서로 다르기 때문에 학교교육 체계가 정확히 같을 수는 없다는 것이다.

세 번째 방법으로는 모르는 단어에 대해 위의 방법처럼 직접직으로 반복을 통한 것이 아닌 독자의 「간단한 논리력(simple logic)」으로 알아낼 수 있는 방법이다.

*Sometimes simple logic helps you to guess a new word.

(ex) The educational system is a mirror that reflects the culture. (You probably know the word mirror, so you can guess that 'reflects' means 'shows')
교육체계는 그 나라의 문화를 반영하고 있는 거울과 같다.

Skimming은 「빠른 속도로 훑어 읽기」라고 바꿔서 말할 수 있는데, 글(발췌한 글, selection)의 전체적인 요지(general idea)를 알아내기 위해서 글 속의 모든 단어들을 읽는 것이 아니라 중요하다고 여겨지는 단어들과 구들(key words and phrases)을 중심으로 모르는 부분은 일단 건너뛰기(skipping)하면서 빠르게 훑어서 읽는 방법을 말한다. 그리고 읽는 속도(reading speed)를 빠르게 하기 위해서 글 속에 사용된 어휘들을 묶어서(words in group; 구와 절) 읽는다면 이해하는데도 더욱 속도가 붙게 될 것이다.

The game of baseball is enjoyed by many people around the world.
The game of baseball is enjoyed by many people around the world.

야구라는 경기는 전 세계에서 많은 사람들이 즐기고 있다.

The best advice that one person can give another about reading is to take no advice from anyone, to follow your own instincts and read the books that interest you.

독서에 관해 한 사람이 다른 사람에게 줄 수 있는 가장 좋은 조언은 아무에게서도 조언을 받지 말고 자기 자신의 기호에 따라 자기가 흥미 있어 하는 책을 읽으라는 것이다.

천천히 읽는 것이 언제나 글을 이해하는데 도움이 되는 것이 아니라고 본다. 그러므로 독자는 글을 읽을 때 한 번으로 글의 요지를 잡겠다고 접근하기 보다는 skipping을 통해서 글을 몇 번이고 반복해서라도 저자가 말하고자하는 대략적인 요지를 파악하려고 시도하는 것이 방법의 하나라고 본다. skimming에서 가장 좋은 방법이란 각각의 문단의 첫 번째 문장(topic sentence)을 읽는 것이다. 글을 전체적으로 skimming을 한 후에 그 문장(topic sentence)이 무엇을 말하려고 하는지 다시 생각해본다면 더욱 도움을 줄 것이다.

Scanning은「주제가 들어 있는 부분 찾기, 발췌하기」라고 바꿔서 말 할 수 있는데, 사람들이 필요한 자료를 찾기 위해서 도서관에 갈 때 마음속에는 찾고자하는 내용이 이미 결정되어 있는 상태이다. 그러므로 도서관에서 필요한 책을 제목 또는 목차를 통해서 선정한 후 그 책 전체를 읽는 것이 아니라 대충 훑어본다. 즉 찾고자 하는 정보와 관련한 특정한 부분들을 선택적으로 발췌하여 그 부분만을 집중적으로 살펴보는 것을 말한다.

글을 영어에서 모국어로 번역할 때는 직역(直譯, literal translation)으로 하는 방법과 의역(意譯, **paraphrasing translation**)으로 하는 방법이 있다.57) 직역은 문장 속에 있는 단어와 구를 문법적인 구조 내에서 문자 그대로 우리말로 옮기는 것을 말하고 의역은 문맥을 벗어나지 않는 한도에서 보다 쉬운 우리말로 바꾸어서 옮기는 방법을 말한다. 즉, 의역이란 눈에 보이는 각각의 문장들만을 가지고서 우리말로 옮기는 것이 아니라 눈에 보이지 않는 문장과 문장 사이인「행간 읽기(reading between the lines)」를 통해서 우리말로 옮기는 방법이며, 문맥에서 벗어나지 않는 한도 내에서 부드럽게 우리말로 옮기기 위해서 문장 속에 사용된 품사를 그 품사의 해석방법(명사:~하는 것, 형용사:~하는, 부사:~하게, 등등)에 얽매여서 하는 것이 아니라 누가 읽더라도 그럴듯한 말로 옮기기

---

57) paraphrase = (쉽게) 바꿔 쓰다(말하다), 말을 바꿔서 설명하다; literal = 문자의, 문자 상의, 문자로 표현된, 글자 그대로의, 어구에 충실한

위해서 때로는 다른 품사로 전환시켜서 번역하는 방법이며, 더욱이 문장 속에 사용된 단어들의 뜻만을 가지고서 번역하는 것이 아니라 때로는 문장 속에 없는 뜻을 덧붙여서라도 쉽게 우리말로 옮기려는 방법을 말한다.

He was **glad** to do as she asked.
직역: 그는 그녀가 요구하는 대로 <u>함으로서</u> <u>기뻤다</u>. (형용사:~해서 기쁜)
의역: 그녀는 <u>기꺼이</u> 그녀가 하라는 대로 <u>했다</u>. (부사: 기꺼이~하다)

She is a **careful** dresser.
직역: 그녀는 <u>조심스러운(꼼꼼한)</u> 옷차림을 한 사람이다. (형용사)
직역: 그녀는 <u>조심스럽게(꼼꼼하게)</u> 옷을 입는 사람이다. (부사)
의역: 그녀는 옷 입는 것에서 <u>조심스러운(꼼꼼한) 편이다</u>. (술어)

I have not found in them either **subtlety** of intellect or **liveliness** of imagination.
직역: 나는 그들에게서 지성의 <u>섬세함</u>이나 상상력의 <u>왕성함</u> 중 어느 것도 발견하지 못했다. (명사)
의역: 나는 그들에게서 <u>섬세한</u> 지성이나 <u>왕성한</u> 상상력 중 어느 것도 발견하지 못했다. (형용사)

the way to the school 학교로 **가는** 길 (going)
money from my parents 부모님한테 **받은** 돈 (received)
quests from Korea 한국에서 **온** 손님들 (coming)
many students in the classroom 교실에 **있는** 많은 학생들 (being)

The young student asked if there was anything in which one could believe. "Certainly there are things worth believing," said Einstein. "I believe in ①<u>**the brotherhood of man and uniqueness of the individual**</u>. But if you ask me to prove what I believe, I can't. ②**You know them to be true** but ③**you could spend a whole lifetime without being able to prove them** …."

*직역: ①인간의 형제애와 인간의 독특함 ②당신은 그것들이 사실임을 알고 있다. ③당신은 그것들을 입증할 수 없이 한 평생을 보낼 수도 있다.

*의역: 젊은 학생이 사람에게 믿을 수 있는 것이 있는가에 대해 물었다. "아인슈타인은 "확실히 믿을 만한 것이 있지요" 라고 말했다. "①<u>인간은 형제라는 것 그리고 각 인간은 독특한 존재라는 것</u>을 나는 믿습니다. 그러나 나에게 내가 믿고 있는 것을 입증하라고 한다면 나는 입증할 수가 없습니다. ②<u>그것이 참된 것임을 알고 있지만</u> ③<u>한 평생을 모두 바쳐도 그것을 입증할 수가 없을 것입니다</u> …."

Topic Sentence란 「화제 찾기」라고 바꿔서 말할 수 있는데, 문단(paragraph)이란 문장들(sentences)의 모임이고 그리고 하나의 문단속에는 하나의 화제(주제, 이야기 거리, 논제, topic)를 가지고 있다. 하나의 문단속에는 하나의 화제(주제)에 대해서 말해주는 문장이 있는데, 이것이 바로 「요지(main idea)」를 담고 있으며 대개 그 문단속에서 첫 문장인 경우가 많다. 나머지 다른 문장들은 화제에 대해 덧붙여주는(부연 설명들, 뒷받침해주는 정보들) 역할을 한다.

<u>**Life is very complicated, and it's art's business to simplify it**</u>. The artist must find the common denominator, that which is similar among all of us, and draw upon that to produce a work which not only unites us but also separates us. Each of us must be able to see something different in the work, although the underlying thing we grasp in it is the same.

<u>인생은 대단히 복잡하며 그것을 단순화하는 것은 예술가가 할 일이다</u>. 예술가는 우리 모두에게서 비슷한 공통분모를 발견하고, 그 다음엔 그

것에 의존해서 우리들을 결합시킬 뿐만 아니라 분리시키기도 하는 작품을 만들어내야 한다. 비록 그 작품 속에서 우리가 파악하는 밑바닥 사항은 모두 동일하지만 우리 모두는 그 속에서 상이한 그 무엇을 발견할 수 있어야 한다.

The majority of young people who have had everything handed to them at an early age take comfort for granted and look on an effortless life as the highest good. They live in a ready-made world and expect water to flow out of faucets, houses to be built, streets to be paved and kept clean, food to appear on the table, without assistance or attention. It is vicarious way of living that is offered our young people.

어릴 때 원하는 모든 것을 받으며 자라 온 젊은이들의 대다수는 안락한 생활을 당연한 것으로 생각하며 노력 없는 생활을 최고의 행복이라 간주한다. 그들은 즉시 입을 수 있는 기성복과 같은 세계에서 살고 있으며 그리하여 자기가 무엇을 하나 돕거나 관심을 쏟지 않아도 물은 수도꼭지만 틀면 나오고 집은 저절로 세워지고 도로는 포장되어 깨끗하게 유지되며 음식이 식탁에 나오는 것이라 생각한다. 이것이야말로 우리의 젊은이들에게 자신의 생활이 아니고 남의 생활을 살게 하는 것이다.

Another fundamental aspect of the American view lies in the stress placed on concreteness. But Americans do not require that they be able to touch, see or in some way personally encounter an object in order to establish concreteness. To the American the essential quality is measurability. The world must have dimensions which can be quantified. To Americans there are very few qualities or experiences that cannot be measured, at least to some degree. The quantification of the world and experience is deeply ingrained in the American.

<u>미국적 사고방식의 또 다른 근원적인 면은 구체적인 것을 강조하는 점이다</u>. 하지만 미국인들은 구체적인 것을 입증하기 위해서 어떤 물건을 만지거나 보거나 또는 어느 정도 개인적으로 직접 부닥친다거나 할 수 있어야 한다고 요구하지는 않는다. 미국인들에게 가장 중요한 점은 측정 가능성 여부이다. 세상은 반드시 양으로 나타낼 수 있는 차원을 갖고 있다. 미국인들에게는, 적어도 어느 정도라도 측정될 수 없는 것은 거의 없다. 세상과 경험의 계량화는 미국인들에게 깊이 배어있다.

17. 영어회화를 위한 첫 걸음

하나의 문장(sentence)이 어떻게 만들어지는지에 대해서는 앞에서 설명하였다고 한다면, 이제 그러한 문장들을 가지고 의문문(의문사가 없는 의문문, 의문사가 있는 의문문, 부정의문문, 선택의문문, 부가의문문, 간접의문문, 수사의문문)으로 전환시키는 방법을 설명하고자 한다. 의문문에 있어서 가장 기본적인 문법적인 사실은 평서문의 어순인 "주어+(조동사)+동사+~"에서 주어와 동사의 어순을 도치시키면(즉, 뒤바꾸면) 된다. 단, 동사를 대신해서 대동사가 문두로 도치될 경우에는 원래문장의 수와 시제를 그대로 받는다는 점을 주의해야 한다.

① **정형동사로 의문문 만드는 방법**
평서문: 주어 + <u>정형동사</u> + ~.
의문문: <u>대동사</u> + 주어 + <u>동사원형</u> + ~?
   do, does, did
긍정대답: Yes, 주어 + <u>대동사</u>.
부정대답: No, 주어 + <u>대동사 not</u>.

② **be동사로 의문문 만드는 방법**
평서문: 주어 + <u>be동사</u> + ~.
의문문: <u>be동사</u> + 주어 + ~?
   am, are, is, was, were
긍정대답: Yes, 주어 + <u>be동사</u>.
부정대답: No, 주어 + <u>be동사 not</u>.

③ **조동사로 의문문 만드는 방법**
평서문: 주어 + <u>조동사</u> + 동사원형 + ~.
   modal+**root of verb**, have+**p.p.**

be+-ing, be+p.p.
의문문: 조동사 + 주어 + 동사원형 + ~?
긍정대답: Yes, 주어 + 조동사.
부정대답: No, 주어 + 조동사 not.

They **go** to school. (현재형 복수동사)
그들은 학교에 다닌다.
→ **Do** they go to school? 그들은 학교에 다니고 있나요?
   Yes, they **do**. 예, 다니고 있습니다.
   No, they **don't**. 아니오, 다니지 않습니다.

He **goes** to school. (현재형 단수동사)
그는 학교에 다닌다.
→ **Does** he go to school? 그는 학교에 다니고 있나요?
   Yes, he **does**. 예, 다니고 있습니다.
   No, he **doesn't**. 아니오, 다니지 않습니다.

He **went** to school. (과거형 정형동사)
그는 학교에 다녔다.
→ **Did** he go to school? 그는 학교에 다녔나요?
   Yes, he **did**. 예, 다녔습니다.
   No, he **didn't**. 아니오, 다니지 않았습니다.

He **is** a student. (be 현재형동사)
그는 학생입니다.
→ **Is** he a student? 그는 학생인가요?
   Yes, he **is**. 예, 그렇습니다.
   No, he **isn't**. 아니오, 학생이 아닙니다.

He **was** a student. (be 과거형동사)
그는 학생이었다.

→ **Was** he a student? 그는 학생이었나요?
　Yes, he **was**. 예, 학생이었습니다.
　No, he **wasn't**. 아니오, 학생이 아니었습니다.

He **will go** to school. (법조동사)
그는 학교에 다닐 겁니다.
→ **Will** he go to school? 그는 학교에 다닐 건가요?
　Yes, he **will**. 예, 그는 다닐 겁니다.
　No, he **won't**.(=will not) 아니오, 다니지 않을 겁니다.

He **has gone** to school. (완료형)
그는 학교에 가고 없습니다.
→ **Has** he gone to school? 그는 학교에 가고 없나요?
　Yes, he **has**. 예, 학교에 가고 없습니다.
　No, he **hasn't**. 아니오, 그렇지 않습니다.

He **is going** to school. (진행형)
그는 학교에 가고 있는 중입니다.
→ **Is** he going to school? 그는 학교에 가고 있는 중인가요?
　Yes, he **is**. 예, 학교에 가고 있는 중입니다.
　No, he **isn't**. 아니오, 그렇지 않습니다.

He **is loved** by all friends. (수동형)
그는 친구들로부터 사랑받고 있다.
→ **Is** he loved by all friends? 그가 친구들로부터 사랑받나요?
　Yes, he **is**. 예, 사랑받고 있습니다.
　No, he **isn't**. 아니오, 그렇지 않습니다.

　의문문에 대한 대답에 대해서는 의문문의 종류를 설명하면서 같이 설명하고자 한다. 그러면 먼저 의문문에서 가장 기본적인 의문문이라 할 수 있는 (1)**의문사가 없는 의문문**(general question, yes/no question)은 화자(speaker)가 청자(listener)에게 어떤 사실에 대해 확인(confirmation)을 하면서 긍정(yes) 또는 부정(no)의 대답을 요구하는 의문문이다. 만드는 방법에 대해서는 앞서 설명한 방법대로 하면 되고, 그리고 그것에 대한 대답은 청자의 입장에서 긍정적인 대답을 하고자한다면 무조건 "Yes, 주어+대동사(조동사, be동사)"라고 하면 되고, 청자의 입장에서 부정적인 대답을 하고자 한다면 무조건 "No, 주어+대동사(조동사, be동사) not"이라고 하면 된다.

▪ 정형동사를 사용한 경우

평서문: I **know** her name.
 나는 그녀의 이름을 알고 있다.
의문문: **Do you know** her name?
 당신은 그녀의 이름을 알고 있나요?
긍정대답: Yes, I know it.
 =Yes, I do.
 예, 알고 있습니다.
부정대답: No, he don't know it.
 =No, I don't.
 아니오, 모릅니다.

평서문: He **went** to school.
 그는 학교에 갔다.
의문문: **Did he go** to school?
 그가 학교에 갔나요?
긍정대답: Yes, he went to school.
 =Yes, he did.
 예, 갔습니다.
부정대답: No, he didn' t go to school.

　　　　　　=No, he did not.
　　　　　　아니오, 가지 않았습니다.

평서문: He **likes** watching sports.
　　　　　그는 운동경기 보는 것을 좋아합니다.
의문문: **Does she like** watching sports?
　　　　　그는 운동경기 보는 것을 좋아합니까?
긍정대답1: Yes, he likes watching sports.
　　　　　=Yes, he does.
　　　　　예, 좋아합니다.
긍정대답2: Yes, he does. <u>He especially likes watching soccer</u>.
　　　　　예, 그는 특별히 축구경기 보는 것을 좋아합니다.
부정대답1: No, he doesn't like watching sports.
　　　　　=No, he doesn't.
　　　　　아니오, 좋아하지 않습니다.
부정대답2: No, he doesn't. <u>He prefers playing sports</u>.
　　　　　아니오, 그는 오히려 직접 하는 것을 좋아합니다.

▪ be동사를 사용한 경우

평서문: He **is** a student.
　　　　그는 학생입니다.
의문문: **Is he** a student?
　　　　그는 학생인가요?
긍정대답: Yes, he is a student.
　　　　=Yes, he is.
　　　　예, 그렇습니다.
부정대답: No, he is not a student.
　　　　=No, he is not.
　　　　아니오, 그렇지 않습니다.

- **조동사를 사용한 경우**

① **법조동사**: can, may, must, will, shall, (need, dare)

평서문: **She can** speak English.
    그녀는 영어로 말할 수 있다.
의문문: **Can she** speak English?
    그녀는 영어로 말할 수 있나요?
긍정대답: Yes, she can speak English.
    =Yes, she can.
    예, 가능합니다.
부정대답: No, she can't speak English.
    =No, she can't.
    아니오, 불가능 합니다.

② **완료시제**: have, has, had

의문문: **Have** you ever **received** a prank call?
    당신은 장난전화를 받아본 적이 있나요?
긍정대답: Yes, I have received several of them.
    =Yes, I have.
    예, 몇 번 받아본 적이 있습니다.
부정대답: No, I have never received it.
    =No, I never have.
    아니오, 그런 적이 없습니다.

의문문: **Have** you ever **been to** China?
    당신은 장난전화를 받아본 적이 있나요?
긍정대답: Yes, I have. I go there once a year.
    예, 일 년에 한 번씩 갑니다.

부정대답: No, I haven't. But I want to go there someday.
아니오, 그러나 언젠가 그곳에 가보고 싶습니다.

의문문: How long **have** you **had** it?
당신은 얼마나 오랫동안 그것을 가지고 있었나요?
긍정대답: I have had it for two years now.
현재 2년 동안 가지고 있습니다.
부정대답: I just bought it a few months ago.
바로 몇 달 전에 샀습니다.

② 진행시제: am. are, is, was, were

의문문: How **are** you **feeling** today?
오늘 기분이 어떠신가요?
긍정대답: I am feeling great.
오늘 기분이 좋습니다.
부정대답: I am not feeling great today.
오늘 기분이 좋지 않습니다.

의문문: **Are** you **writing** a letter?
당신은 지금 편지를 쓰고 있나요?
긍정대답: Yes, I am writing a letter.
=Yes, I am.
예, 그렇습니다.
부정대답: No, I am not writing any.
=No, I am not.
아니오, 그렇지 않습니다.

의문문: Where **are** you **going to** go?
당신은 지금 어디로 가려하나요?

긍정대답: <u>I am going to go to school</u>.
학교로 가려합니다.

의문문: Where **have** you **been keeping** your books?
당신은 많은 책들을 어디에 보관해오고 있나요?
긍정대답: <u>I have been keeping my books at home</u>.
집에 보관해오고 있습니다.

③ 수동태: am, are, is, was, were

의문문: **Are** you **loved** by your friends?
당신은 친구들한테 사랑받고 있나요?
긍정대답: Yes, I am loved by my friends.
　　　　　=Yes, I am.
　　　　　예, 그렇습니다.
부정대답: No, I am not loved by my friends.
　　　　　=No, I am not
　　　　　아니오, 그렇지 않습니다.

의문문: **Are** you **interested** in gospel song?
당신은 복음성가에 관심이 있나요?
긍정대답: Yes, I am interested in gospel song.
　　　　　=Yes, I am
　　　　　예, 그렇습니다.
부정대답: No, I am not interested in gospel song.
　　　　　=No, I am not
　　　　　아니오, 그렇지 않습니다.

　위와 마찬가지로, 상대방에게 어떤 사실에 대해 확인을 하면서 긍정(yes) 또는 부정(no)의 대답을 요구하는 또 다른 의문문으로 (2)**부정의문문(negative question)**이 있다. 부정의문문은 의문사가 없는 의문문에다 부정어 'not' 만을 첨가하면 된다. 그리고 대답에서도 청자가 긍정적인 대답을 하려면 yes를 하고, 부정적인 대답을 하려면 no를 하면 된다. (이 때 'yes'를 우리말로 옮기면 '아니오'가 되고 'no'를 우리말로 옮기면 '예'가 된다.)

평 서 문: **He didn't go** to school.
    그는 학교에 가지 않았다.
의 문 문: **Didn't he go** to school?
    그가 학교에 가지 않았나요?
긍정대답: Yes, he went to school.
    =Yes, he did.
    아니오, 그는 갔습니다.
부정대답: No, he didn't go to school.
    =No, he did not.
    예, 그는 가지 않았습니다.

(3) **부가의문문(tag question)**은 화자가 청자에게 어떤 사실에 대해 "그렇죠?, 그렇지 않나요?"등의 동의(agreement)를 구하는 의문문이다. 부가의문문은 문장 끝에 콤마로 구분시켜서 짧게 의문문을 부가시켜서 만든 것이다. 평서문이 긍정문일 때는 부정의문문을 부가시켜서 긍정의 대답을 기대하고, 평서문이 부정문일 때는 긍정의문문을 부가시켜서 부정의 대답을 기대한다. 그리고 청자 입장에서 앞서 설명한 의문사가 없는 의문문 또는 부정의문문의 대답과 같다. 특히, 명령문에 대한 부가의문문은 will you?이고, Let's ~로 시작하는 명령문의 부가의문문은 shall we?이고, There is(are) ~로 시작하는 문장의 부가의문문은 isn't(aren't) there?이다.

• **평서문이 긍정문인 경우**

평서문: He went go to school.
　　　　그는 학교에 갔다.
의문문: He went go to school, **didn't he?**
　　　　그는 학교에 갔죠, 그렇지 않나요?
긍정대답: Yes, he went to school.
　　　　　=Yes, he did.
　　　　　예, 갔습니다.
부정대답: No, he didn't go to school.
　　　　　=No, he did not.
　　　　　아니오, 가지 않았습니다.

▪ 평서문이 부정문인 경우

평서문: He didn't go to school.
　　　　그는 학교에 가지 않았다.
의문문: He didn't go to school, **did he?**
　　　　그는 학교에 가지 않았죠, 그렇죠?
긍정대답: Yes, he went to school.
　　　　　=Yes, he did.
　　　　　아니오, 갔습니다.
부정대답: No, he didn't go to school.
　　　　　=No, he did not.
　　　　　예, 그는 가지 않았습니다.

*Open the door, will you?
*Let's go there, shall we?
*There are many people at home, aren't there?
*He *seldom* read poems, did he?
*There is *nobody* living here now, is there?
*I don't think that she *judged* her ability objectively, did she?

(4) **선택의문문**(selective question)은 화자가 청자에게 어떤 한정된 사실들 중에서 어느 하나를 선택하도록 요구하는 의문문이다. 특히 yes 도는 no로 대답하지 못하고 어느 한쪽을 선택하는 대답을 해야 한다.

- 평서문: He is <u>a teacher</u>.
  그는 선생입니다.
  He is <u>a doctor</u>.
  그는 의사입니다.
  의문문: Is he **a teacher or a doctor**?
  그는 선생입니까? 의사입니까?
  대답1: He is a teacher. 그는 선생입니다.
  대답2: He is a doctor. 그는 의사입니다.

- 평서문: He <u>like it</u>.
  그는 그것을 좋아합니다.
  He <u>doesn't like it</u>.
  그는 그것을 좋아하지 않습니다.
  의문문: Does he **like it or not**?
  그는 선생입니까? 의사입니까?
  대답1: He like it. 그는 좋아합니다.
  대답2: He doesn't like it. 그는 좋아하지 않습니다.

- 평서문: <u>Tom</u> is tall. 톰은 키가 큽니다.
  <u>Marry</u> is tall. 메리는 키가 큽니다.
  의문문: Who is taller, **Tom or Marry**?
  그는 선생입니까? 의사입니까?
  대답1: Tom is taller. 톰이 더 큽니다.
  대답2: Marry is taller. 메리가 더 큽니다.

- 평서문: I like apples <u>better than</u> pears.

(비교급: well~better)

나는 배보다 사과가 더 좋다.

의문문: **Which** do you like **better**, apples **or** pears?

당신은 사과와 배중에서 어느 것을 더 좋아하나요?

대답1: I like apples better (than pears).

사과를 더 좋아합니다.

대답2: I like pears better (than apples).

배를 더 좋아합니다.

- 평서문: I like winter <u>more than</u> summer.

    (비교급: much-more)

    나는 여름보다 겨울을 더 좋아합니다.

  의문문: **Which** do you like **more**, winter **or** summer?

    당신은 겨울과 여름 중에서 어느 계절을 더 좋아하나요?

  대답1: I like winter more (than summer).

    겨울을 더 좋아합니다.

  대답2: I like summer more (than winter).

    여름을 더 좋아합니다.

- 의문문: **Which** do you **prefer**, apples **or** pears?

    당신은 사과와 배중에서 어느 것을 더 좋아하나요?

  대답1: I like apples better (than) pears.)

    사과가 더 좋습니다.

  대답2: I like pears (than apples.)

    배가 더 좋습니다.

(5) **의문사가 있는 의문문**(special question, wh-question)은 화자가 청자에게 어떤 정보(information)에 대해 구체적인 대답을 요구하는 의문문이다. 이 의문문에 사용되는 의문사[58]란 의문대명사와

---

58) 의문사란 관계사에서 유래된 것으로, 관계대명사는 의문대명사로 관계부사는 의문부사로 전환되어 사용된다. 다만, 그 용법에 있어서 관계사는 형용사절을 이끌고 의문사는 주로 명사절과 의문문을 이끈다.

의문부사를 말하는데, 특히 의문부사는 격변화가 없지만 의문대명사는 격변화(주격-소유격-목적격)가 있음을 주의해야한다. 의문사를 강조하기 위해서 바로 뒤에 놓고 '도대체, 대관절'이라는 뜻으로 해석되는 어구들로 'in the world, on the earth'가 있다.

- 평서문: He lives **in Seoul**.
    (장소-의문부사 where)
    그는 서울에 살고 있습니다.
  의문문: **Where** does he live? ------------where
    그는 어디에 살고 있습니까?
  대답: He lives in Seoul.
    그는 서울에 살고 있습니다.

- 평서문: He arrived **yesterday**.
    (시간 의문부사 when)
    그는 어제 도착했습니다.
  의문문: **When** did he arrive? --------------when
    그는 언제 도착했습니까?
  대답: He arrived yesterday.
    그는 어제 도착했습니다.

- 평서문: He went to school **by bus**.
    (방법-의문부사 how)
    그는 버스로 학교에 갔습니다.
  의문문: **How** did he go to school? --------how
    그는 어떻게 학교에 갔나요?
  대답: He went to school by bus.
    그는 버스로 학교에 갔습니다.

- 평서문: He stayed home **because he was sick**.
    (이유-의문부사 why)
    그는 아팠기 때문에 집에 있었다.

의문문: **Why** did he stay home? --------why
그는 왜 집에 있었나요?
대답: He stayed home <u>because he was sick</u>.
그는 아팠기 때문에 집에 있었다.

- 평서문: **He** can answer the question.
  (문장의 주어-의문대명사 주격 who)
  그는 그 질문에 대답할 수 있다.
의문문: **Who** can answer the question? -----who
누가 그 질문에 대답할 수 있나요?
대답: <u>He</u> can answer the question.
그가 그 질문에 대답할 수 있습니다.

- 평서문: He saw **her** in the classroom.
  (문장의 목적어-의문대명사 목적격 whom)
  그는 교실에서 그녀를 보았다.
의문문: **Whom** did he see in the classroom? -whom
그는 교실에서 누구를 보았나요?
대답: He saw <u>her</u> in the classroom.
그는 교실에서 그녀를 보았습니다.

- 평서문: He borrowed **her** book.
  (문장의 목적어-의문대명사 소유격 whose)
  그는 그녀의 책을 빌렸다.
의문문: **Whose** book did he borrow?[59] -----whose
그는 누구의 책을 빌렸나요?
대답: He borrowed <u>her</u> book.
그는 그녀의 책을 빌렸습니다.

---

[59] whose는 의문대명사의 소유격도 있지만 소유대명사로도 사용됨에 주의해야 한다. Whose house is this? "이것은 누구의 집입니까?"(의문대명사의 소유격) Whose is this house? "이 집은 누구의 것입니까?"(소유대명사)

- 평서문: I need **a pencil**.
    (문장의 목적어-의문대명사 목적격 what)
    나는 연필이 필요합니다.
 의문문: **What** do you need? ------------what
    당신은 무엇이 필요합니까?
 대답: I need a pencil.
    나는 연필이 필요합니다.

- 평서문: I have **two books**.
    (두 개 중에서 하나를 선택해야하는 경우-which)
    나는 책이 두 권 있습니다.
 의문문: **Which** do you want? ------------which
    당신은 무엇이 필요합니까?
 대답: I need a yellow one.
    나는 노란색의 책을 원합니다.

*의문문: **Which of your relatives** are you closest?
    당신은 친척들 중에서 어느 분과 가장 친한가요?
 대답: I'm closest to my uncle Tom.
    (closest 보어로 뜻만 강조)
    나는 삼촌 톰과 가장 친합니다.

(주의1) 의문형용사 what과 which의 특별용법

① 의문형용사 what

 외문문: **What classes** are you taking?
    (의문형용사-what)
    당신은 무슨 과목을 수강하고 있나요?
 대답: I am taking Chemistry and English.
    나는 호학과 영어를 수강하고 있습니다.

의문문: **What kind of music** do you listen to?

(의문형용사-what)

당신은 어떤 종류의 음악을 듣고 있나요?

대답: I listen to gospel song.

나는 복음성가를 듣고 있습니다.

의문문: **What time** did he wake her up?

(의문형용사-what)

그가 그녀를 몇 시에 깨웠나요?

대답: He woke her up at six.

그는 그녀를 여섯시에 깨웠습니다.

② 의문형용사 which

의문문: **Which book** should I buy, this one or that one?

(의문형용사-which)

내가 어떤 책을 사야 하나요?

대답: You should buy that (book).

당신은 저 책을 사야합니다.

의문문: **Which university** did you get into?

(의문형용사-which)

당신은 어느 중학교에 입학했나요?

대답: I got into Harvard.

나는 하버드대학에 입학했습니다.

(주의2) 의문부사 how의 특별용법

의문문: **How many books** do you read a year?

(의문부사-how many+복수명사)

당신은 일 년에 얼마나 많은 책들을 읽나요?

대답: I read at least 10 or 15 books.

나는 일 년에 적어도 10권 또는 15권을 읽습니다.

의문문: **How much time** do you spend watching TV?
　　　　(의문부사-how much+단수명사)
　　　　당신은 TV를 보는데 얼마나 많은 시간을 소비하나요?
대답: I watch TV for 3 hours a day.
　　　나는 하루에 3시간정도 TV를 봅니다.

의문문: **How much** does it cost?
　　　　(의문부사-how+부사)
　　　　그것은 (가격이) 얼마인가요?
대답: It costs 5,000 won.
　　　그것은 5,000원입니다.

의문문: **How often** do you cook for yourself?
　　　　(의문부사-how+부사)
　　　　얼마나 자주 당신을 위해서 요리를 하나요?
대답: I cook for myself almost every day.
　　　나는 거의 매일 요리를 합니다.

의문문: **How long** will it take you to get there?
　　　　(의문부사-how+부사)
　　　　당신이 그곳에 가는데 얼마나 오래 걸리나요?
대답: It will take us about 7 hours.
　　　대략 7시간정도 걸립니다.

의문문: **How far** is it from here to school?
　　　　(의문부사-how+부사)
　　　　여기에서 학교까지 얼마나 먼가요?
대답: It takes about 7 hours by car.
　　　자동차로 대략 7시간 정도가 걸립니다.
　　　It is about 70 miles.

대략 70마일 정도가 됩니다.
I am sorry, but I have no idea.
죄송합니다만, 모르겠습니다.

(6) **간접의문문(indirect question)**은 직접의문문(상대방에게 직접 질문하는 것, 의문사+동사+주어~?)이 다른 문장 속에 들어가서 그 문장의 일부(주어, 보어, 목적어)가 되는 의문문이다. 간접의문문의 어순이 평서문처럼 "…(의문사)+주어+동사~"라는 것에 주의해야 한다. 특히, 다른 문장의 어순이 평서문이면 대답이 필요 없지만, 의문문이면 그에 맞는 대답을 해야 한다.

- I don't know~ + **What** does she want?
→ I don't know what she wants?
  나는 그녀가 무엇을 원하는지 모른다.

- Do you know~ + **What** does she want?
→ Do you know what she wants?
  당신은 그녀가 무엇을 원하는지 아는가?
  긍정대답: Yes, I do. She wants a book.
  부정대답: No, I don't.

- I don't know~ + **Did** she want a book?
→ I don't know **if**(or **whether**) she wanted a book.
  나는 그녀가 책을 원했는지 어떤지를 모른다.

- Do you know~ + **Did** she want a book?
→ Do you know **if**(or **whether**) she wanted a book.
  당신은 그녀가 책을 원했는지 어떤지를 알고 계십니까?
  긍정대답: Yes, I do. She wants a book.
  부정대답: No, I don't.

(주의) 의문사가 없는 의문문과 합쳐지는 경우에는 의문사 대신에 접속사 if 또는 whether(~인지 어떤지)를 사용한다.

- He asks me~ + **How much** is this?
- → He asks me how much this is.
  그는 내게 이것이 얼마인지를 묻는다.

- Does he ask you~ + **How much** is this?
- → Does he ask you how much this is?
  그가 당신에게 이것이 얼마인지를 묻든가요?
  긍정대답: Yes, he did.
  부정대답: No, he didn't.

- Do you think~ + **where** does he live?
- → Do you think where he lives? (×)
- → **Where** do you **think** he lives? (○)
  당신은 그가 어디에 살고 있는지 아십니까?
  긍정대답: Yes, I do. He lives in Seoul.
  부정대답: No, I don't.

(주의) 주절 속에 동사가 사고(thought)의 뜻을 가지고 있는 동사 (think, guess, believe, suppose, imagine, consider,…)들이 사용되는 경우에 의문사를 문두에 놓는다.

(7) **수사의문문(rhetorical question)** 이란 형태는 의문문이지만 상대방의 대답을 요구하는 것이 아니라 자신의 생각을 강하게 반어적으로 표현하는 의문문이다. 그래서 긍정 수사의문문은 그 자체 속에 부정의 뜻을 가지게 되고, 반대로 부정 수사의문문은 그 자체 속에 긍정의 뜻을 가지고 있음에 주의해야 한다.

Who **knows** that true?

=**Nobody knows** that true.
누가 그 사실을 알겠는가?
(아무도 그 사실을 모른다.)

Who **doesn't know** that true?
=**Everybody knows** that true.
누가 그 사실을 모르겠는가?
(모든 사람들이 그 사실을 알고 있다.)

What is the use of reading such a book?
=**It is no use of** reading such a book.
그런 책을 읽어서 무슨 소용이 있겠는가?
(아무런 소용이 없다.)

Isn't it strange?
=**It is** very strange.
그것은 이상하지 않은가?
(매우 이상하다.)

Who could have foreseen it?
=**No one** could have foreseen it.
누가 그것을 예상할 수 있었겠는가?

Who told you to tell her?
=**No one** told you to tell her.
누가 당신한테 그녀에게 말하라 하였는가?

Would you **do better** if you were in my place?
=You would **not do** better if you were in my place.
내 입장에 있다면 더 잘 할 수 있나 생각하나요?

*Who do you think I am?

나를 어떻게 보고 그러는가?
(내가 누구라고 생각하는가?)

명령문(imperative sentence)이란 '명령, 금지, 충고, 의뢰, 요구' 등을 나타내는 문장으로서 종류로는 직접명령문(2인칭 명령문)과 간접명령문(1,3인칭 명령문)이 있다. 특히, ①부정명령문을 만들고자 할 경우에는 문두에 'Don't 또는 Never'를 놓으면 되고, ②명령문의 주어인 you를 강조하기 위해서 생략하지 않고 문두에 그대로 사용하는 경우가 있고 또한 명령문의 동사원형을 강조하기 위해서 동사 앞에 do를 쓰기도 하고, ③명령의 뜻을 부드럽게 하기 위해서는 문두 도는 문미에 pleas를 쓰던지 또는 문두에 will you를 쓰면 되고, ④let us~의 부정형은 don't let us~이고 let's~의 부정형은 let's not~인 것을 주의한다.

직접 명령문: (You) 동사원형 + ~.(!)
간접 명령문: (You) let + 목적어 + 동사원형 + ~.(!)

1,3인칭(me, us, her, him, them, it)

Open the door. 문을 여시오.
Be honest. 정직하시오.
Let him open the door. 그에게 문을 열라고 하시오.
Let her be honest. 그녀에게 정직하라고 하세요.

Don't open the door. 문을 열지 마시오.①
Never open the door. 결코 문을 열지 마시오.
Don't let him open the door. 그에게 문을 열지 못하게 하시오.
Never let him open the door.
그에게 결코 문을 열지 못하게 하시오.

You be a man. 너! 인간이 되어라.②

Do be a man. 인간이 좀 되시오.

Keep it secret, **please**. 제발! 비밀로 해 주세요.③
Will you try again. 다시 시도해 주세요.

Don't let us go there.④
우리가 그곳에 가는 것을 허락하지 마세요.
Let's not go there.
그곳에 가지 말자.

감탄문(exclamatory sentence)이란 '놀람, 희망, 기쁨' 등의 감정을 나타내어 "참으로(정말로)~하군요(이구나)!"로 해석한다. 그 종류로는 평서문에 'very'를 사용하여 나타내는 경우가 있고, 의문형용사인 what은 명사를 꾸미는데 사용하고 그리고 의문부사 how는 형용사나 부사를 꾸미는데 사용한다. 특히, 감탄문을 이끄는 주어와 동사가 동시에 생략되는 경우가 있음을 주의한다.

평서문: 주어 + 동사 + ~.
감탄문: 주어 + 동사 + very ~!
   What + 명사 + 주어 + 동사!
   How + 부사(형용사) + 주어 + 동사!

(주의) what+관사+형용사+명사
   how+형용사+관사+명사

평서문: The girl is <u>beautiful</u>.
   그녀는 아름답다. (형용사)
   She is <u>a beautiful girl</u>.
   그녀는 아름다운 소녀이다. (명사)
감탄문: The girl is **very** beautiful!

She is a **very** beautiful girl!
=**How beautiful** (the girl is)!
=**How beautiful a girl** (she is)!
=**What a beautiful girl** (she is)!
그녀가 얼마나 아름다운가!

평서문: He speaks English <u>well</u>. (부사)
감탄문: He speaks English **very** well!
How well he speaks English!
그는 참으로 영어를 잘하는 구나!

기원문(optative sentence)이란 '기원, 소망, 저주' 등의 감정을 나타내어 "~하기를 기원합니다!"로 해석한다. 기원문을 나타낼 경우에는 사용되는 조동사로 'may'가 있는데 가끔 생략되는 경우도 있음을 주의한다. 특히, 실현 불가능한 소원을 나타낼 경우에는 'I wish+가정법, Would that+가정법'을 사용한다.

(May) + 주어 + 동사원형 ~!
I wish + 가정법!
Would that + 가정법!

May the king live long! 왕이여, 만수무강하소서!
=The king live long! (may 생략)
=Long live the king! (도치)

(May) **You succeed!** 성공하기를 기원합니다!
(May) **You be happy!** 그대가 행복하기를 기원하오!
(May) **God bless you!** 당신에 축복이 있기를!
(May) **My daughter come back again!** 딸이 다시 돌아오기를!

I wish I were a bird! 만약에 내가 새라면 좋을 텐데!
=<u>It is a pity</u> that I am not a bird.
 (=I am sorry)

Would that I knew her address!
=<u>It is a pity</u> that I don't know her address.
 (=I am sorry)
만약에 그녀의 주소를 알게 된다면 좋을 텐데!

이제부터, 일상생활에서 상대방에게 간단한 질문(인사, 이름, 시간, 취미, 등등)을 할 때 사용되는 기본적인 표현들을 정리해보기로 한다.

(1) **인사하기(greetings)**: 처음 만나는 사람에게 인사할 때에는 "처음 뵙겠습니다?"라는 표현으로 "How do you do?"를 쓰고, 그 대답으로도 상대방에게 "How do you do?"를 반복하면 된다. 그러나 알고 지내는 사람을 만났을 때는 "어떻게 지내십니까?"라는 표현으로 "How are you (doing, feeling)(today)?"을 쓰고, 그리고 그 대답으로는 "잘 지냅니다."라는 표현으로 "Fine, thank you; and (how are) you?" 또는 "I'm doing(feeling) okay(great, fine, well); and (how are) you?"를 쓴다.

① 처음 만난 사람에게 인사하기

A: How do you do?
　처음 뵙겠습니다?
B: How do you do?
　처음 뵙겠습니다?

② 알고 지내는 사람에게 인사하기

A: How are you today?
   오늘, 어떠십니까?
B: I am fine. and (how are) you (today)?
   잘 지내고 있습니다. 당신은요?

A: How are you doing these days?[60]
   요즘, 어떻게 지내십니까?
B: I am fine. and (how are) you (doing these days)?
   잘 지내고 있습니다. 당신은요?
B: I am doing pretty well. and (how are) you (doing these days)?
   잘 지내고 있습니다. 당신은요?

A: How are you feeling (today)?
   오늘, 기분이 어떠십니까?
B: I am fine. and (how are) you (feeling today)?
   잘 지내고 있습니다. 당신은요?
B: I am feeling great. and (how are) you (feeling today)?
   기분이 좋습니다. 당신은요?

③ 그밖에 만날 때 인사하기

A: Good morning(afternoon, evening, night).
   좋은 아침(점심, 저녁, 취침)입니다.
B: Good morning(afternoon, evening, night).
   좋은 아침(점심, 저녁, 취침)입니다.

---

60) How are you~ⓥing?→I am ⓥing. How are you doing these days?→I'm doing pretty well. or I'm busy working.

A: Nice to meet you. (=glad, happy)
만나 뵙게 되어 반갑습니다.
B: Nice to meet you, too.
만나 뵙게 되어 반갑습니다.

A: Hello. (=Hallo, Hullo)
안녕.
B: Hello.
안녕.

④ 헤어질 때 인사하기

Good-by(e). 안녕히 가세요.
See you again. 다시 만나요.
See you next time. 다음에 만나요.
See you later. 나중에 만나요.
So long. 안녕.
Good luck. 행운을 빌어요.
Have a nice day. 즐거운 하루가 되세요.

(2) **이름 물어보기(names)**: 상대방의 이름을 물어볼 때에는 "당신의 이름은 무엇입니까?"라는 표현으로 "What is your name?"이고, 그 대답으로서 "나의 이름은 ~입니다."인 "My name is~"를 쓴다. 특히, 상대방의 성(姓)과 이름(名)을 구분해서 질문할 경우가 있는데, 성은 'last name(family name, surname)'이고 이름은 'first name(Christian name, given name)'이고, 그리고 전체 이름은 'full name'이라고 한다.

A: **What is your name?**[61]

---

61) (주의)그밖에 이름을 묻는 표현들: Could I have your name, please? How

당신의 이름은 무엇입니까?
B: **My name is Harry.**
나의 이름은 해리입니다.

A: What is your full name?
당신의 전체 이름은 무엇입니까?
B: My name is Harry Wilson.
나의 이름은 윌슨입니다.

A: What is your last name?
당신의 성은 무엇입니까?
B: My name is Wilson.
나의 이름은 윌슨입니다.

A: What is your first name?
당신의 이름은 무엇입니까?
B: My name is Harry.
나의 이름은 해리입니다.

A: How should I address you?
어떻게 부를까요?
B: Please call me Harry.
나를 해리라고 불러주세요.

A: I'm Harry Wilson, "HW" for short.
해리윌슨인데요. 줄여서 HW라고 합니다.
B: Your name is easy to remember.
기억하기 쉬운 이름이군요.

---

should I address you? May I have your name? Can I ask your name? Would you mind giving your name, please? Would you mind if I ask your name? Your name, please?

*Could you spell your name, please?
=How do you spell your name?
=Would you mind spelling it for me?
이름의 철자를 말해 주겠어요?

*How do you pronounce your name?
당신의 이름을 어떻게 읽죠?

(3) **감사(thanks)**: 상대방에게 감사를 표현할 때 "감사합니다."라는 기본적인 표현들로 "Thank(Appreciate) you (so much, very much); Thanks a lot(so much); Thank you for+명사; It's very nice of you to+동사" 등이 있다. 특히, 감사표현에 대한 대답으로 "천만에요."라는 표현으로 "You're welcome; Don't mention it; Not at all" 또는 "괜찮아요.(상관없어요.)"라는 표현으로 "That's all right; It doesn't matter"가 있다.

Thank you (so much, very much).
=Thanks (a lot).
=Much obliged (to you).
(정말) 감사합니다.

Thank you for your help.
도와주셔서 감사해요.
Thank you for the compliment.
칭찬해 주셔서 감사합니다.
I appreciate your cooperation.
협력해 주신 데 대해 충심으로 감사합니다.
I thank you for your kind attention.
경청해 주셔서 감사합니다.

Thank you for waiting.

기다려 주셔서 감사합니다.
Thank you for joining us.
함께 해주신 것을 환영합니다.
Thank you for inviting me.
초대해 주셔서 감사합니다.

I appreciate your kindness.
친절에 감사드립니다.
I appreciate your taking time with me.
저희와 함께 시간을 보내 주셔서 감사합니다.
It's very nice(kind) of you (to think so).
그렇게 생각해 주시니 감사합니다.

I don't know how to thank you enough.
어떻게 감사를 드려야 할지 모르겠군요.
I really don't know how to thank you.(=express my thanks)
=I can't thank you enough.
=I can never thank you enough.
무어라 감사를 드려야 할 지 모르겠습니다.

You've been a great help.
큰 도움이 되었어요.
You flatter me.
과찬이세요.

(4) **사과(apologies)**: 상대방에게 사과 및 사죄를 표현할 때 "죄송합니다(미안합니다, 실례합니다)."라는 기본적인 표현들로 "Excuse me; (I am) Sorry; Pardon me" 등이 있다.

I am very sorry.
대단히 죄송합니다. (미안합니다.)

Excuse me. [(but) I am late.]
죄송합니다.(실례합니다.) [~하지만, 늦었습니다.]
I beg your pardon.
죄송합니다.(실례합니다.)

Excuse me for not going there.
그곳에 못가서 죄송합니다.
Please excuse (me for) my carelessness.
저의 경솔함을 사과드립니다.
I beg your pardon, but which way is Seoul?
=Pardon me, but which way is Seoul?
실례입니다만, 서울은 어느 쪽으로 가면 됩니까?
Pardon me for interrupting you.
=Pardon my interrupting you.
폐를 끼쳐 미안합니다.

I must apologize(to you) for being late.
늦게 된 것을 사과드립니다.
I apologize if I said something that offended you.
혹시 당신에게 거슬리는 말을 했다면 사과드립니다.
All my apologies.
이거 정말 미안하게 됐다.
With apologies for troubling you.
(폐를 끼쳐) 죄송하지만 잘 부탁드립니다.
Please accept my sincere apology.
진심으로 사과를 드립니다.

I deeply regret my careless remarks.
저의 경솔한 발언을 매우 유감으로 여기고 있습니다.
Oh, sorry to disturb you.
앗, 방해해서 미안합니다.

(5) **소개(introduction)**: 상대방에게 자신 또는 타인을 소개할 때 "~를 소개합니다."라는 기본적인 표현들로 "May I introduce~to-; Let me introduce-; I would like to introduce-" 등이 있다.

May I introduce myself to you?
=Please let me introduce myself to you.
=Perhaps I should introduce myself.
=Please allow me to introduce myself.
=I will tell you something about myself.
저를 (당신에게) 소개하겠습니다.

(주의)그밖에 소개하는 표현들
*(Mr. Lee) This is Mr. Harry.
=I'd like to introduce Mr. Harry.
=I'd like you to meet Mr. Harry.
=Let me introduce Mr. Harry.
=I want you to meet Mr. Harry.
(이씨) 해리를 소개합니다.

(6) 그밖에 상대방과 대화를 하다가 잘 이해를 못해서 **되물을 때**에, 상대방의 **말을 이을 때**에, 그리고 상대방의 말을 **확인할 때**에 사용되는 표현들 알아보기로 한다.

① **되물을 때 쓰는 표현**

I beg your pardon? (=Pardon?)
죄송합니다. (한번만 더~)

I didn't catch you. (=what you said)
=I don't understand you.
죄송한데, 무슨 말씀인지. (이해를 못했습니다.)

Please speak more slowly.
=Once more(again), please.
좀 더 천천히 말씀해 주시겠어요.

What does that mean?
=What does it mean?
=What's that?
무슨 말씀인지요. (어떤 뜻인지요.)

② 말을 이을 때 쓰는 표현

Well~. (=Well, let me see.)
저~. 그런데~, 뭐랄까~, 글쎄요~

Wait a minute. (=moment)
잠깐만요.

Well. Actually. (=Really)
정말로요~. (강조 또는 놀람을 나타내어)

As a matter of fact. (=In fact)
사실은~. 사실상~. (앞의 말을 정정하여)

By the way.
그런데~, 여담이지만~. (화제를 바꿀 때)

In any case. (=Anyway)
어쨌든~. 어떻든~. 어떠한 경우에도~,

For example. (=for instance)
예를 들면~, 예컨대~.

I'll tell you what,
=I mean to say,
=What I meant to say is.
제가 당신에게 말하려는 것은~.

You know, (=As you see)
알다시피~.

First of all,(=Above all)
(우선) 무엇보다도~. 첫째(로)~,

Apart from that. (=Aside from)
다른 이야기입니다만~. ~은 별문제로 하고. ~은 그렇다 하고.

Besides. (=In addition)
뿐만 아니라~

That's what it is!
바로 그렇다.

That is (to say).
즉~. 좀 더 정확히 말하면~.

May I be excused? (for a moment)?
=Will you excuse me?
(잠깐) 죄송합니다만~.

Otherwise. 그렇지 않으면~.
It's outstanding. 눈길끄는데요.

Is that right?
=Is that so?
=Really?
그런가요? 그렇습니까? (긍정)
정말인가? 아, 그래? (의혹·도전)
정말이지(감탄)

(Now just) Listen (to me)!
=May I interrupt you?
들어보세요!(말씀 중 죄송합니다만~)

*Of course
①물론이지요, 당연하지요.(문장 전체에 걸려) ②(아) 그래요, 그렇군요. 확실히. ③Of course not. 물론 그렇지 않다.

*Go ahead

①자 먼저 (드시오, 가시오) ②좋아, 하시오.; 자, 가거라. (격려의 말) ③그래서(다음은~)(얘기를 재촉할 때) ④말씀하세요.(전화할 때)

③ 확인할 때 쓰는 표현

Do you <u>understand</u> me? (=get)
=Can you follow me?
내가 말한 것을 알겠습니까?

I can't get you. (=understand)
무슨 말씀인지 잘 모르겠습니다.

I see. (↘) 그렇군요.

18. 영문분석연습

(1). My mother had a good deal of trouble with me but I think she enjoyed it. <u>She had none at all with my brother Henry, **who** was two years younger **than** I, **and** I think **that** the unbroken monotony of his goodness **and** truthfulness **and** obedience would have been a burden to her but for the relief **and** variety **which** I furnished in other direction.</u> I was a tonic. I was valuable to her. I never knew Henry to do a vicious thing toward me or toward anyone else — but he frequently did righteous things that cost me as heavily. (Mark Twain, *Autobiography*)

밑줄 친 문장이 외관상으로는 길어 보이지만 접속사를 통해서 문장의 종류와 절이 몇 개나 사용되었는지를 분석하면 일정한 구조가 들어나게 될 것이다. 전체 문장의 종류는 대등접속사인 and를 중심으로 앞뒤에 절이 연결된 중문이지만 앞의 대등절 속에는 관계형용사절과 비교부사절이 수식어로 사용된 복문이고, 뒤의 대등절 속에는 목적어인 명사절 속에 관계형용사절을 이끈 복문이 사용된 혼합문이다. 문장 속에 절을 이끄는 대등접속사가 하나가 있고 그리고 종속접속사가 네 개가 사용되었다. 그러므로 위의 문장 속에는 중문으로 인한 기본문장 두 개를 포함해서 절이 모두 여섯 개가 있다. 아래는 도식(graph)으로 그려보았다.

s + vt + o (~ prep. + 명사, who + v' + younger than +
　　　　　　대등절1 (형용사절을 포함한 복문)
s' + v'), **and** + s + vt + that + s' + be' + 명사' (~ prep.
　　대등접속사　　　대등절2 (명사절과 형용사절을 포함한 복문)
+ 명사 + which + s' + vt' + ~).

I think that the unbroken monotony of his goodness and truthfulness and obedience would have been a burden to her but for the relief and variety.
→3형식: **s+vt+that+s'+be'+sc** *(~prep.+o.)*
나는 동생의 변함없는 선행과 신뢰와 순종의 행위가 어머니에게 짐이 되었으리라 생각된다. 만약에 (내가 제공한) 안도와 다양성이 없었다면 말이다.

The unbroken monotony of his goodness and truthfulness and obedience would have been a burden to her but for the relief and variety.
→2형식: **s+be+sc** *(~prep.+o+prep.+o.)*

~ which I furnished in other direction
=I furnished the relief and variety in other direction.
→3형식: **s+vt+o** *(~prep.+o.)*
내는 다른 면에서(어머니에게 동생의 행동과는 다르게) 안도와 다양성을 제공하였다.

전치사로 구만을 만드는데 동사구와 부사구와 형용사구 이다. 위의 문장 속에서 사용된 전치사들을 구분해 보면 다음과 같다. 부사구로는 「at all, with my brother Henry, to her, but for the relief and variety, in other direction」 등이 있고 형용사구로는 「of his goodness and truthfulness and obedience」가 있다.

She had none **at all** **with** my brother Henry, who was two years younger than I, and I think that the unbroken monotony **of** his goodness *and* truthfulness *and* obedience would have been a burden **to her but for** the relief *and* variety which I furnished **in** other direction.

주의해야 될 문법적인 것으로는 가정법이 사용되었다. 「But for+명사, s+would have+pp+~.」에서 전치사구 but for(=without, if it had not been for, Had it not been for; if it were not for, Were it not for)는 가정법의 if부사절을 대신하고 있는 표현이다. 주절에 사용된 동사를 통해서 가정법 과거완료(과거 사실의 반대를 가정)이니까 문장을 완성해 보면 아래와 같이 된다.

<u>If it had not been for</u> the relief and variety which I furnished in other direction, the unbroken monotony of his goodness and truthfulness and obedience <u>would have been</u> a burden to her.
내가 다른 면에서 제공한 안도감과 다양성이 없었더라면, 동생의 변함없는 선행과 신뢰 그리고 순종은 어머니에게 부담이 되었을 것이다.

이 문장을 다시금 직설법으로 바꾸면 "과거사실의 반대"이니까 다음과 같이 바꿀 수 있다.

<u>As there were</u> the relief and variety which I furnished in other direction, the unbroken monotony of his goodness and truthfulness and obedience <u>would not be</u> a burden to her.
내가 다른 면에서 제공한 안도감과 다양성이 있었기 때문에, 동생의 변함없는 선행과 신뢰 그리고 순종이 어머니에게 부담이 되지 않았다. (의역)다양성이란 걱정거리를 뜻하고 그리고 안도감이란 걱정거리들 속에서 찾을 수 있었던 (마크 트웨인의 문학적인)탁월함을 말한다.

(해석) 어머니께서는 나에 대해 많은 걱정거리를 가지고 있었지만, 지금 생각해 보니 어머니께서는 오히려 그것을 즐기셨던 것 같다. (이와 반대로) 어머니께서는 나보다 두 살 아래인 동생 헨리에 대해서는 아무런 걱정거리가 없으셨다. 그래서 나는 다음과 같은 생각을 해본다. 만약에 동생과는 전혀 다른 면에서 제공했던 다양성과 안도감이 없었더라면, 어머니께는 동생의 변함없는 선행과 신뢰와 복종의 행동들에 대해 무척이나 부담이 되셨을 것이다. [다시 말해서, 동생과는 전혀 다른 면에서 제공했던 다양성과 안도감이 있었기 때문에, 어머니께서는 동생의 변함없는 선행과 신뢰와 복종의 행동들이 부담이 안

되셨던 것이다 → 어머니께서는 동생의 변함없는 착실함에 반하여 여러 가지 걱정거리를 제공하는 큰아들을 보면서도 크게 걱정이 안 되셨던 것은 아마도 큰아들에게서 문학적인 탁월함을 보았기 때문일 것이다. (참고) 마크 트웨인의 대표작품 : The Adventures of Tom Sawyer(1876), The Adventures of Huckleberry Finn(1884)] 나는 일종의 강장제 역할을 하였다. 그리고 보면 내가 어머니에게는 소중한 존재였다. 나는 헨리가 나에게나 또는 다른 사람에게 어떤 사악한 일을 한 것에 대해 전혀 모른다. ― 하지만 동생이 나에게 심하게 짐이 되는 올바른 행동들을 자주 하였다.

(2). <u>Among the many living forms of human speech, **and** those countless tongues **which** have arisen **and** perished in the past, the English language, **which** has now spread over so large a portion of the world, is as humble **and** obscure in its origin **as** any other</u>. It is, of course, in no sense native to England, but was brought thither by the German tribes who conquered the island in the 5th and 6th centuries; and its nearest relations are to be found among the humble dialects of a few barren islands on the German coast.
(Logan Pearsall Smith, *The English Language*)

밑줄 친 문장에 사용된 접속사로 대등접속사인 and는 절과 절을 연결하여 중문을 만들지는 못하고 다만 단어와 단어 또는 구와 구를 연결시켜 또 하나의 구를 만들었을 뿐이고, 종속접속사로서 앞에 있는 which는 전치사 among 뒤에 있는 명사를 한정 수식하는 형용사절로 그리고 뒤에 있는 which는 문장의 명사(주어)를 뒤에서 한정수식하고 있다. 또 다른 종속접속사인 as는 앞에 있는 as와 관계하여 부사절(동등비교 구문)을 이끌고 있다. 그래서 전체문장은 하나의 주절에 세 개의 종속절(형용사절2, 부사절1)이 섞인 혼합문이다. 아래는 도식(graph)으로 그려보았다.

(among + 명사, and + 명사 + who + vi' + and + vi' + ~

부사구 (형용사절을 포함)

<u>*prep. + o), s, (which + vi' + ~ + prep. + o),* **vi + as + sc**</u>
　　　　주어 (+형용사절)　　　　　　　　　　　동사

+ and + sc *(~ prep. + o + (as + s').*
　　　　　부사구 (부사절을 포함)

문장 속에 절을 이끄는 대등접속사는 없고 종속접속사가 세 개가 사용되었다. 그러므로 위의 문장 속에는 주절 하나에 종속절이 세 개이므로 절이 모두 네 개가 있다.

Among the many living forms of human speech, and <u>those countless tongues</u> <u>which</u> have arisen and perished in the past.
→1형식: *(~prep.+o+and+o)* **which+vi+and+vi***(~prep.+o.)*
현재 사용되고 있는 많은 언어형태들 중에서 그리고 과거에 생겼다가 사라져 버린 많은 언어들 중에서

~<u>which</u> has now spread over so large a portion of the world
=<u>The English language</u> has now spread over so large a portion of the world.
→1형식: **s+vi***(~prep.+o+of+o.)*
영어는 현재 세계 대부분 지역에 퍼져있다.

The English language is (as) <u>humble and obscure</u> in its origin.
→2형식: **s+be+<u>sc+and+sc</u>***(~prep.+o.)*
영어는 그것의 기원에서 보면 (다른 사라진 언어들과 마찬가지로) 보잘 것 없고 희미한 존재이다.

(~as~as) any other.
=Any other language is <u>humble and obscure</u> in its origin.
→2형식: **s+be+<u>sc+and+sc</u>** *(~prep.+o.)*

전치사로 여섯 개가 사용되었는데, 그 중에 부사구로 「Among the many living forms and those countless tongues, in the past, over so large a portion, in its origin」 등이 있고, 그리고 형용사구로 「of human speech, of the world」가 있다.

Among the many living forms **of** human speech, and those countless tongues which have arisen and perished **in the past**, the English language, which has now spread **over** so large a portion **of the world**, is as humble and obscure **in its origin** as any other.

주의해야 될 문법적인 것으로는 불규칙적인 관사의 어순에 주의해야한다. 일반적으로 관사는 명사 앞에 위치하는데 명사를 수식하는 요소들이 사용될 경우에는 관사의 위치가 약간의 위치변화를 가진다.

    관사+명사
    관사+형용사+명사
    **형용사+부정관사+명사
    (all, both, half, double, many, such, what)
    관사+부사+형용사+명사
    **부사+형용사+부정관사+명사
    (so, as, too, how, however)
    **부사+부정관사+형용사+명사
    (quite, rather)

(해석) 현재 쓰여 지고 있는 많은 언어(형태)들과 과거에 생겼다가 사라져 버린 무수히 많은 언어들 중에서, 영어라는 언어는 현재 전 세계에 널리 퍼져 쓰여 지고 있지만 그것의 기원을 보면 (과거에 생겼다가 사라져버린) 다른 언어들과 마찬가지로 보잘 것 없고 모호한 언어에 속한다. 물론 영어는 영국 고유의 것은 결코 아니고, 5, 6세기에 영국을 정복했던 게르만족이 그곳에 가져온 것이었고, 영어에 가장 가까운 관련은 독일 해안에 있는 몇몇

불모지 섬의 천박한 방언에서도 발견된다.

(3). Affection in the sense of a genuine reciprocal interest of two persons in each other, **not solely** as means to each other's good **but rather** as a combination having a common good, is one of the most important elements of real happiness, **and** the man **whose** ego is so closed within steel walls **that** this enlargement of it is impossible misses the best **that** life has to offer, **however** successful he may be in his career. (Bertrand Russel, *The Conquest of Happiness*)

밑줄 친 문장은 전체적으로 보았을 때 일단 대등접속사인 and로 연결된 중문의 틀을 취하고 있다. 그러나 앞의 문장에는 대등접속사인 but가 상관접속사로 not solely(only)~but rather(also)가 되어 구와 구를 연결시키고 있는 단문이지만, 뒤의 문장에는 whose와 두 번째 that은 관계대명사로 형용사절을 이끌고 있고 그리고 첫 번째 that은 앞의 내와 연결된 상관접속사로 결과부사절을 이끌고 있고 그리고 복합 관계부사 however는 양보부사절을 이끌고 있는 복문이다. 그러므로 위의 문장은 중문의 틀 속에 종속절 네 개를 가지고 있는 혼합문이다.

s *(~ prep. + o + ~ prep. + o , not solely ~ as + o + but rather + ~ as + o)*, **+ be + sc, and + s** *(whose + 명사 +*
　　대등절1(단문)　　　　　　　대등접속사
be +so + pp' + ~ prep. + o + that + s' + be' + sc') **+ vt**
　　　　대등절2(두 개의 형용사절과 두 개의 부사절을 포함한 복문)
+ o *(that + s' + vt' + to + vt', however + adj. + s' + be'*
+ ~ prep. + o).

위의 혼합문 속에는 앞의 대등절(1)에는 기본문장(단문) 하나만 있고 뒤의 대등절(2)에는 주절 하나에 종속절 네 개가 있다. 그러므로 문형으로 나눌 수 있는 문장이 다섯 개가 있다.

Affection (in the sense of a genuine reciprocal interest of two persons in each other, **not** solely as means to each other's good **but** rather as a combination *having a common good*), is one of the most important elements of real happiness
→2형식: **s**(~*prep.+o+of+o+of+o+~prep.+o, not solely+as+o+but rather+as+o*),**+be+sc**.
애정은, 서로의 이익을 취하는 수단으로서가 아니라 공동의 이익을 조화롭게 한다는 두 사람의 순수한 상호관심이라는 의미에서, 실제적으로 행복을 구성하는 중요한 요소들 중의 하나이다.

~the man (whose ego is so closed within steel walls that this enlargement of it) is impossible misses the best
=The man misses the best.
→3형식: **s**(*whose+명사+be+pp+~prep.+o+that+s'+be'+sc*)
+vt+o.
인간―즉, 스스로 자아를 강철 같은 벽 속에 너무 갇혀놓아서 결국 자아의 확장이 불가능하게 만들어 버린 인간―은 (인생에서 얻을 수 있는) 최상의 것을 놓치게 될 것이다.

~the best that life has (the best) to offer
→3형식: 명사(*that+s'+vt'*), (for life)(*to+vt'*)
―두 개의 타동사의 공통 목적은 앞의 선행사
인생이 가지고 있고 그리고 인생이 제공할 수 있는 최상의 것

~(however) successful he may be in his career.
(= no matter how successful he may be ~.)
→2형식: **s+be+sc**.

인간이 아무리 그의 직업에서 성공하였다 할지라도

전치사로 열 한 두개가 사용되었는데, 그 중에 부사구로 「in each other, as means, to each other's good, as a combination having a common good, within steel walls, in his career」 등이 있고, 그리고 형용사구로 「in the sense, of a genuine reciprocal interest, of two persons, of the most important elements, of real happiness, of it」 가 있다.

Affection **in** the sense **of** a genuine reciprocal interest **of** two persons **in** each other, not solely **as** means **to** each other's good but rather **as** a combination having a common good, is one **of** the most important elements **of** real happiness, and the man whose ego is so closed **within** steel walls that this enlargement **of** it is impossible misses the best that life has to offer, however successful he may be **in** his career.

주의해야 될 문법적인 것으로는 분사가 사용되었다. 분사는 준동사로서 문장 속에서 가장 보편적인 용법인 형용사로 사용된다. 형용사는 제한적 용법과 서술적 용법으로 사용되는데, 특히 제한적으로 사용될 경우 제한하고자하는 명사를 앞(단어의 형태)에서 또는 뒤(구와 절의 형태)에서 수식할 수 있는데, 아래에서는 분사가 구의 형태를 취하고 있기 때문에 명사 뒤에서 수식하고 있다.

~a combination **having** *a common good*
　　　└ 형용사(구의 형태로 명사를 후치수식)
=~a combination which has a common good
　　　　└ 형용사절(절의 형태로 명사를 후치수식)

다음으로는 종속접속사 that의 용법인데, that은 여러 가지 품사(관계대명사, 관계부사, 일반종속접속사, 지시대명사, 지시형용사, 지시부사)로서 사용될 수 있다. 아래에서는 일반종속접속사로 특히 결과부사절(so~that~: 너무나 ~해서 그 결과-하게 되다)을 이끌고 있다. 이 때 so와 that 사이에는 so가 부사이기 때문에 형용사나 부사가 올 수 있으나 명사도 「so, as, too, how, however+형용사+관사+명사」의 어순으로 사용할 수 있다.

~the man whose ego is **so** closed within steel walls **that** this enlargement of it is impossible.
=the man whose ego is **so** closed within steel walls **that** this enlargement of it **cannot** be possible.
(=so~that+s'+cannot+v~)
=the man whose ego is **too** closed within steel walls *for this enlargement of it* **to be** possible.
(=too~(for+o) to-) 의미상 주어

(해석) 두 사람이, 서로의 이익을 얻기 위한 수단으로서가 아니라 서로의 공통이익을 얻기 위한 결합 형태로서, 서로에 대해서 순수한 관심을 가지는 것이라는 의미로서의 애정은 진실한 행복을 이루기 위한 중요한 요소에 속한다. 그래서 한 사람의 자아가 강철의 벽 속에 갇히어 있어서 자아의 확대가 불가능한 경우에, 그 사람은 자기의 직업에 있어서 아무리 성공하였다고 해도 인생에서 얻을 수 있는 가장 좋은 것을 놓치고 만 것이다.

(4). The exploitation of the natural resources of the environment constitutes the productive system of any people, and the organization of this system in primitive society differs in several important respects from our own. The first point which must be mentioned is the character of work. As we have said, most economic effort in primitive society is devoted to the production of food. <u>The activities involved in this have, quite apart from the stimulus of real or potential hunger, a spontaneous interest lacking in the ordinary work of an office</u>

or factory in contemporary civilization.
(Ralph Piddington, *An Introduction to Social Anthropology*)

밑줄 친 문장에 사용된 접속사로 대등접속사인 두 개의 or는 절과 절을 연결시키지 못하고 단어와 단어만(형용사와 형용사, 명사와 명사)을 연결시키므로 중문은 아니다. 단순한 하나의 구로 취급하면 된다. 그리고 사용된 종속접속사는 없으므로 전체문장은 단문이다. 아래는 도식(graph)으로 그려보았다.

s *(pp + ~ prep. + o)* **+ vt,** *(~ prep. + o + of + adj. + or + adj. + 명사)* **+ o** *(Ⓥing + ~ prep. + 명사 + of + 명사 + or + 명사 + ~ prep. +o.)*

전치사로 여섯 개가 사용되었는데, 그 중에 부사구로 「in this, (apart) from the stimulus, in contemporary civilization, in the ordinary work」 등이 있고, 그리고 형용사구로 「of an office or factory, of real or potential hunger」 가 있다.

The activities involved **in** this have, quite *apart* **from** the stimulus **of** real or potential hunger, a spontaneous interest lacking **in** the ordinary work **of** an office or factory **in** contemporary civilization.

주의해야 될 문법적인 것으로는 앞에서도 사용된 바 있는 분사의 형용사적 용법을 지적할 수 있다. 분사 involved가 구를 이끌어서 명사 the activities를 뒤에서 제한하고 있고, lacking 또한 구를 이끌어서 명사 a spontaneous interest를 뒤에서 제한하고 있다.

~the activities **involved** *in this*
　　　　　⌒ 형용사(구의 형태로 명사를 후치수식)

=~the activities **which are involved** *in this*
　　　　　　　ㄴ 형용사절(절의 형태로 명사를 후치수식)
~a spontaneous interest **lacking** *in*~
　　　　　　　ㄴ 형용사(구의 형태로 명사를 후치수식)
=~a spontaneous interest **which is lacking** *in*~
　　　　　　　ㄴ 형용사절(절의 형태로 명사를 후치수식)

(해석) 환경이 제공한 천연자원에 대한 이용은 각 민족의 생산체제를 형성하게 되었는데, 원시사회에 있어서 이러한 체제의 구성은 몇 가지 주요한 측면에서 오늘날의 생산체제와는 다르다. 반드시 언급해야 할 첫 번째 측면은 노동의 성격이다. 앞서 논하였던 것처럼, 원시사회에 있어서 대부분의 경제적 노력은 식량생산에 투여되었다. 원시시대의 식량생산과 관련된 활동들은, 실제적 혹은 잠재적 기아라는 자극(걱정)과는 전혀 무관하게, 현대 문명세계의 사무실이나 공장의 일상적인 노동에서는 찾아볼 수 없는 자연스런 기쁨을 (생산과정을 통해서 원시인들은) 갖게 해준다.

(5). The translator and my dad went to the school. The people at the school office had angry faces. All my dad could do was explain in detail that coining is a part of our tradition and that we were newcomers. The principal was going to report it to the police, **but** he finally understood better **what** had happened, he dropped the case. He advised my parents not to do coining again. He said **that next time** I was sick I should stay home **and** go to a doctor for medicine.
(*Norine Dresser, Our Own Stories*)

밑줄 친 문장에 사용된 대등접속사인 but는 절과 절을 연결하여 중문을 만들고 있고, 종속접속사인 what은 뒤의 대등절 속에서 understand의 목적어인 명사절을 이끌고 있다. 그러므로 전체문장은 중문인데 종속절인 명사절을 포함하고 있으므로 혼합문이다. 아래는 도식(graph)으로 그려보았다.

s +vt + o *(~ prep. + o)*, **but + s + vt + what + s' vi'**,
    대등절1   대등접속사   대등절2(명사절 포함)
s + vt + o.
대등절3

문장 속에 절을 이끄는 대등접속사는 but와 콤마로 대신한 and가 사용되었고, 그 중 하나의 대등절에 종속접속사 what이 명사절이 사용되었다. 그러므로 위의 문장 속에는 대등절 세 개에 종속절이 한 개이므로 절이 모두 네 개가 있다.

The principal was going to <u>report</u> it <u>to</u> the police
→3형식: s*(be going to)*+vt+o*(~prep.+o.)*
    교장은 그러한 사건을 경찰에 신고하려고 하였다.

He finally understood better <u>what had happened</u>
→3형식: s+vt+what+s'+vi'.
    교장은 마침내 일어난 사건의 경위에 대해서 충분히 이해하게 되었다.

전치사로 한 개가 있는데 바로 동사구(report~to-)로 사용되었다. 동사구는 모두가 숙어(idioms)로 취급하는데, 동사(자동사, 타동사)와 전치사(부사)의 관계를 주의해야한다. 이때 동사와 전치사(부사)는 서로 약속 하에 항상 붙어 다니며 또한 특정의 의미를 가지게 된다.

    s+***vi+prep.***+o.(wait for)
    s+***vt+adv.***+o.(give up)
    s+***vt***+o+***prep.***+o.(report~to-)
    *s+***vi+adv.***(go on)

The principal was going to **report** it **to** the police, but he finally understood better what had happened, he dropped the case.

주의해야 될 문법적인 것으로는 문장 속에 사용된 요소들(단어, 구, 절)은 품사와 문맥에 따라서 그 의미가 확정되므로 우리말로 옮길 때 주의해야 한다. 예를 들어서, 위의 문장에서 「He dropped the case.」는 문맥에 따라서 두 가지로 해석이 가능하다. drop과 case 를 「①상자(box), 갑, 짐 상자(packing~); 한 상자의 양(of) ②용기(容器), 그릇/(물건을)떨어뜨리다(on); 낙하[투하]시키다」라는 의미를 사용하면 "그는 그 상자를 떨어트렸다"이지만, drop과 case를 「(습관·계획 따위를)버리다(give up), 그만두다, 중지하다/(법률)판례; 소송(사건)(suit); (소송의)신청」라는 의미를 사용하면 "그는 소송을 취하했다"라고 해석하여야 한다. 특히 case라는 명사 이하에 「drop a ~소송을 취하하다」를 관용어구도 있다.

(해석) 통역관과 아버지께서 학교에 도착하셨다. 학교 사무실에 있던 사람들의 얼굴은 무척 화가나 있었다. 아버지께서 할 수 있었던 것이라고는 우리는 이민자들이고 그리고 코인닝(coining, 사람이 아프게 되면 동전을 기름에 담갔다가 모서리로 몸에 문지르는 민간요법인데 겉으로 보기에는 마치 타박상을 입은 것처럼 보인다)은 한 나라의 고유한 전통이라고 그들에게 자세히 설명하는 것뿐이었다. 교장 선생님께서는 처음에는 경찰에 신고하려 했다가 아버지의 설명을 통해 상황을 이해를 하시고는 신고를 안 하셨다. 그리고 그는 나의 부모님께 다시는 그와 같은 행위를 하지 말라고 권고하셨다. 또한 다음에 아프게 되면 집에서 쉬거나 병원에 가라고도 말씀하셨다.

(6). One may dispute Rousseau's statement **that** the most dangerous period of human life lies between birth **and** the age of twelve, **but when** these partial criticisms have been made, the fact remains **that** he concentrated attention upon the child **and** his nature *rather than* upon the subject **and** pupil's future occupation. This was one of the most revolutionary steps that educational theory had so far taken. (*S.J. Curtis and M. E. Boultwood, A Short History of Educational Ideas*)

밑줄 친 문장에 사용된 대등접속사 but를 중심으로 해서 전체적으로 중문의 구조를 취하고 있는데, 앞의 대등절 속에 and는 단어와 단어를 연결시키고 있고 that은 일반 종속접속사로 앞의 명사와 동격을 나타내는 동격절(「명사+that절」 ~라는[하다는]/that절은 선행명사와 동격절)을 이끌고 있다. 그러므로 앞의 절만을 두고 볼 때 복문이다. 그리고 뒤의 대등절 속에는 단어와 단어를 연결하는 두개의 대등접속사 and가 있고 부사절을 이끌고 있는 when이 있고 동격절을 이끌고 있는 that이 있다. 그러므로 뒤의 절만을 두고 볼 때 또한 복문이다. 대등접속사 but로 앞뒤에 복문 두 개를 연결한 혼합문이다. 아래는 도식(graph)으로 그려보았다.

s + vt + o(명사)*(that + s' + vi' + ~ prep. + o + and +O)*,
대등절1(동격절 포함)
but *(when + s' + have been + pp)*, **s**(명사) **+ vi +** *(that + s'*
대등절2(부사절과 동격절 포함)
+ vt' + o' + prep. +o + and + o + rather than + prep. +o

+ and + o.)

위의 혼합문 속에는 앞의 대등절에는 주절과 종속절(동격절)이 있고 뒤의 대등절에는 주절 하나에 종속절(부사절, 동격절) 두 개가 있다. 그러므로 문형으로 나눌 수 있는 문장이 다섯 개가 있다.

he concentrated attention (upon the child and his nature rather than upon the subject and pupil's future occupation).
→3형식: **s+vt+o**(*~prep.+o+and+o+rather than+o.)*
루소는 아이의 장래 직업보다 교과주제와 아이의 본성에 더 관심을 가졌다.

전치사로 다섯 개가 사용되었는데, 그 중에 부사구로 「between birth and the age of twelve」가 있고, 형용사구로 「of human life, of twelve」가 있고, 그리고 동사구로 「concentrate ~ upon(on)」이 있다. 특히 동사구는 숙어(『~+목/~+목+전+명』(주의·노력 따위를)집중[경주]하다; 한 점에 모으다(on, upon))로 보아야 한다.

One may dispute Rousseau's statement that the most dangerous period **of** human life lies **between** birth and the age **of** twelve, but when these partial criticisms have been made, the fact remains that he ***concentrated*** attention ***upon*** the child and his nature rather than ***upon*** the subject and pupil's future occupation.

주의해야 될 문법적인 것으로는 비교급의 변형으로 사용된 「rather than」 용법에 대해서 알아보기로 한다. 일반적으로 than은 반드시 형용사와 부사의 비교급에 수반되어 사용되는데 때로는 「other, otherwise, rather, else」등도 포함하는 경우도 있다. 부사 rather는 접속사 than과 함께 쓰여서 「오히려, 어느 쪽인가 하면, 그보다는 ~한 쪽이 낫다(than)」라는 의미를 가진다.

    would(had) rather ~오히려~하고 싶다 (~하는 편이 더 낫다),
        ~하느니 차라리 ~하는 게 더 낫다,
    would rather, would sooner, prefer, preferable, preferably
        ~(~하느니)보다는 (오히려), ~할 바에는(차라리)
    rather than 둘 중에 한 쪽은 덜 좋아하는 경우에 쓰이고,
    better than 한쪽을 특히 좋아하는 경우에 쓰인다.

    (ex.) I would stay home rather than go out.
         He is a businessman rather than a scholar.

(He is rather a businessman)
I'd rather walk than drive there.
I'd prefer to resign (rather) than take part
in such a plot.

(해석) 혹자는, 인생에 있어서 가장 위험한 시기란 출생에서 12세의 기간에 있다는 루소의 진술을 반박할 수 있지만, 이러한 부분적인 비판이 있을지라도, 그가 교과주제나 학생의 장래 직업보다는 아동과 그의 본성에 주의력을 집중하였다는 사실은 여전히 남아있다. 이는 교육이론이 지금까지 걸어 온 가장 혁명적인 발걸음 중의 하나였던 것이다.

(7). <u>Human life consists of a succession of small events, each of **which** is comparatively unimportant **and yet** the happiness **and** success of every man depend upon the manner **in which** these small events are dealt with.</u>

밑줄 친 문장에 사용된 대등접속사 「and (yet)」를 중심으로 해서 전체적으로 중문의 구조를 취하고 있는데, 앞의 대등절 속에 which 는 형용사절로 선행사인 명사를 제한하고 있고 그리고 뒤의 대등절 속에 있는 대등접속사 and는 단어와 단어를 연결하고 있는데 종속 접속사인 which는 형용사절로 선행사인 명사를 제한하고 있다. 그러므로 전체문장은 앞뒤 대등절이 모두 복문으로 되어있는 혼합문이다. 아래는 도식(graph)으로 그려보았다.

s + vi + prep. + o *(∼ prep. + o, 명사 + of + which + be'*
　　대등절1(형용사절 포함)
+ sc') + **and yet** *+* s(명사 + and + 명사 + of + 명사) **+ vi**
　　대등접속사　　　대등절2(형용사절 포함)
+ prep. + o *(∼ prep. + which + s' + be + pp' + prep'.).*

위의 혼합문 속에는 앞의 대등절에는 주절과 종속절(형용사절)이 있고 뒤의 대등절에도 주절과 종속절(형용사절)이 있다. 그러므로 문형으로 나눌 수 있는 문장이 네 개가 있다.

Human life <u>consists of</u> a succession of small events
→3형식: **s+<u>vi+prep.</u>+o**.
인간의 삶은 작은 사건들의 연속으로 이루어져 있다.

~each of which is comparatively unimportant
→2형식: **s+be+sc**.
그 사건들은 (개별적으로 보았을 때)비교적 중요하지는 않은 것들이다.

~(and yet) the happiness and success of every man <u>depend upon</u> the manner
→3형식: **s+<u>vi+prep.</u>+o**.
모든 인간의 행복과 성공은 그 사람이 (주변에서 일어나는 조그만 사건들을 어떻게 다루느냐라는) 방법에 달려있다.

~(in which) these small events <u>are dealt with</u>
→1형식: **s+(be)+<u>pp+prep</u>**.
이 조그만 사건들이 다루어지게 되는

전치사로 일곱 개가 사용되었는데, 그 중에 형용사구로 「of small events, of which, of every man」 등이 있고, 그리고 동사구로 「consists of, depend upon, dealt with」 등이 있다. 특히 동사구는 숙어(『~+전+명』 (~으로) 되다, (부분·요소로)이루어져 있다 (of)/ 『~+전+명』 ~나름이다, (~에)달려있다, 좌우되다(upon, on)/ 『~+전+명』 다루다, 처리하다, 관계하다(with))로 보아야 한다.

Human life ***consists of*** a succession ***of*** small events, each ***of*** which is comparatively unimportant and yet the happiness and success ***of*** every man ***depend upon*** the manner ***in*** which these small events are ***dealt with***.

주의해야 될 문법적인 것으로는 대등접속사 and가 뒤에 부사 yet과 함께 쓰이면 「그럼에도, 그런데도, (~) 했음에도, 그러나」의 의미로 해석해야한다. 다음으로 종속접속사로 사용되는 관계대명사 which는 전치사 in과 함께 쓰여 관계부사 how를 대신하는 경우가 있다. 특히 how는 the way (that) 또는 the way in which로 말을 바꿀 수 있지만 the way how는 잘 쓰지 않는다. 그밖에 for which는 why를 대신하고 at(in, on) which는 where 또는 when을 대신할 수 있다.

It is strange, and yet (it is) very true.
I offered him still more, and yet he was not satisfied.
That is the way in which it happened.
This is the way in which he smiled at me.

(해석) 인간의 생활이란 조그만 사건들의 연속으로 구성되는 것인데, 그 하나하나는 비교적 중요하지 않다, 그렇지만 모든 사람의 행복과 성공의 여부는 (각 개인들이) 이 조그만 사건들을 어떻게 다루는가에 달려있다.

(8). ① <u>In order to master the English language thoroughly **and**, consequently, to be able to really appreciate English literature, **it** is necessary **to have** a clear understanding of the Englishman's character.</u> ② <u>**It** is hardly sufficient **to know** his manner of life without *seeking* to find out **why** he thinks and acts in the way he does.</u> *(F. H. Lee, An English Country Calender)*

1번 문장에서 대등접속사 and는 부정사(부사적 용법) 두개를 서로 연결시켜 또 하나의 구를 만들기만 했고, 그리고 가주어인 it와 진주어인 to부정사(명사적 용법)가 사용된 단문이다. 여기서 대명사

it의 용법에 대해서 자세히 알아보기로 한다. it는 대명사로서 앞 문장에 나온 단어(the+명사, 물질명사, 추상명사)와 구(또는 절)를 받거나, 비인칭(impersonal) 주어로 시간(요일, 날씨, 명암, 온도, 거리, 상황, 온도)의 내용을 이끄는 문장의 주어로 사용되거나, 명사구나 명사절(부정사(n), 동명사, that-명사절, wh-명사절, 의문사+to부정사, 복합관계대명사절)이 주어나 목적어로 사용되었을 때 술부에 비해 너무 길기 때문에 그 것을 대신하는 가주어(형식주어) 또는 가목적어(형식목적어)로 사용되거나, 또는 강조구문을 이끌 때 사용한다.

I picked up **a stone** and threw **it**.(단어)
I tried **to open the window**, but **it** is impossible.(구)
He saved the girl's life. All of us know **it**.(문장 또는 절)

What time is **it** now?(시간)
It is Sunday today.(요일)
It is fine today.(날씨)
It is dark out of doors.(명암)
It is very cool here.(온도)
How far is **it** from here to school?(거리)
We have to fight **it** out.(상황)

It is very difficult **to master English in a year or two**.
It is very difficult **mastering English in a year or two**.
It is very difficult **that you master English ~**.
I think **it** difficult <u>**to master**</u> English in a year or two.

특히 that명사절 안에서 조동사 should와의 관계를 가지는 다음의 구문들을 주의하길 바란다. 즉 should의 생략여부의 문제 그리고 해석의 문제와 관련지어 주의를 요하는 문장구조이다.

It is(was)+**형용사 또는 명사**+that+s'+**should**+v'~.
주어+**타동사**+that+s'+**should**+v'~.

즉, 형용사나 명사가 이성적 판단(rational judgement)의 단어들이 쓰이면 should는 해석을 하지 않고 생략하지 않으며, 감정적 판단(emotional judgement)의 단어들이 쓰이면 should는 "~하다니"라고 해석하고 생략하지 않으며, 당위성과 필요(justice and necessity)의 단어들이 쓰이면 should는 해석하지 않고 생략해도 되고 그냥 써도 되고, 그리고 아래의 구문에서 타동사가 제안(요구, 명령, 주장, 결정, 희망)의 뜻을 가지고 있으면 should는 해석하지 않고 생략한다.

It is **natural** that man and woman **should** love each other.
It is **wonderful** that she **should** go to Seoul.
It is **a pity** that she **should** go to Seoul.
It is **necessary** that she (**should**) take an examination.
The doctor **suggested** that she **remain** in bed.

그리고 2번 문장도 앞의 문장구조와 똑 같지만 진주어인 to부정사 뒤에 종속접속사(의문사) why가 명사절을 이끌고 있고 그리고 생략된 종속접속사(관계사) that(=how, in which)가 형용사절로 선행사 way를 수식하고 있기 때문에 복문이다.

① <u>(in order to do~+and+to do~)</u>, <u>it+be+sc+to do~</u>.
             가주어   진주어

② **it+be+sc+to do~**<u>(why+s'+v'~)</u>(<u>~prep.+명사</u>)(<u>that+s'+vt'</u>).
 가주어   진주어   종속절1(명사절)   종속절2(형용사절)

특히, 두 문장에서 사용된 부정사에 대해서 설명하자면, 1번에서 앞의 두개는 부사적 용법으로서 목적("~할 목적으로, ~하기 위해서")이고 마지막에 사용된 것은 가주어와 진주어에서 진주어로 사용된 명사적 용법이다. 2번에 사용된 두개의 부정사 중에서 첫 번째 것은 가주어와 진주어에서 진주로 사용된 명사적 용법이고, 두 번째 것은 전치사 without의 목적어로 사용된 명사(동명사) seeking이 준동사로서 자체속의 동사(vt) "seek"의 목적어로 부정사의 명사적 용법(seek to do~:~하려고 시도하다, 노력하다)을 취한 경우이다.

>without **seek**ing **to find out** why he thinks
>and acts in the way (that) he does.
>부사구 (seek to do~/vt+to do~)"~하려고 노력하다"

>(주의) not (never, hardly)~without doing -
>: ~하면 반드시-하다
>*They **never** meet **without** quarreling.
>그들은 만나면 반드시 싸운다.

(ex) It is **hardly** sufficient to know his manner of life **without seeking** to find out why he thinks and acts in the way (that) he does.
-영국 사람의 생활태도를 잘 알게 되면 (당연히) 그가 왜 그렇게 생각하고 행동하는지도 알게 된다.
-영국 사람이 왜 그렇게 생각하고 행동하는지를 알려고 노력하지도 않으면서 그의 생활태도를 잘 알 수 없다.

(해석) 영어를 완전히 습득하고, 그리고 그 결과로서, 영문학을 제대로 감상할 수 있게 되기 위해서, 영국 사람의 성격을 정확하게 이해할 필요가 있다. 영국 사람이 왜 그렇게(영국 사람에게서만 나타나는 특성으로) 생각하고 행동하는지를 알려고 노력하지도 않으면서 그의 생활태도를 잘 알 수 없다.

(9). The end of study is **not** to possess knowledge **as** a man possesses the coins in his purse, **but** to make knowledge a part of ourselves, *that is*, to turn knowledge into thought, **as** the food we eat **is turned** into the life-giving **and** nerve-nourishing blood. *(James Bryce, University and Historical Addresses)*

대등접속사 but는 앞에 있는 부정부사 not와 연결되어 상관접속사 (not~but-:~가 아니라-이다)로서 to부정사(명사적 용법)를 서로 연결시키고 있으며, 그리고 또 다른 대등접속사 and는 단어와 단어를 연결시키는 용도로 사용되었다. 결국 대등접속사는 구와 구 또는 단어와 단어를 연결시키고 있으므로 중문을 만들지는 못했다. 종속접속사 as는 둘 모두가 부사절을 이끌고 있고 그리고 food과 we 사이에 생략된 that 또는 which는 형용사절과 선행사의 관계이므로, 위의 문장 전체는 하나의 주절과 종속절(부사절과 형용사절) 두개가 사용된 복문이다.

s+be+not+to do~ *(as+s'+vt'+o)*, **but**+**to do~**, *that is*, **to do~**,
　　　　주격보어1　　　　　　　　　주격보어2　　　　주격보어3
[*as*+*s'*(*that*+*s'*+*vt'*)+*be'*+*pp*+*~prep.*+*n*+*and*+*n.*]
　　　형용사절

문장 속에 사용된 단어들 중에 주의해야 될 것들로 turn into "~로 바꾸다"(=change into~), life-giving "활력을 부여하는"(=~that gives us life), nerve-nourishing "기력을 양성하는"(=~that nourishes nerves), that is "즉, 다시 말해서, 바꿔 말해서"(= in other words, that is to say) 등이 있다. 특히 "is turned into~"는 수동태인데 타동사 turn과 전치사 into는 타동사구(~을 -로 바꾸다, (성질·외관 따위를) (~으로)변화시키다, (~으로)만들다[바꾸다], 변질[변색]시키다)로서 숙어이다.

He **turned** water **into** ice.
→Ice was turned into water by him.
　그는 물을 얼음으로 변화시켰다.

He **turned** tears **into** laughter.
→Tears were turned into laughter by him.
　그는 울고 있다가 웃기 시작했다.

She **turned** cream **into** butter.
→Cream turned into butter by her.
　그녀는 크림을 버터로 만들었다.

그러므로 본문속의 수동태 문장도 다음처럼 원래의 능동태로 바꿀 수 있을 것이다.

The food that we eat **is turned into** the life-giving and nerve-nourishing blood. → We **turn** the food that we eat **into** the life-giving and nerve-nourishing blood.
우리들이 먹는 음식이 활력을 주고 기력을 기르는 피가 되된다.
→ 우리는 먹은 음식을 활력을 주고 기력을 기르는 피로 변화시킨다.

(해석) 학문의 목적은 사람이 지갑에 돈을 넣어 가지고 있는 것처럼 지식을 가지는 데 있는 것이 아니라, 지식을 자기 몸의 한 부분으로 만드는 것이다. 다시 말해서, 우리들이 먹는 음식이 활력을 주고 기력을 기르는 피가 되는 것과 마찬가지로, 지식을 사상으로 바꿔 놓는 데에 있는 것이다.

(10). The universal necessity of human labor *to change* the raw materials *given us by nature* into articles *serviceable to life* **and** enjoyment makes work an essential branch of human conduct. Regular meals, comfortable homes, knowledge, civilization, all are the fruits of work.

밑줄 친 문장에 사용된 접속사인 and는 단어와 단어를 연결시키는 데 사용했으므로 이 문장은 단문이다. 문장 속에 사용된 형용사인 "부정사 to change, 과거분사 given, 일반형용사 serviceable" 들은 모두가 구의 형태로 명사를 뒤에서 제한하고 있다. (주의: 명사를 제한하는 형용사가 단어형인 경우에는 명사 앞에서 제한하지만 구나 절의 형태를 가지고 있을 경우에는 명가 뒤에서 제한하는 것이 원칙이다. 그러나 예외적인 경우에는 이러한 원칙에 깨지기도 한다. 예를 들어서, 복합 부정 대명사를 제한하는 경우에는 형용사가 단어의 형태일지라도 명사 뒤에서 제한하여야한다. 그리고 형용사에 따라서는 제한적 용법이 없는 형용사도 있기 때문에 주의를 요한다.)

~human labor **to change** the raw materials
=human labor which is changing the raw materials
원료를 (유용한 물품으로) 바꾸려는 인간의 노동
(인간의 노동으로 원료를 (유용한 물품으로) 바꾼다.)

~the raw materials **given** us by nature
=the raw materials which are given us by nature
자연에 의해 우리 인간에게 주어진 원료들
(원료들은 자연에 의해 인간에 주어진 것이다.)
(자연이 인간에게 원료를 제공한다)

~articles **serviceable** to life and enjoyment
=articles which are serviceable to life ~
생활과 향락에 유용한 물품들

*Please give me something <u>cold</u>.
*He is a boy <u>rich, simple and polite</u>.
*He tried <u>every</u> means <u>possible</u>.

*an <u>asleep</u> baby (×), a baby who is <u>asleep</u> (0)
*a house which is <u>olden</u> (×), an <u>olden</u> house (0)
*the <u>present</u> king 현재의 국왕
*The king is <u>present</u> 국왕이 참석하다.

명사 + of + 명사 [to change + 명사 (given ~) +into
  주어   형용사구
+ 명사 (serviceable ~)] **+ vt + o + 명사 + of + 명사**.
          불완전타동사 목적어   목적보어

문법적으로 주의해야 될 부분이 있는데, 물주구문을 해석하는 방법에 대해서 알아보기로 한다. 즉, 타동사의 주어로 무생물 주어가 사용된 경우에는 주어를 주어(~은, 는, 이, 가)로 해석하지 말고 주어를 부사의 뜻(원인, 조건, 시간, 양보)으로 해석한다.

***Business** prevented her from calling on you.
=**Because of business**, she couldn't call on you.
사업 때문에, 그녀는 당신을 방문할 수가 없었다.

***This medicine** will make you feel better.
=**If you take this medicine**, you will feel better.
이 약을 먹으면, 너는 기분이 좋아질 것이다.

(해석) 자연이 우리에게 베풀어준 원료를 생활과 향락에 유용한 물품으로 바꾸는 데에 있어서 인간의 노동이 필요하기 때문에, 노동이라는 것은 인간 행동의 중요한 일부분이 된다. 세 끼의 정해진 식사, 안락한 가정, 지식, 문명, 이것들은 모두 노동의 소산이다.

(11). ① <u>Sorrow is lessened by a conviction of its inevitableness.</u> ② <u>I suppose one can control many of one's distresses **if** one can discover a physical cause for them.</u> ③

Kant became master of the hypochondria **which** in his early years bordered on weariness of life through knowledge **that** it resulted from his flat **and** narrow chest.
(S. Maugham, A Writer's Notebook)

위의 글은 모두 세 문장으로 되어 있는데 1번에는 접속사가 없으므로 단문이고, 2번에는 종속접속사 if가 부사절을 그리고 타동사 suppose 뒤에 목적어로 명사절이 사용되었는데 접속사 that을 생략된 상태이므로 복문이고, 3번에는 종속접속사 which가 형용사절을 그리고 that이 명사절로 동격절을 이끌고 있으나 대등접속사 and는 단어와 단어를 연결시키는 용도로 사용되었으므로 복문이다.

① **s+be+pp** *(~prep.+o)*.
② **s+vt+(that)+s'+vt'+o** *(if+s'+vt'+~)*.
③ **s+vi+sc** [*which+vi'+~prep.+o+(prep.+명사)*) (*that+s'+vi'+*
　　　　　　　　형용사절　　　　　　　　　　　　명사절(동격절)
　~prep.+o).]

문장 속에 사용된 단어들 중에 주의해야 될 것들로 lessen "감소시키다"(=decrease, diminish), distress "비애, 비탄"(=grief, worry), become master of "~의 주인이 되다, ~을 극복하다"(=control), hypochondria "(정신병)우울증", border on "~에 인접하다"(=lie close to), weariness "권태, 싫증, 피로", result from "~에서 결과로 생기다, ~에 기인하다", through the knowledge "~을 알게 됨으로서" 등이 있다.

(해석) 슬픔이란 그것이 불가피하다는 것을 확실히 깨닫게 되면 (고통의 정도가) 줄어든다. 만약에 자신에게 슬픔을 일으키는 것들 중에서 육체적 원인을 찾아낼 수만 있다면 (자신이 겪고 있는) 많은 슬픔들을 극복할 수 있는 것이라고 나는 생각한다. 칸트는 젊은 시절에 인생에 대한 권태에 가까웠던 자기의 우울증이 자신의 판판하고 좁은 가슴에서 비롯된 것임을 알아

냄으로써 그것을 극복하였던 것이다.

(12). ① Sucess often bears within itself the seed of destruction, **for** it may very well cut the author off from the material **that** was its occasion. ② He enters a new world. ③ He is made much of. ④ He must be almost super-man **if** he is not captivated by the notice *taken of him by the great*.
(S. Maugham, The Summing Up)

위의 글은 네 개의 문장으로 되어 있는데, 1번에는 대등접속사 for 가 절과 절을 연결시키고 있고, 그리고 종속접속사 that은 앞의 선행사 material을 제한하는 형용사절을 이끌고 있으므로 전체문장은 혼합문이다. 2번과 3번에는 접속사가 없으므로 단문이고, 그리고 4번에는 종속접속사 if가 부사절을 이끌고 있으므로 복문이다.

① **s+vt**(prep.+o)**+o**,*for+s'+vt'+o+ad(~prep.+o).]*
② **s+vt+o.**
③ **s+be+pp+prep.**
④ **s+be+sc** *[if+s'+be'+pp+(~prep.+o) (pp+~).]*

문장 속에 사용된 주의해야 될 문법적인 것으로는 과거분사 taken 이 뒤에 다른 어구를 수반하여서 명사 notice를 뒤에서 수식하고 있다. (주의: 수동태로 전환할 때 타동사가 구의 형태를 취하고 있으면 하나의 단어로 취급해서 전환시키면 된다. 특히, 「s+타동사+명사+전치사+o」인 경우에는 타동사구 가운데 있는 명사를 주어로 보내서 수동태로 만들 수도 있고 또는 전치사 뒤의 목적어를 주어로 보내서 수동태를 만들 수도 있다.)

• He is not captivated by the **notice**.
• The great take (great) **notice** of him. (능동태)

(take notice of-: ~을 주목하다, ~을 후대하다)
→(great)**Notice** is taken of him by the great. (수동태)
→**He** is taken (great) notice of by the great. (수동태)
=He is not captivated by **the notice** which is taken
 of him by the great. ("주격관계사+be"는 동시생략가능)
=He is not captivated by **the notice** taken of him
 by the great. (분사의 형용사 용법: 제한적 용법)
(ex) She took great **care** of the baby. (능동태)
   (take care of ~을 돌보다, ~을 보살피다)
→**Great care** was taken of the baby by her. (수동태)
→**The baby** was taken great care by her. (수동태)

그리고 단어들 중에 주의해야 될 것들로 the great "위대한 사람들"(=great people), make much of "~을 대단 것이라 생각하다", captivate "~홀리게 하다", may well "아마도"(=probably), take~of-"(눈길·관심을) 끌다(=attract); (보통 수동태로) (아무의)마음을 끌다, 마음을 빼앗다, 황홀케 하다, 을 주목하다" 등이 있다.

(해석) 성공은 그 속에 파괴의 씨를 내포하고 있는 일이 가끔 있다. 왜냐하면 성공은 작가를 성공의 직접적인 원인이 되게 한 재료로부터 대개 분리시키기 때문이다. 그 작가는 새로운(성공하기 전의 세계와 전혀 다른) 세계로 들어간다. 그는 세상 사람들한테 훌륭한 사람이라고 존경을 받는다. 만일 그가 위대한 사람들이 그에게 쏟는 주목에 매혹되어 사로잡히지 않는다면, 그는 초인적인 인간임에 틀림없다.

(13). There are two different ways to read a foreign language, depending on your purpose. You will use both at different times. ① One is slow, careful reading to note the structure of the language **and** the way words are used **so that** you can, in turn, use the constructions, words, **and** phrases in sentences of your own. ② This method of intensive reading is very useful in

<u>mastering the basic principles of a language</u> **and** <u>in learning to use its idiom</u>. However, the techniques employed in this process are not those of rapid, fluent reading.

1번 문장에서 부정사는 앞의 명사 reading을 수식하는 형용사의 제한적 용법이고, so that은 목적부사절을 이끄는 접속사구이고, so that 앞에 있는 대등접속사 and는 명사와 명사(the structure of the language, the way)를 묶어서 타동사 note의 목적어로 사용되었고 그리고 뒤에 있는 and는 명사 세 개(the constructions, words, phrases)를 묶어서 타동사 use의 목적어로 사용되었다.

      s+be+sc(n)<u>to+vt</u>~<u>so that+s'+vt'+o</u>'.
      주절   종속절(목적부사절)

2번 문장에서 대등접속사 and가 부사구(전치사+동명사~)를 묶어서 형용사 useful을 수식해주고 있다. 물론 동명사들은 우선 명사로서 전치사의 목적어로 사용된 후에 자체속의 동사의 성질에 따라서 뒤에 목적어로서 mastering은 명사를 취했고 learning은 부정사를 목적어로 취하고 있다.

      s+be+sc~<u>전치사+동명사~+and+전치사+동명사~</u>.
            부사구 and 부사구(부사로서 앞의 형용사를 수식)

(해석) 외국어를 읽는 데에는 독해 목적에 따라 두 가지의 상이한 방법이 있다. 당신은 사정에 따라서 이 두 가지의 방법을 다 사용할 것이다. 하나의 방법은 천천히 주의 깊게 읽는 방식이다. 언어의 구조와 낱말들이 사용된 방식에 주목하여 당신의 문장들 가운데서 그 구문과 단어, 문구를 다시 사용할 수 있도록 읽는 방식이 그것이다. 이러한 정독의 방법은 언어의 기본 원리를 통달하는데 그리고 관용어의 사용을 배우는 데 매우 유용하다. 그러나 이 과정에서 구사되는 독서 기법은 빠르고 유창한 독서 기법은 아니다.

(14). ① To develop the ability to read rapidly **and** easily, you need to use a second method — extensive reading. This is rapid reading of a great deal of easy material. ② Your primary purpose here is *not* to learn new structures **and** vocabulary **so that** you can reproduce them in written **and** oral work of your own, *but* rather to understand *as* quickly **and** completely **and** *possible* the ideas being communicated. In reading your own language, you understand more difficult words and sentence structures than you yourself use. You also are able to get the meaning even when you are not familiar with all the words. In extensive reading you must get used to looking for ideas without analyzing individual words and phrases.

1번 문장에서 세 개의 부정사들은 저마다 다른 품사로 사용되고 있다. to develop는 부사적 용법(목적)으로, to read는 앞의 명사 ability를 제한하고 있는 형용사적 용법(제한)으로, to use는 타동사 need의 목적어인 명사적 용법으로 사용되고 있다. 물론 외부적인 품사이외에 자체속의 동사의 성질에 따라서 뒤에 의미상 목적어 (ability, a second method)와 부사(rapidly, easily)를 취하고 있음을 확인할 수 있다.

to+vt~(명사+to+vi~), s+vt+to+vt+~.
부사　　　　형용사　　　　　명사

2번 문장에서 전체 문상은 상관 접속사구인 'not ~ but —'이라는 틀을 중심으로 이루어져 있다. 대등접속사인 but는 앞뒤를 부정사의 명사적 용법으로 사용된 to learn과 to understand를 묶어서 불완전 자동사인 be동사의 보어로 사용되고 있다. 물론 부정사의 자체속의 동사의 성질에 따라서 learn은 뒤에 목적어와 부사절(so that~)을 취했고, understand는 뒤에 형용사구(수동태 분사의 제한적 용법)에 의해 제한받는 목적어를 취하고 있다. 특히 as possible(가능한 한~)이란 표현어구가 사용되고 있다.

    s+be+<u>not</u> <u>to+vt+</u>~(so that+s'+vt'+~), but+<u>to+vt+</u>~.
       주격보어1   종속절(목적부사절)   주격보어2

(해 석)
빠르고 쉽게 읽기 위한 능력을 향상시키기 위해서는 두 번째 방법인 다독을 사용할 필요가 있다. 이 방법은 굉장히 많은 쉬운 글들을 빨리 읽는 것이다. 여기서 중요한 목적은 모국어의 글이나 말에서 다시 사용하기 위해 새로운 구문들과 어휘들을 배우는데 있지 않고 전달되고 있는 사상을 가능한 한 빠르고 완전하게 이해하는데 있다. 모국어를 읽을 때에는 자신이 사용하는 것보다 더 어려운 단어들과 구문들을 이해하게 된다. 또한 당신은 모든 단어들에 익숙해 있지 않아도 그 의미를 이해할 수 있다. 다독에서 당신은 개별 단어와 문구를 분석하지 않고서도 의미를 파악하는데 익숙해져야만 한다.

➡➡➡➡➡➡➡➡➡➡➡➡➡ 한글성경(NIV한글성경)에 번역되어있는 요절(verse)과 네 권의 영어성경(**NIV** New International Version, **LBV** Living Bible Version, **RSV** Revised Standard Version, **GNB** Good News Bible)에 실려 있는 똑 같은 요절을 서로 비교하여 사용된 문장 구조와 어휘에서 어떤 차이점이 있는지 살펴보고자 한다. 앞에서도 언급한 바 있지만, 똑 같은 내용이더라도 사람마다 표현하는데 사용하는 어휘는 지적인 수준에 의해서 다를 수도 있지만 그들이 사용하는 문장 구조는 일정하게 정해져 있다. 다만 그들이 문장 속에 사용한 수식어의 양에 따라서 문장구조가 길고 짧게 보일 뿐이다. 수식어들만 문장 속에서 가려내면 남는 것은 문장구조의 핵심적인 뼈대만 남게 된다. 이 뼈대들을 분석해보면 앞서 제시한 33문형이라는 구조 내에서 이루어지고 있음을 알 수 있을 것이다.

(15). What we does the worker gain from his toil? I have seen the burden God has laid on men. He has made everything beautiful in its time. He has also set eternity in the hearts of men; yet they cannot fathom what God has done from beginning to end. ① <u>I know **that** there is nothing better for men **than** to be happy **and** do good **while** they live</u>. That everyone may eat and drink, and find satisfaction in all his toil — this is the gift of God. ② <u>I know **that** everything God does will endure forever, nothing can be added to it **and** nothing taken from it</u>. ③ <u>God does it so that men will revere him</u>. *(New International Version, Ecclesiastes 3:9~14)*

(해석) 일하는 자가 그 수고로 말미암아 무슨 이익이 있으랴? 하나님이 인생들에게 노고를 주사 애쓰게 하신 것을 내가 보았노라. 하나님이 모든 것을 지으시되 때를 따라 아름답게 하셨고 또 사람에게 영원을 사모하는 마음을 주셨느니라. 그러나 하나님의 하시는 일의 시종을 사람으로 측량할 수 없게 하셨도다. 사람이 사는 동안에 기뻐하며 선을 행하는 것보다 나은 것이 없는 줄을 내가 알았고, 사람마다 먹고 마시는 것과 수고함으로 낙을 누리는 것이 하나님의 선물인 줄을 또한 알았도다. 무릇 하나님의 행하시는 것은 영원히 있을 것이라 더할 수도 없고 덜할 수도 없나니, 하나님이 이같이 행하심은 사람으로 그 앞에서 경외하게 하려 하심인 줄을 내가 알았도다.

밑줄 친 문장에서 1번은 타동사 know의 목적어로 종속접속사인 that 명사절을 받았고 그리고 그 명사절 속에는 비교부사절을 이끄는 than과 시간부사절을 이끄는 while이 있고, 구와 구를 연결시킨 대등접속사 and가 사용되어 복문을 이루고 있다. 2번도 타동사 know의 목적어로 종속접속사인 that 명사절을 받았고 그리고 그 명사절 속에는 형용사절을 이끄는 관계대명사 that가 쓰였는데 생략되었고, 대등접속사 and는 세 개의 절들을 「a, b and c」의 연결방식으로 연결시켜 중문을 만들고 있으므로 혼합문이다. 3번은 종속절에 결과부사절을 이끌고 있는 「so-that」이 있는 복문이다. 전치사로 세 개가 사용되었는데, 그 중에 부사구로 「for men」이 있고, 그리고 동사구로 「added to, taken from」 등이 있다. 특히 동사구는 숙어(『~+목+전+명』 더하다, 가산하다; 증가[추가]하다(to)/ 『~+목+전+명』 (우격다짐으로) 뺏다, 탈취하다; 점령[점거]하다(from))로 보아야 한다.

① I know that there is nothing better **for men** than to be happy and do good while they live. ② I know that everything God does will endure forever, nothing can be **added to** it and nothing **taken from** it. ③ God does it so that men will revere him.

주의해야 될 문법적인 것으로는 1번에서는 비교 구문, 2번에서는 수동태와 생략, 3번에서는 목적부사절에 대해서 알아본다.

There is nothing better for men than to be happy and do good.
=There is nothing bett**er** for men **than** to be happy and do good (is good).
사람이 사는 동안에) 기뻐하고 선을 행하는 것보다 더 좋은 것은 없다.

1번에서 형용사 good의 비교급 better의 위치로 볼 때 제한적 용법과 서술적 용법 모두가 가능한 곳이다. 제한적 용법으로 본다면 형용사 better가 뒤에 다른 어구를 끌고 온 형용사구로서 명사를 후치 수식한 것으로 볼 수도 있고, 또한 복합 부정대명사를 수식하는 형용사는 설령 단어일지라도 후치 수식하는 것이 원칙이다. 서술적 용법으로 볼 수도 있는 근거는 희박하지만 1형식의 변형인 「there+be+명사」는 그 뒤에 형용사를 취할 수 있는데 「there+be+명사+형용사」, 이 때 앞 문장은 어순을 바꾸어서 「주어(명사)+be+형용사」로 만들 수도 있다. 여기에 사용된 형용사는 보어로 사용된 서술적 용법이 된다.

There is nothing **better for men than**
                    ⌞ 형용사의 제한적 용법(명사수식)
to be happy and do good.

=Nothing is **better** for men than to be happy
and do good (is good). *형용사의 서술적 용법(주격보어)

2번은 앞뒤에 모두 수동태가 사용된 대등절을 가진 중문이다. 특히 뒤의 문장에서는 앞에서 사용된 「can be」가 반복을 회피하기 위해서 생략된 특수구문이 적용되었다. 그리고 두 문장에 사용된 타동사는 구의 형태 「add~to-"와 take~from-」를 취하고 있었던 동사들이었다. 이것들이 수동태로 바뀌면서 아래와 같은 어순을 가지되었다.

Nothing can be added to it and nothing taken from it.
=Nothing **can be** added to it and nothing (**can be**) taken from it.
어느 누구도 하나님께서 행하시는 일에) 더할 것도 뺄 것도 없다.

Nothing can **be added to** it.
=We cannot **add** nothing **to** it.
Nothing can **be taken from** it.
=We cannot **take** nothing **from** it.

3번에서 사용된 종속접속사 that의 용법은 여러 가지이므로 주의해서 구별하여 사용하여야 한다. 우선 that의 품사는 「지시대명사, 지시형용사, 지시부사, 관계대명사, 관계부사, 일반종속접속사」 등으로 사용된다. 아래문장에서 사용된 that은 일반종속접속사로 부사절을 이끌고 있다. 여러 가지 부사절(원인, 결과, 정도, 조건, 양보, 판단의 근거, 목적)을 이끌 수 있지만 여기서는 부사 so와 연결되어 목적부사절 「~so that-(=~in order that-, ~in order to+ⓥ-, ~so as to+ⓥ-)" "~하도록-하다, ~하기 위해서-하다, ~을 목적으로-하다"」를 이끌고 있다.

God does it **so that** men will revere him.
=God does it **in order that** men will revere him.
=God does it **in order for men to** revere him.

(비교연구1)
④ <u>So I conclude **that**, first, there is nothing better for a man than to be happy **and** to enjoy himself as long as he can</u>; … ⑤ <u>And I know this, **that** whatever God does is final — nothing can be added **or** taken from it</u>; ⑥ <u>God's purpose in this is **that** man should fear the all-powerful God.</u> *(Living Bible Version)*

NIV/LBV성경 ④번과 ⑤번에서 사용한 전체 문장구조는 똑 같이 「s+vt+<u>that+s'+v'+~</u>」이다. 그러나 ⑥에서는 그 문장구조 다르게 사용하고 있는데, 문의 종류로는 모두 복문이지만 NIV에서는 종속절이 목적부사절이고 LBV에서는 종속절이 명사절이라는 차이를 보이고 있지만 의미("하나님이 이같이 행하심은 사람으로 그 앞에서 경외하게 하려 하심인 줄을 내가 알았도다.")에서는 같다.

   s+vt+o(*so that+s'+vt'+o'*). *(NIV)*
   s(*prep.+o*)**+be+that+s'+vt'+o**.' *(LBV)*

(비교연구2)
⑦ <u>I know **that** there is nothing better for them **than** to be happy and enjoy themselves **as long as** they live</u>;… ⑧ <u>I know **that** whatever God does endures for ever; nothing can be added to it, **nor** anything taken from it</u>; ⑨ <u>God has made it so, **in order that** men should fear before him.</u> *(Revised Standard Version)*

NIV/RSV성경 ⑦반과 ⑧번에서도 사용한 전체 문장구조는 똑 같이 「s+vt+that+s'+v'+~」 이다. 또한 ⑨에서도 문장구조와 문의 종류(복문)가 모두 같다. 다만, 목적부사절로 NIV에서는 접속사로 so that ~을 사용했고 그리고 RSV에서는 in order that ~를 사용했다는 차이를 보이고 있지만 의미("~할 목적으로, ~하기 위해서")에서는 같다.

> **s+vt+o**(*so that+s'+vt'+o'*). (*NIV*)
> **s+vt+o**,(*in order that+s'+vt'+o'*). (*RSV*)
> **s**(*prep. +o*)**+be+that+s'+vt'+o**.' (*LBV*)

NIV①, LBV④, RSV⑦에서는 전체문장인 「s+vt+that+s'+v'+~」 에서 명사절 속에 사용된 절(문장)의 문장구조가 모두 같다.

> **there+be+명사**(*better~than to do-*)
> (*while or as long as+s+v+~*)」

(비교연구3)
<u>So I realized that all we can do is be happy and do the best we can while we are still alive. All of us should eat and drink and enjoy what we have worked for. It's God's gift. I know that everything God does will last forever. You can't add anything to it or take anything away from it. And one thing God does is to make us stand in awe of him.</u> (*GNB*)

(16). ① Let the wise listen and add to their learning, and let the discerning get guidance — for understanding proverbs and parables, the sayings and riddles of the wise. <u>The fear of the Lord is the beginning of knowledge, **but** fools despise wisdom</u>

and discipline. *(NIV, Proverbs 1:5~7)*

(해석) 지혜 있는 자는 듣고 학식이 더할 것이요 명철한 자는 모략을 얻을 것이라, 잠언과 비유와 지혜 있는 자의 말과 그 오묘한 말을 깨달으라. 여호와를 경외하는 것이 지식의 근본이어늘 미련한 자는 지혜와 훈계를 멸시하느니라.

밑줄 친 문장에 사용된 대등접속사 but를 중심으로 해서 주어가 생략되었고 그리고 and는 단어와 단어만을 연결시키고 있다. 그래서 전체적으로는 중문이다. 아래는 도식(graph)으로 그려보았다.

s(명사 of 명사)+be+sc, but+s+vt+o(명사 and 명사).
     대등절1   대등접속사   대등절2

전치사로 두개가 사용되었는데 모두 형용사구 「of the Lord, of knowledge」로서 앞의 명사를 뒤에서 제한하고 있다.

The fear **of the Lord** is the beginning **of knowledge**, but fools despise wisdom and discipline.

주의해야 될 문법적인 것으로는 명사 또는 대명사의 소유격에 대한 해석방법에 대해서 알아보기로 한다. 특히 명사의 소유격은 생물인 경우에는 명사 뒤에 아포스트로피(apostrophe)를 붙여서 또 다른 명사를 전치 수식하고, 무생물 명사인 경우에는 소유적인 의미가 있는 전치사 of를 사용하여 또 다른 명사를 후치 수식한다.

    생물명사**'s**+명사   the boy's table
      a ↷ b

    명사+**of**+무생물명사   four legs of the table
      b ↶   a

그런데 해석할 때 주의해야 할 것은 명사와 명사의 관계(「명사(ⓐ)'s+명사(ⓑ)/명사(ⓑ)+of+명사(ⓐ)」)에 따라서 해석의 차이가 있기 때문이다. 두 명사 사이의 의미상 관계로는 「명사(ⓐ)'s+명사(ⓑ)=a가 b의 소유자관계, a와 b가 주어와 동사관계, b가 a에 타동사의 목적어관계, a와 b가 동격관계, a가 b의 사용대상(용도, 목적)관계, a가 b의 출신지역관계, b가 a의 생산지관계, a가 b의 행위자(저자, 발명가, 발견자)관계, a가 b의 소속관계」 등이 있다. 특히 지금까지의 a와 b의 관계를 거꾸로 관계를 설정하면 생물명사와 또 다른 명사의 관계(명사(ⓐ)+of+명사(ⓑ))가 된다. 즉, b를 a로 그리고 a는 b로 바꾸면 된다.

the girl's dress (=The dress belongs to the girl.)
 그 옷은 그 소녀의 소유이다 (주술관계)
my father's arrival (=My father arrives.)
 나의 아버지께서 도착하시다 (주술관계)
children's education (=~educating children)
 ~아이들을 교육시킴에 있어서 (목적관계)
the city of Seoul (=Seoul, the city)
 서울이라는 도시 (동격관계)
girls' high school (=high school for girls)
 ~소녀들을 대상으로 하는 고등학교(=여자고등학교) (대상관계)
the wines of France (=the wines produced in France)
 ~프랑스에서 생산된 포도주 (생산지관계)
Eliot's works (=works written by Eliot)
 작가인 엘리엇이 쓴 작품들 (저자관계)
The queen of England (=The queen is the king in England)
 ~영국을 다스리는 여왕 (소속관계)
*Their widows were being overlooked in the daily distribution of food. (=~distributing food) (*NIV, Acts, 13:38*)
 음식을 배분함에 있어서 (타동사의 목적관계)
*Their hope of making money was gone. (*Acts, 16:19*)

(=~hope that they should make money)
돈을 벌어야 한다는 소망 (동격관계)
*Before the coming of Jesus (=Before Jesus is coming)
예수께서 오시기 전에 (주술관계)
*in the forgiveness of sins (=~in forgiving sins)
~죄를 용서함에 있어서 (목적관계)

본문에 사용된 "the fear of the Lord"는 타동사의 목적관계이기 때문에 "~fearing the Lord (여호와를 경외함)"으로 해석하여야 한다. 그리고 "the beginning of knowledge"는 주어와 동사의 관계이기 때문에 "~knowledge begins"로 해석하여야 한다.

(비교연구1)
② These proverbs can even add to the knowledge of wise men and give guidance to the educated, so that they can understand the hidden meanings of proverbs and the problems that wise men raise. To have knowledge, you must first have reverence for the Lord. Stupid people have no respect for wisdom **and refuse to learn**. (GNB)

GNB에서 사용한 문장구조는 NIV와는 완전히 다르다. NIV에서는 하나의 문장(중문)으로 표현하고 있지만 GNB에서는 두 문장(두개의 단문)으로 나누어서 표현하고 있다.

   s+be+sc, but+s+vt+o. (NIV)
   (to do ~), s+vt+o. (GNB1)
   s+vt+o+and+vt+to do~. (GNB2)

(비교연구2)
③ How does a man become wise? The first step is to trust

and reverence the Lord! Only fools refuse to be taught. *(LBV)*

LBV에서는 NIV와 GNB와 다르게 세 문장(세 개의 단문)으로 나누어서 표현하고 있다. 전체적인 의미("여호와를 경외하는 것이 지식의 근본이어늘 미련한 자는 지혜와 훈계를 멸시하느니라.")는 한글성경에 쓰여 있는 것과 같다.

  s+be+sc, but+s+vt+o. *(NIV)*
  (to do ~), s+vt+o. *(GNB1)*
  s+vt+o+and+vt+<u>to do ~</u>. *(GNB2)*
  how do+s+vi+sc? *(LBV1)*
  s+be+<u>to do~and (to) do~</u>! *(LBV2)*
  s+vt+<u>to do~</u>. *(LBV3)*

(17). ① <u>I have seen another evil under the sun, **and** it weighs heavily on men: God gives a man wealth, possessions **and** honor, **so that** he lacks nothing his heart desires, **but** God does not enable him to enjoy them, **and** a stranger enjoys them instead</u>. This meaningless, a grievous evil.
(NIV, Ecclesiastes 6:1~2)

(해석) 내가 해 아래서 한 가지 폐단 있는 것을 보았나니 이는 사람에게 중한 것이라. 어떤 사람은 그 심령의 모든 소원에 부족함이 없어 재물과 부요와 존귀를 하나님께 받았으나 능히 누리게 하심을 얻지 못하였으므로 다른 사람이 누리나니 이것도 헛되어 악한 병이로다.

위의 밑줄 친 글에 사용된 첫 번째와 세 번째 대등접속사인 and와 but는 절과 절을 연결시켜 중문을 만들었고 두 번째 대등접속사 and는 세 단어를 연결시키는 「a, b and c」로 사용되고 있다. 그리고 종속접속사로는 두 개가 사용되었는데 첫째로는 that가 so와 연결(so~that)되어 결과부사절을 이끌고 있고 다음으로는 nothing

과 his heart사이에 형용사절을 이끄는 목적격 관계대명사 that가 생략되었다. 그러므로 콜론을 중심으로 앞으로는 중문이고, 뒤로는 전체적으로 결과부사절을 이끄는 so that이 사용된 복문의 구조이고 특히 종속절인 부사절 속에 중문 두개와 형용사절 하나가 사용된 혼합문이 들어있다.

(비교연구1)

② <u>There is an evil **which** I have seen under the sun, **and** it lies heavy upon men: a man to **whom** God gives wealth, possessions, **and** honor, **so that** he lacks nothing of all **that** he desires, **yet** God does not give him power to enjoy them, **but** a stranger enjoys them</u>, this is vanity; it is a sore affliction. (RSV)

위의 밑줄 친 글에 사용된 첫 번째 and와 yet과 but은 대등접속사로 절과 절을 연결시킨 중문을 만들고 있지만 두 번째 대등접속사 and는 세 단어를 연결시키는 「a, b, and c」로 사용되고 있다. 그리고 관계대명사인 which와 whom과 that은 형용사절을 이끌고 있고 so that에서 that은 결과 부사절을 이끌고 있다. 그러므로 콜론을 중심으로 앞으로는 혼합문이고, 뒤로는 문장이 복잡하다. a man은 콜론 앞에 있는 men과 동격이면서 그 앞에 "it lies heavy upon"이 생략되어있는 하나의 단문이다. 그리고 명사 a man을 형용사절 whom이 제한하고 있고, 그 뒤에 so that으로 이끌어진 부사절과 that으로 이끌어진 또 다른 형용사절이 있다. 여기까지가 하나의 주절과 세 개의 종속절이 만든 복문이고, 그리고 그 뒤에는 대등접속사 yet과 but로 이끌어진 두 개의 중문이 있다. 그러므로 콜론 뒤의 문장은 전체적으로 혼합문으로 볼 수 있다. NIV와 RSV에서 사용한 전체적인 문장구조는 혼합문으로서 같은 골격을 사용하였지만, 사이사이에 사용된 부가적인 요소인 수식어는 다르다. NIV에서는 형용사절 세 개와 목저부사절 하나를 썼고 RSV에서는 형용사절

하나와 목적부사절 하나를 썼다. 물론 그 것들을 사용한 위치에서 글쓴이에 따라서 다르다.

    s+vt+o, and+s+v~: s+vt+Io+Do1,
    Do2+and+Do3, and(but)+s+v~.

(비교연구2)

③ <u>I have noticed **that** in this world a serious injustice is done. God will give someone wealth, honor, **and** property, yes, everything he wants, **but** then will not let him enjoy it. Some stranger will enjoy it instead.</u> It is useless, and it just isn't right. (GNB)

밑줄 친 글의 첫 문장에 사용된 종속접속사 that은 타동사의 목적어로 사용된 명사절이므로 복문이다. 두 번째 문장 속의 대등접속사 and는 세 단어를 연결시키는 「a, b, and c」로 사용되었고 but은 하나의 주어 God에 걸리는 두 개의 동사를 묶고 있으므로 단문이지만 everything과 he 사이에 목적격 관계대명사 that가 형용사절을 만들어 놓고 생략되었으므로 전체 문장은 복문이다. 주의해야 될 문법적인 것으로는 위의 문장 속에 사용된 "yes"의 용법이다. "yes"는 부사인데 종종 대등접속사 and와 or 다음에 쓰여서 "긍정적인 진술에 이어서 강의적인 말(아니 그뿐인가, 더구나, 게다가, 확실히, 암)"이나 또는 "앞의 말을 강조하는 말(다름 아닌 (바로), 그럼)"로 사용된다.

    He is a scholar, yes, and a fine man as well.
    그는 유식한 사람이야, 게다가 훌륭한 사람이기도 하지.
    I beat Thomas — yes, Thomas the champion.
    나는 토머스에게 이겼다 그럼, (다름 아닌) 챔피언인 토머스에게 말이다.

GNB에서 사용한 문장구조는 위의 NIV와 RSV의 문장구조와 전체적인 골격에서 다르게 나타나고 있다.

   s+vt+that+s'+v'~. s+vt+Io+Do1, Do2+and+Do3,
   yes+명사, but+vt+o+do~. s+vt+o.

그러나 똑 같은 문장구조를 사용한 부분도 있는데 바로 두 번째 문장에서 4형식(s+vt+Io+Do1, Do2+and+Do3)을 사용하고 있다.

(18). ① <u>So do not fear, for I am with you; do not be dismayed, **for** I am your God. I will strength you **and** help you; I will uphold you with my righteous right hand.</u> (NIV, Isaiah 41:10)

(해석) 두려워 말라 내가 너와 함께함이라 놀라지 말라 나는 네 하나님이 됨 이니라 내가 너를 굳세게 하리라 참으로 너를 도 주리라 참으로 나의 의로운 오른 손으로 너를 붙들리라.

밑줄 친 글에 사용된 대등접속사인 두 개의 for는 절과 절을 연결시켜서 두 개의 중문을 이끌고 있고, 그리고 and는 동사와 동사를 연결시켜 하나의 구를 이루고 있기 때문에 단문이다. 마지막 문장 또한 단문이다. 주의해야 될 문법적인 것으로는 대등접속사 for와 명령문에 대해서 알아보기로 한다. 대등접속사인 for는 and(but, or)와는 다르게 절과 절을 연결시키는 것으로만 사용되고 반드시 그 앞에 콤마를 찍는다. for와 because는 서로 비슷해서 혼동할 수 있는데 because는 이유와 원인(~이므로, ~까닭에)에 쓰이고 for는 판단의 근거("~한 점을 보니, ~한 점을 생각하면/왜냐하면~이[하, 으]니까, ~한 걸보니)와 말하는 이의 발언의 근거(왜 그런 말을 하게 되었는가)를 설명하는 데 쓰인다. 구어적 문체에서는 for대신 흔히 because가 쓰인다.

Let me stay, **for** I am tired.
여기에 있게 해주시오, 왜냐하면 너무 지쳤기 때문이에요.
She must be very happy, **for** she is dancing.
춤추고 있는 것을 보니 그녀는 무척 기쁜 모양이다.
He was absent **because** he was sick.
병이 나서 결석했다.

명령문에는 직접명령문(2인칭 명령문)과 간접명령문(1, 3인칭명령문)이 있다. 전자는 원형동사(v+~)부터 시작하고 후자는 불완전타동사 let(~+o+do~)으로 이끈다. 이 때 앞에다 부정부사 not을 첨가하면 부정명령문이 된다. (주의)부정명령문에서 do을 쓰지 않고 부정명령문을 만드는 옛 용법이 아직도 사용되는 경우가 있다.

　　　직접명령문: 원형동사(vi, vt)+~
　　　　　　　Open the window.
　　　　　　　Don't open the window.
　　　　　　　Don't fear.
　　　　　　　(=Not fear)
　　　　　　　Don't be dismayed.
　　　　　　　(=Be not dismayed)

　　　간접명령문: Let+o+원형동사(vi, vt)+~
　　　　　　　Let me open the window.
　　　　　　　Let him open the window.
　　　　　　　Don't let him open the window.
　　　　　　　*Let him not open the window.

(비교연구1)
② fear not, **for** I am with you, be not dismayed, **for** I am your God; I will strengthen you, I will help you, I will uphold you with my victorious right hand. *(RSV)*

RSV에서 사용한 문장구조도 NIV와 거의 같은 문장구조를 사용하고 있다. 차이점이 있다면 다음과 같다. 첫째로는 옛 용법인 do를 사용하지 않고 부정명령문을 만들었다는 것이고, 둘째로는 특수구문의 공통관계로 인한 생략을 NIV는 적용했고 RSV는 적용을 안했고, 어휘선택에서 NIV에서는 righteous를 썼는데 RSV에서는 victorious를 썼다.

do not fear/do not be dismayed *(NIV)*
fear not/be not dismayed *(RSV)*

I will strength you and (I will) help you. *(NIV)*
I will strengthen you, I will help you. *(RSV)*

(비교연구2)
③ fear not, **for** I am with you. Do not be dismayed, I am your God. I will strengthen you; I will help you; I will uphold you with my victorious right hand. *(LBV)*

LBV에서 사용한 문장구조는 위의 RSV와 같은 문장구조를 사용하고 있다. 또한 부정명령문에서 do를 사용하지 않은 것이나 righteous가 아닌 victorious를 쓴 것이나 모두 같다.

(비교연구3)
Do not be afraid — I am with you! I am your God — let nothing terrify you! I will make you strong and help you; I will protect you and save you. *(GNB)*

(19). ① This was the second miraculous sign **that** Jesus performed, having come from Judea to Galilee.

(NIV, John, 4:54)

(해석) 이것은 예수께서 유대에서 갈릴리로 오신 후 행하신 두 번째 표적이니라.

(비교연구1)
② This was now the second sign that Jesus did when he had come from Judea to Galilee. *(RSV)*

(비교연구2)
③ This was Jesus' second miracle in Galilee after coming from Judea. *(LBV)*

위의 글에서 NIV와 RSV에서 사용한 문장구조는 똑 같은 복문의 형태를 취하고 있다. 관계대명사 that은 선행사 sign을 제한하고 있는 형용사절을 이끌고 있고, RSV에서 종속접속사 when은 시간부사절을 이끌고 있지만 NIV에서는 간결화하기 위해서 having come ~ 이라는 부사구(분사구문)로 전환되어 있다.

s + be + sc *(that + s' + vt'), (when(after) + s' +*
   주절 (형용사절 포함)   종속절 (부사절)
had + pp' + ~ from + o + to + o).

LBV에서는 형용사절에 의해 제한받는 명사의 어순을 명사의 소유격에 의해 제한받는 명사의 어순으로 바꾸어 쓰고 있고 그리고 부사절(분사구문)을 부사구(전치사+농명사~)로 쓰고 있기 때문에 단문의 형태이다.

   s+be+sc(명사's 명사) *(~in+o+after+o+~from+o).*

   ~명사(a)+목적격관계사+s'(b)+vt'

⌣ (b와 a는 주술관계)

~the second sign **that Jesus did**
      a   b

~Jesus did the second miracle
  b   a (=s+v~)

=**명사(b)'s +명사(a)**

⌣ (b와 a는 주술관계)

=**Jesus'** second miracle
    a   b

=Jesus did the second miracle
  a   b (=s+v~)

(cf.) the second miraculous sign that Jesus performed

또한 when에 의해 이끄는 부사절을 분사구문이 아닌 전치사 after("~한 뒤 곧")에 의해 이끄는 부사구로 다르게 쓰고 있다. 특히 after 뒤에 단순동명사가 쓰인 것은 전치사의 뜻(~후에)에 의해서 사건의 전후가 분명하기 때문에 단순동명사가 완료동명사를 대신하기 때문이다. 그러나 이 구문을 분사 구문 앞에 접속사를 그대로 놓은 경우로도 볼 수 있다.

    when(after) he had come from Judea to Galilee
=**(when he had)** come from Judea to Galilee
=**having come** from Judea to Galilee (분사구문)
=in Galilee **after coming** from Judea
  (전치사+동명사) or (접속사+분사구문)
  예수께서 유대에서 갈릴리로 오신 후에

분사구문에 대한 설명을 좀 더 자세하게 설명하고 넘어가기로 한다. 분사구문을 한마디로 정의한다면, 부사절(복문) 속에 있는 접속사와 주어와 동사를 분사로 대신하여 간결한 부사구(단문)로 바꾸어 놓은 것을 말한다. 단, 모든 부사절을 분사구문으로 바꿀 수 있는 것은 아니고 정해짐 몇 개의 부사절(시간, 원인, 조건, 양보, 부대상황)만이 가능하다. 그러므로 글을 쓸 때는 간결한 분사구문이 좋지만 해석할 때는 원래의 부사절로 해야 한다. 분사구문에서는 대개 접속사를 생략하므로 뜻은 문맥을 통해서 짐작할 수밖에 없다. 위치는 문장 속에서 부사가 갈 수 있는 곳하고 똑 같으나 대개는 문두에 사용되는 경우가 가장 많고 그 다음으로 문중과 문미이다. 분사구문의 종류는 당연히 분사로 현재분사와 과거분사가 있으므로 현재 분사구문(능동태 분사구문)과 과거 분사구문(수동태 분사구문)이 있다.

◆부사절: **접속사+s'+v'+~**, s+v+~. -- 복문
　　　　　종속절(부사절)　　주절
◆부사구: **분사+~**, s+v+~. ------- 단문
　　　　　부사구
◆능동태분사구문: **(접속사+s')+v'+~**, s+v+~.
　　　　　　　　=ⓥing(or having+pp)+~, s+v+~.
◆수동태분사구문: **접속사+s'+be+pp'+~**, s+v+~.
　　　　　　　　=being+pp(or having been+pp)+~
　　　　　　　　=pp+~, s+v+~.

(ex) Jesus performed the second miraculous sign,
after he had come from Judea to Galilee.
→Jesus performed the second miraculous sign,
having come from Judea to Galilee.

(비교연구3)
This was the second miracle that Jesus performed after coming from Judea to Galilee. *(GNB)*

(20). ① Paul and his companions traveled throughout the

region of Phrygia **and** Galatia, having been kept by the Holy Spirit from preaching the word in the province of Asia. *(NIV, Acts, 16:6)*

(해석) 성령이 아시아에서 말씀을 전하지 못하게 하시거늘 브루기아와 갈라디아 땅으로 다녀가

(비교연구1)
② **And** they went throughout the region of Phrygia **and** Galatia, having been forbidden by the Holy Spirit to speak the word in Asia. *(RSV)*

(비교연구2)
③ Next they traveled throughout Phrygia **and** Galatia, **because** the Holy Spirit had told them not to go into the Turkish province of Ausia at that time. *(LBV)*

세 문장(NIV, RSV, LBV) 모두가 똑 같은 문장구조를 사용하여 표현하고 있다. 대등접속사 and는 모두 단어와 단어를 연결하는 하나의 구(phrase)를 이끌고 있고, LBV에 사용된 종속접속사 because에 의해 이끌어진 부사절은 NIV와 RSV에서는 간결화하기 위해서 분사구문으로 전환되어 있다. NIV와 RSV는 단문이지만 LBV는 부사절이 사용된 복문이다.

①② **s+vi**(*throughout+o+and+o*), (*having been+pp+by+o+~*).
③ **s+vi**(*throughout+o+and+o*), (*because+s'+had+pp+o+to do+~*).

위의 글 NIV와 RSV에는 수동태 분사구문이 사용되었는데, 원래의 부사절로 바꾸어보고 다음으로는 능동형으로 바꾸어 본다.

Paul and his companions traveled throughout~, **having been kept by the Holy Spirit from preaching the word in the province of Asia.**
=because they had been kept by~
=because The Holy Spirit had <u>kept</u> them <u>from</u>~
　　　　　　　　　(s+keep+o+from-)
성령이 아시아 지방에서 말씀 전하는 것을 막으셨기 때문에~.

They went throughout ~, **having been forbidden by the Holy Spirit to speak the word in Asia.**
=because they had been forbidden by~
=because The Holy Spirit had <u>forbidden</u> them~
　　　　　　　　　(s+forbid+o+to do~)

그러나 LBV에서는 분사구문으로 간결화하지 않고 원래의 부사절을 그대로 쓰고 있고, 또한 부사절 속의 문장도 수동태가 아니라 능동태로 쓰고 있다. (위의 다른 글에서처럼 수동태로 바꾼 다음에 분사구문으로 전환시켜 본다.)

Next they traveled throughout~, **because the Holy Spirit had <u>told</u> them not to go into the Turkish province of Ausia at that time.** (s+tell+o+not to do~)
=Next they traveled throughout ~, **because they had been told by the Holy Spirit not to go into the Turkish province of Ausia at that time.**
=Next they traveled throughout ~, **having been told by the Holy Spirit not to go into the Turkish province of Ausia at that time.**

(비교연구3)

They traveled through the region of Phrygia and Galatia because the Holy Spirit did not let them preach the message in the province of Asia. *(GNB)*

(21). ① The Lord said, "I have indeed seen the misery of my people in Egypt. I have heard them crying out because of their slave drivers, and I am concerned about their suffering." *(NIV, Exodus, 3:7)*

(해석) 여호와께서 가라사대 내가 애굽에 있는 내 백성의 고통을 정녕히 보고 그들이 그 간역자로 인하여 부르짖음을 듣고 그 우고를 알고

(비교연구1)
② Then the Lord said, "I have seen the affliction of my people who are in Egypt, **and** have heard their cry because of their task masters; I know their sufferings." *(RSV)*

(비교연구2)
③ Then the Lord told him, "I have seen the deep sorrows of my people in Egypt, **and** have heard their pleas for freedom from their harsh task masters." *(LBV)*

두 문장(RSV, LBV)은 똑 같은 문장구조를 사용하여 표현하고 있다. 대등접속사 and는 모두 하나의 주어에 걸리는 것으로 단어(동사)와 단어(동사)를 연결하는 하나의 구(phrase)를 이끌고 있고 그리고 전체적인 문장의 구조는 직접화법을 사용하고 있으며 피전달문의 문장구조에서 RSV는 형용사절이 있는 복문이고 LBV는 단문이다. (간접화법으로 바꾸면 RSV는 3형식이 되고 LBV는 4형식이 된다.)

② **s+vt(o),"s+have+pp+o***(~prep.+o)***, and+vt+o***(~prep.+o)*.**"**
③ **s+vt(o),"s+have+pp+o***(who+be~)***, and+vt+o***(~prep.+o)*.**"**

특히, RSV와 LBV에서 hear의 목적어로 「one's+명사/one's+명사 (for+명사)」이라는 다른 형태를 취하고 있지만 같은 의미이다. 이 때 plea라는 명사가 "~에 대한(을 향한) 부르짖음, 탄원, 청원"이라고 쓰고자 할 때 뒤 따라오는 전치사이다.(『+전+명』 탄원하다, 간청하다(for), *make a plea for~ "~을 탄원[주장]하다")

I have heard **their cry** because of their task masters. *(RSV)* (~that they were crying −내 백성이 부르짖는 것)

I have heard **their pleas for freedom** from their harsh task masters. *(LBV)* (~that they were pleading for freedom −내 백성의 자유를 향한 부르짖음)

그러나 NIV에 사용된 문장구조는 RSV와 LBV에서처럼 전체적으로 직접화법이라는 틀에서는 같지만 피전달문 속의 문장은 다르다. 둘 중에서 앞의 것은 다를 것이 없지만 뒤의 문장은 목적보어로 현재분사를 사용한 5형식이다. 목적보어로 현재분사를 취할 수 있는 불완전타동사는 일정하게 제한되어있다는 점을 주의하기 바란다.

③ **s+vt,"s+have+pp+o**(*~prep.+o*).
 s+have+pp+o+doing(*~prep.+o*)."

위의 직접화법(Direct Narration; 상대방이 말한 것을 그대로 전하는 방법; 남의 말을 그대로 인용하는 방법)을 간접화법(Indirect Narration; 화자의 입장에서 내용만을 전하는 방법; 남이 말한 내용을 전달하는 사람의 발화로 고쳐서 전하는 방법)으로 바꿀 때 전달문(주절)과 피전달문(종속절) 간의 일치시켜야할 부분에 주의하면서 바꾸어야 한다.

◈ s+vt, "s'+v'+∼."
　　전달문　　피전달문
　=s+vt+**접속사**+s'+v'+∼. (3형식구조)

◈ s+vt+io(또는 to+io), "s'+v'+∼."
　　　전달문　　　　　　피전달문
　=s+vt+io+**접속사**+s'+v'+∼. (4형식 구조)

(주의) 피전달문을 만들 때 주의해야할 점들

- 접속사의 변화: 피전달문의 종류에 따라서
- 전달동사의 변화: 피전달문의 종류에 따라서
- 피전달문 속에 동사의 시제: 전달동사의 시제와 일치
- 피전달문 속에 주어: 전달문의 주어와 일치
- 지시어(부사-시간, 장소)의 변화

(ex) She said, "I saw this man long ago."
　　→She said **that** she had seen that man before.
　　①The Lord said, "I have indeed seen the misery of my people∼". (*NIV*) (*RSV*)
　　→The Lord said that he had indeed seen the misery people∼.
　　②The Lord told him, "I have seen∼." (*LBV*)
　　→The Lord told him that he had seen∼.

(비교연구3)

Then the Lord said,"I have seen how cruelly my people are being treated in Egypt; I have heard them cry out to be rescued from their slave drivers. I know all about their sufferings. (*GNB*)

(22). ① I will rescue you from your own people and from the Gentiles. I am sending you to open their eyes **and** turn them from darkness to light, **and** from the power of Satan to God, **so that** they may receive forgiveness of sins **and** a place among those **who** are sanctified by faith in me. *(NIV, Acts, 26:17~18)*

(해석) 이스라엘과 이방인들에게서 내가 너를 구원하여 저희에게 보내어 그 눈을 뜨게 하여 어두움에서 빛으로, 사단의 권세에서 하나님께로 돌아가게 하고 죄 사함과 나를 믿어 거룩케 된 무리 가운데서 기업을 얻게 하리라 하더이다.

(비교연구1)
② ···, delivering you from the people and from the Gentiles — to **whom** I send you to open their eyes, **that** they may turn from darkness to light **and** from the power of Satan to God, **that** they may receive forgiveness of sins **and** a place among those **who** are sanctified by faith in me. *(RSV)*

(비교연구2)
③ And I will protect you from both your own people and the Gentiles. Yes, I am going to send you to the Gentiles to open their eyes to their true condition **so that** they may repent **and** live in the light of God instead of in Satan's darkness, **so that** they may receive forgiveness for their sins **and** God's inheritance along with all people everywhere **whose** sins are cleansed away, **who** are set apart by faith in me. *(LBV)*

세 문장(NIV, RSV, LBV)은 전체적인 틀에서 똑 같은 문장구조를 사용하여 표현하고 있다. 부정사(부사적 용법-목적)를 포함하고 있는 하나의 주절에 종속절(목적부사절)을 하나(NIV) 또는 두 개(RSV, LBV)를 사용하고 있는 복문이다.

s + vt + o *(to do ~)*, *(so that + s' + v' ~)*,
주절 (부정사의 부사적 용법 포함)   종속절1(부사절)
(so that + s' + vt' + o + and + o ~.)
종속절2(부사절)

한글성경 요절에서 "그 눈을 뜨게 하여 어두움에서 빛으로, 사단의 권세에서 하나님께로 돌아가게 하고"라는 부분을 위의 본문에서 찾아보면 저마다 약간 다르게 표현하고 있다. 즉, 똑 같은 의미(목적: ~할 목적으로, ~하기 위해서)가 있는 수식 어구를 사용했는데 NIV에서는 부사구(부정사의 부사적 용법)로 두 개를 사용했고 RSV와 LBV에서는 하나는 부사구(부정사의 부사적 용법)이고 다른 하나는 부사절(목적)을 사용했다.

① ~**to open** their eyes **and turn** them from darkness to light, and from the power of Satan to God *(NIV)*
~to+vt+o+and+(to)vt+o*(from~to-, and from~to-)*
~그들(이방인)의 눈을 열어주고, 그들을 어둠에서 빛으로, 사단의 세력에서 하나님에게로 돌아오게 하기 위해서

② ~**to open** their eyes, **that they may turn** from darkness to light and from the power of Satan to God *(RSV)*
~to+vt+o, that+s'+vi'*(from~to-and from~to-)*
~그들(이방인)의 눈을 열어주고, 그들이 어둠에서 빛으로, 사단의 세력에서 하나님에게로 돌아오게 하기 위해서

③ ~**to open** their eyes to their true condition **so that they may repent and live** in the light of God instead of in Satan's darkness *(LBV)*
~to+vt+o, *(prep.+o)* so that+s'+vi' and vi'*(prep.+o)(prep.+o)*
~그들(이방인)의 눈을 진리를 향해 열어주고, 그들이 회개하고 사단의 어둠

의 세력이 아닌 하나님의 빛의 세계 속에서 살게 하기 위해서

같은 방법으로, 한글성경 요절에서 "죄 사함과 나를 믿어 거룩케 된 무리 가운데서 기업을 얻게 하리라"라는 부분을 위의 본문에서 찾아보면 또한 저마다 약간 다르게 표현되어 있다. NIV와 RSV에서는 타동사 receive의 목적어로 and로 연결된 두개의 명사를 취하고 있고 그리고 수식어구(부사구) 속의 명사를 뒤에서 관계대명사(형용사절) that로 제한 수식하고 있는 구문을 똑 같이 사용하고 있다. LBV에서도 똑 같은 문장구조를 사용하고 있지만 수식어구(부사구) 속의 명사를 뒤에서 두개의 관계대명사(형용사절) whose와 who가 선행사 people을 공통제한하고 있다.

① ~**so that** they may receive forgiveness of sins **and** a place among those **who** are sanctified by faith in me *(NIV)*
~*so that+s'+vt'+o+and+o(prep.+o)(who+be'+pp'~)*.
~그들(이방인)이 죄를 용서함을 받고 그리고 나를 믿어 거룩케 된 사람들 속에서 기업을 얻게 하기 위해서

② ~**that** they receive forgiveness of sins **and** a place among those **who** are sanctified by faith in me *(RSV)*
~*(so) that+s'+vt'+o+and+o(prep.+o)(who+be'+pp'~)*.
~그들(이방인)이 죄를 용서함을 받고 그리고 나를 믿어 거룩케 된 사람들 속에서 기업을 얻게 하기 위해서

③ ~**so that** they may receive forgiveness for their sins **and** God's inheritance along with all people everywhere **whose** sins are cleansed away, **who** are set apart by faith in me. *(LBV)*
~*so that+s'+vt'+o+and+o(prep.+명사)(whose+n'+be'+pp'~),(who+be'+pp'~)*.
~그들(이방인)이 죄를 용서함을 받고 그리고 죄에서 구별되고 깨끗함을 얻은 사람들과 함께하는 하나님의 기업을 얻게 하기 위해서

위의 목적부사절 속에 사용된 「명사(a)+of+명사(b)」를 해석할 때는 a와 b는 타동사와 목적어 관계("b를 a하다")를 가진다.

> ~forgiveness of sins
> =~forgiving (their) sins
>   vt   o
> ~forgiveness for their sins
> =~forgiving (them for) their sins
>   vt   o

(비교연구3)

I will rescue you from the people of Israel and from the Gentiles to whom I will send you. You are open their eyes and turn them from the darkness to the light and from the power of Satan to God, so that through their faith in me they will have their sins forgiven and receive their place among God's chosen people. (GNB)

(23). ① Seventy 'sevens' are decreed for your people **and** your holy city to finish transgression, to put an end to sin, to atone for wickedness, to bring in everlasting righteousness, to seal up vision **and** prophecy **and** to anoint the most holy.
(NIV, Daniel, 9:24)

(해석) 네 백성과 네 거룩한 성을 위하여 칠십 이레로 기한을 정하였나니 허물이 마치며 죄가 끝나며 죄악이 영속되며 영원한 의가 드러나며 이상과 예언이 응하며 또 지극히 거룩한 자가 기름부음을 받으리라

(비교연구1)
② Seventy weeks of years are decreed concerning your people

and your holy city, to finish the transgression, to put an end to sin, **and** to atone for iniquity, to bring in everlasting righteousness, to seal both vision **and** prophet, **and** to anoint a most holy place. *(RSV)*

(비교연구2)
③ The Lord has commanded 490 years of further punishment upon Jerusalem **and** your people. Then at last they will learn to stay away from sin, **and** their guilt will be cleansed; then the kingdom of everlasting righteousness will begin, **and** the Most Holy Place (in the Temple) will be rededicated, **as** the prophets have declared. *(LBV)*

두 문장(NIV, RSV)은 전체적인 틀에서 똑 같은 문장구조를 사용하여 표현하고 있지만 LBV는 전혀 다른 문장구조를 사용하고 있다. 즉, NIV와 RSV에서는 대등접속사가 많이 사용되었지만 절과 절을 연결시키는 용도가 아닌 구와 구를 연결시키는 또 다른 구를 만드는 용도로 사용되었고 그리고 부정사가 여섯 개가 사용되었는데 모두 부사적 용법(목적: "~할 목적으로, ~하기 위해서)으로 사용되었다. 그러므로 NIV와 RSV는 모두 단문이다.

s+be+pp(*~prep.+o+and+o), (to do~, to do~, to do~, to do~, to do~+and +to do~*).
(RSV에서는 부정사를 NIV와는 다르게 묶고 있다 "to do~, to do~, and to do~, to do~, to do~, and to do~")

그러나 LBV에서 첫 번째 문장 속에 있는 and는 단어와 단어를 연결시키는 용도로만 사용되었기 때문에 단문이며, 그리고 두 번째와 세 번째 and는 절과 절을 연결시켜 중문을 이루고 있지만 마지막에 사용된 종속접속사 as가 부사절을 이끌고 있기 때문에 전체적으로 혼합문이다. 한글성경 요절에서 "네 백성과 네 거룩한 성을 위하여 칠십 이레로 기한을 정하였나니"라는 부분을 위의 본문에서 찾아보면 저마다 약간 다르게 표현하고 있다. NIV와 RSV에서는 동사가 수동태를 취하고 뒤에 부사구가 수반된 똑 같은 문장구조를 사용하고 있으나, LBV에서는 능동태 문장구조를 사용하고 있다.

① Seventy 'sevens' <u>are decreed</u> for your people **and** your holy city. *(NIV)*
→s+<u>be+pp</u>(~prep.+o+and+o.) → 1형식
하나님께서 네 백성과 너의 거룩한 성을 위해서 490년 기간을 정하셨다.

② Seventy weeks of years <u>are decreed</u> concerning your people **and** your holy city. *(RSV)*
→s+<u>be+pp</u>(~prep.+o+and+o.) → 1형식
하나님께서 네 백성과 너의 거룩한 성에 대해서 490년 기간을 정하셨다.

③ The Lord has commanded 490 years of further punishment upon Jerusalem **and** your people. *(LBV)*
→s+<u>have+pp</u>+o(n+of+n) (~prep.+o+and+o.) → 3형식
하나님께서 예루살렘과 네 백성에게 490년 기간의 처벌을 명하셨다.

같은 방법으로, 한글성경 요절에서 "허물이 마치며 죄가 끝나며 죄악이 영속되며 영원한 의가 드러나며 이상과 예언이 응하며 또 지극히 거룩한 자가 기름부음을 받으리라"라는 부분을 위의 본문에서 찾아보면, NIV와 RSV에서는 모두 준동사인 부정사(부사적 용법: "~하도록, ~하게 하기 위해서)를 사용하고 있고 아래의 단어들에서는 구별하여 쓰고 있지만 의미에서 별 차이가 없다.

      악인을 위하여 for wickedness → for iniquity
      환상과 예언을 성취하다 seal up vision and prophecy
      → seal both vision and prophet

가장 거룩한 성전 the most holy → a most holy place

① ~**to finish** transgression, **to put** an end to sin, **to atone** for wickedness, **to bring** in everlasting righteousness, **to seal** up vision and prophecy and **to anoint** the most holy *(NIV)*

② ~**to finish** the transgression, **to put** an end to sin, and **to atone** for iniquity, **to bring** in everlasting righteousness, **to seal** both vision and prophet, and **to anoint** a most holy place *(RSV)*
~허물을 없애기 위해서, 죄 짓기를 그만두게 하기 위해서, 악인에게 속죄케 하기 위해서, 영원한 의를 드러나게 하려고, 환상과 예언을 이루기 위해서, 거룩한 성전이 기름부음을 받게 하기 위해서 (하나님께서 네 백성과 너의 거룩한 성에 대해서 490년 기간을 정하셨다)

위의 내용을 LBV에서는 종속절(부사절)은 하나이고 주절(대등절)은 네 개로 된 문장구조로 표현하고 있다.

③ ~Then at last they will learn to stay away from sin, **and** their guilt will be cleansed; then the kingdom of everlasting righteousness will begin, **and** the Most Holy Place (in the Temple) will be rededicated, **as the prophets have declared** *(LBV)*

~그 다음에 마침내 백성들은 죄에서부터 멀어져야한다는 것을 알 수 있게 되고, 그들의 죄가 정결케 될 것이고, 영원한 의의 왕국이 시작될 것이고, 예언자들이 언급했던 것처럼 가장 거룩한 성전이 다시 기름 부음을 받을 것이다.(하나님께서 예루살렘과 네 백성에게 490년 기간의 처벌을 명하셨다.)

(비교연구3)
"Seven times seventy years is the length of time God has set for freeing your people and your holy city from sin and evil.

Sin will be forgiven and eternal justice established, so that the vision and the prophecy will come true, and the holy Temple will be rededicated. *(GNB)*

(24). ① I know **what** it is to be in need, **and** I know **what** it is to have plenty. I have learned the secret of being content in any and every situation, **whether** well fed **or** hungry, **whether** living in plenty **or** in want. *(NIV, Philippians, 4:12)*

(해석) 내가 비천에 처할 줄도 알고 풍부에 처할 줄도 알아 모든 일에 배부르며 배고픔과 풍부와 궁핍에도 일체의 비결을 배웠노라

(비교연구1)
② I know **how** to be abased, **and** I know **how** to abound; in any and all circumstances I have learned the secret of facing plenty **and** hunger, abundance **and** want. *(RSV)*

(비교연구2)
③ I know **how** to live on almost nothing **or** with everything. I have learned the secret of contentment in every situation, **whether** it be a full stomach **or** hunger, plenty **or** want. *(LBV)*

세 개의 글에서 같은 문장구조도 있고 다른 문장구조도 찾아 볼 수 있는데, 똑 같은 문장구조를 사용하고 있는 것은 첫 번째 문장이다. 3형식 문형으로서 타동사 know뒤에 목적어로 명사절(what+s+v~)을 사용하나 또는 명사구(how to do~)를 사용하고 있다.

① s+vt+<u>what+s'+be'+~</u>, and+<u>what+s'+be'+~</u>.
② s+vt+<u>how to do~</u>, and+s+vt+<u>how to do~</u>.
③ s+vt+<u>how to do~</u> *(prep.+o+or+prep.+o.)*

이 문장구조들은 다른 구조가 아니라 같은 구조에서 나온 것이다. 즉, 의문사(의문대명사, 의문부사)들은 직접의문문의 어순(의문사+동사+주어+~?)으로 의문문을 이끌기도 하고 또한 간접의문문의 어순(의문사+주어+동사+….)으로 명사절(또는 부사절)을 이끌 수 있다.

    I don't know **what I should do**.
    =don't know **what to do**.
    I know **how I should go there**.
    =I know **how to go there**.

두 번째 문장에서도 같은 문장구조를 찾아 볼 수 있는데, 타동사 learn 뒤에 목적어로 형용사구(~of+명사)에 의해 수식받는 명사를 사용하고 있다. NIV와 RSV에서는 형용사구로 전치사 뒤에 동명사를 받았고 LBV에서는 일반명사로 받고 있다. 그리고 형용사구 속의 내용이 뒤에서 계속 이어지고 있는데 NIV와 LBV에서는 양보적 의미를 말하기 위해서 양보부사절을 이끄는 whether를 사용하고 있는데, RSV에서는 같은 의미이지만 단어 face를 사용하여 다른 측면에서 해석을 시도하고 있다.

① **s+vt+o**(of+being+pp) (~prep.+o)(whether~or~, whether~or~.)
② (~prep.+o) **s+vt+o** of+facing+o+and+o, o+and+o.)
③ **s+vt+o**(of+o+~prep.+o)(whether+s'+be'+sc+or+sc, sc+o+sc.)

문장의 종류로 보았을 때, NIV에서 앞의 문장은 대등접속사 and를 중심으로 앞뒤에 what 명사절이 사용된 혼합문이고 뒤의 문장은 양보부사절 whether가 함께 사용된 복문이다. 그리고 RSV에서는 세미콜론을 중심으로 앞뒤 모두가 단문이고, BLV에서 앞의 문장은 양보부사절 whether가 함께 사용된 복문이다.

한글성경 요절에서 "내가 비천에 처할 줄도 알고 풍부에 처할 줄도 알아"라는 부분을 위의 본문에서 찾아보면 타동사의 목적어로 명사절이냐 명사구이냐의 차이점 밖에 없다. 특히, NIV에서 it와 to 부정사는 가주어와 진주어의 관계이다.

① I know what it is to be in need, and I know what it is to have plenty. *(NIV)*
나는 궁핍함이 어떤 것이지 알고 있고 그리고 부유함이 어떤 것인지도 알고 있다.

② I know how to be abased, and I know how to abound;
(RSV) 나는 어떻게 비천하게 되는지 알고 있고 그리고 어떻게 유복해지는지도 알고 있다.

③ I know how to live on almost nothing or with everything.
(LBV) 나는 거의 아무것도 없는 상황에서 어떻게 살아야하는지 알고 있고 그리고 모든 것을 갖고 있는 상황에서 어떻게 살아야 하는지도 알고 있다.

같은 방법으로, 한글성경 요절에서 "모든 일에 배부르며 배고픔과 풍부와 궁핍에도 일체의 비결을 배웠노라"라는 부분을 위의 본문에서 찾아보면, 똑 같은 의미를 가지고 NIV와 LBV에서는 모두 양보부사절을 사용하였는데 RSV에서는 타동사 face를 사용해서 표현한 것을 살펴봄직하다.

① I have learned the secret of being content in any and every situation, **whether well fed or hungry, whether living in plenty or in want**. *(NIV)*
나는 배불리 먹을 때나 굶주릴 때나 부유하거나 궁핍할 때 어떤 상황에서든지 만족하는 비결을 배웠다.

② in any and all circumstances I have learned the secret of **facing plenty and hunger, abundance and want**. *(RSV)*
나는 어떤 상황에서든지 부유함과 굶주림 그리고 유복함과 궁핍함에 대처하는 비결을 배웠다.

③ I have learned the secret of contentment in every situation, **whether it be a full stomach or hunger, plenty or want**. *(LBV)*
나는 배불리 먹을 때나 굶주릴 때나 부유하거나 궁핍할 때 어떤 상황에서든지 만족하는 비결을 배웠다.

(비교연구3)
<u>I know what it is to be in need and what it is to have more than enough. I have learned this secret, so that anywhere, at any time, I am content, whether I am full or hungry, whether I have too much or too little.</u> *(GNB)*

(25). ① Therefore, since we have been justified through faith, we have peace with God through our Lord Jesus Christ, through whom we have gained access by faith into this grace in which we now stand. And we rejoice in the hope of the glory of God. **Not only** so, **but** we **also** <u>rejoice in our sufferings, **because** we know that suffering produces perseverance; perseverance, character; **and** character, hope</u>. *(NIV, Romans, 5:1~4)*

(해석) 다만 이뿐 아니라 우리가 환난 중에도 즐거워하나니 이는 환난은 인내를, 인내는 연단을, 연단은 소망을 이루는 줄 앎이로다.

(비교연구1)
② Therefore, since we are justified by faith, we have peace with God through our Lord Jesus Christ. Through him we have

obtained access to this grace in which we stand, and we rejoice in our hope of sharing the glory of God. **More than** that, we rejoice in our sufferings, knowing **that** suffering produces endurance, **and** endurance produces character, **and** character produces hope. *(RSV)*

(비교연구2)
③ So now, since we have been made right in God's sight by faith in his promises, we can have real peace with him because of what Jesus Christ our Lord has done for us. For because of our faith, he has brought us into this peace of highest privilege where we now stand, and we confidently and joyfully look forward to actually becoming all that God has had in mind for us to be. we can rejoice, too, **when** we run into problems **and** trials **for** we know **that** they are good for us—they help us learn to be patient. **And** patience develops strength of character in us **and** helps us trust God more **each time** we use it **until** finally our hope **and** faith are strong **and** steady. *(LBV)*

세 개의 글에서 NIV와 RSV는 똑 같은 문장구조를 사용하였다고 말할 수 있다. NIV에서 사용된 원인부사절이 RSV에서는 분사구문으로 전환되어 있고, 그리고 RSV의 원인부사절 속에 사용된 또 다른 명사절 속에 3형식의 대등절이 세 개가 있는데 RSV에서는 완전한 3형식 문장인데 NIV에서는 첫 번째 대등절만 완전한 문장이고 나머지 두 문장에서는 앞에 있는 타동사와 같기 때문에 생략을 하였다. 다시 말해서, 한 문장에서 부사절을 썼다면 다른 문장에서는 분사를 사용해 부사구로 간결화 시켰고 그리고 한 문장에서는 동사가 반복되더라도 완전한 문장을 썼다면 다른 문장에서는 반복을 피하기 위해서 동사를 생략하여 간결화 시켰다. (그러나 LBV에서는 전혀 다른 문장구조는 사용하고 있는데 앞 문장은 대등접속사 for가 앞뒤로 복문을 연결시키고 있는 혼합문이고 뒤의 문장은 두개의 부사절을 포함하고 있는 복문이다.)

(*because+s+*)**vt**+that+s'+vt'+o; s, o; and+s, o. *(NIV)*
Because we know that suffering produces perseverance~, we rejoice in our sufferings.

→ⓥ**ing**+that+s'+vt'+o, and s+vt+o, and+s+vt+o. *(RSV)*
→Knowing that suffering produces perseverance~, we rejoice in our sufferings. (분사구문)

s'+vt'+o, and **s+vt+o, and+s+vt+o**. *(RSV)*
Suffering produces endurance, and endurance produces character, and character produces hope.

→s'+vt'+**o; s, o; and+s, o**. *(NIV)*
→Suffering produces perseverance; perseverance, character; and character, hope. (특수구문: 생략)

한글성경 요절에서 "다만 이뿐 아니라 우리가 환난 중에도 즐거워하나니"라는 부분을 위의 본문에서 찾아보면, '다만 이뿐 아니라'에 대한 표현으로 'not only~but also, more than~, too'를 사용하고 있다.

① <u>Not only</u> so, but we <u>also</u> rejoice in our sufferings *(NIV)*
뿐만 아니라 우리는 고난 중에도 즐거워한다.

② <u>More than</u> that, we rejoice in our sufferings *(RSV)*
더욱이 우리는 고난 중에도 즐거워한다.

③ we can rejoice, <u>too</u>, when we run into problems and trials

for we know that they are good for us *(LBV)*
또한 우리는 고난에 빠질 때도 즐거워한다. 왜냐하면 그러한 고난이 우리에게 유익할 것을 알기 때문이다.

같은 방법으로, 한글성경 요절에서 "이는 환난은 인내를, 인내는 연단을, 연단은 소망을 이루는 줄 앎이로다."라는 부분을 위의 본문에서 찾아보면, NIV와 RSV에서는 부사절에 대한 분사 구문 전환과 생략이 사용되었고 LBV에서는 help라는 불완전타동사(준 사역동사)가 목적보어로 to부정사 또는 원형부정사를 취하고 있음을 볼 수 있다.

① **because we know that** suffering *produces* perseverance; perseverance, character; and character, hope *(NIV)*
왜냐하면 우리는 고난이 인내를 낳고, 인내가 인격을 낳고, 인격이 소망을 낳을 줄 알기 때문이다.

② **knowing that** suffering *produces* endurance, and endurance *produces* character, and character produces hope *(RSV)*
왜냐하면 우리는 고난이 인내를 낳고, 인내가 인격을 낳고, 인격이 소망을 낳을 줄 알기 때문이다.

③ **(for~) they** *help us learn to be* patient. And patience *develops* strength of character in us and *helps us trust* God *more each time we use it* until finally our hope and faith *are strong and steady (LBV)*
왜냐하면 그러한 고난이 우리에게 유익할 것을 알기 때문이다.) 다시 말해서 고난은 우리가 인내심이 강하도록 도와준다. 그리고 또한 인내심은 인격을 더욱 강하게 쌓게 하고 우리가 인내할 때마다 하나님을 더욱 믿도록 도와준다. 마침내 우리의 소망과 믿음은 강하고 견고하게 된다.

(비교연구3)

Now that we have been put right with God through faith, we have peace with God through our Lord Jesus Christ. He has brought us by faith into this experience of God's grace, in which we now live. And so we boast of the hope we have of sharing God's glory! <u>We also boast of our troubles, because we know that trouble produces endurance, endurance brings God's approval, and his approval creates hope.</u> *(GNB)*

(26). ① <u>**When** Elizabeth heard Mary's greeting, the baby leaped in her womb, **and** Elizabeth was filled with the Holy Spirit.</u> *(NIV, Luke, 1:41)*

(해석) 엘리사벳이 마리아의 문안을 들으매 아이가 복중에서 뛰노는지라 엘리사벳이 성령의 충만함을 입어

(비교연구1)
② <u>At the sound of Mary's greeting, Elizabeth's child leaped within her **and** she was filled with the Holy Spirit.</u> *(RSV)*

(비교연구2)
③ <u>And **when** Elizabeth heard the greeting of Mary, the babe leaped in her womb; **and** Elizabeth was filled with the Holy Spirit.</u> *(LBV)*

세 개의 글 모두가 똑 같은 문장구조를 사용하였다. 즉, NIV와 RSV는 전체적으로 대등접속사 and를 사용한 중문의 형태에 송속접속사 when이 이끄는 시간 부사절이 포함된 혼합문이다. 그러나 LBV에서는 when으로 이끈 시간 부사절을 "at the sound of~"라는 전치사로 이끄는 부사구로 전환시켜서 중문이다. 특히, 앞서 설명한 바 있는 명사의 소유격도 주의해서 살펴볼 필요가 있어 보인다. 여기에서 사용된 두개의 명사의 관계는 주어와 동사의 관계를 가진다.

when Elizabeth heard Mary's greeting *(NIV)*
(=when Elizabeth heard Mary greet)
(s+불완전vt(지각동사)+o+동사원형)
(=when Elizabeth heard that Mary greeted)
(s+완전vt+that+s'+v')
엘리사벳은 마리아가 인사하는 소리를 듣고서~

***when** Elizabeth heard the greeting of Mary *(LBV)*
         (=Mary's greeting)
***At the sound of** Mary's greeting *(RSV = NIV)*

한글성경 요절에서 "아이가 복중에서 뛰노는지라 엘리사벳이 성령의 충만함을 입어"라는 부분을 위의 본문에서 찾아보면, 모든 문장에서 "성령으로 충만했다"라는 표현을 똑 같이 "be filled with"를 사용했으나, "태중에서"라는 표현에서 NIV와 LBV에서는 "the baby~in her womb"라고 했는데 RSV에서는 "child~within her"라고 했다.

① the baby leaped in her womb, **and** Elizabeth was filled with the Holy Spirit *(NIV)*
아기가 태중에서 뛰었고, 그리고 엘리사벳은 성령으로 충만했다.

② Elizabeth's child leaped within her **and** she was filled with the Holy Spirit *(RSV)*
엘리사벳의 아기가 태중에서 뛰었고, 그녀는 성령으로 충만했다.

③ the babe leaped in her womb; **and** Elizabeth was filled with the Holy Spirit *(LBV)*
아기는 태중에서 뛰었고, 그리고 엘리사벳은 성령으로 충만했다.

(비교연구3)

When Elizabeth heard Mary's greeting, the baby moved within her. Elizabeth was filled with the Holy Spirit. *(GNB)*

(27). ① There are six things the Lord hates, seven **that** are detestable to him: haughty eyes, a lying tongue, hands **that** shed innocent blood, a heart **that** devises wicked schemes, feet **that** are quick to rush into evil, a false witness **who** pours out lies **and** a man **who** stirs up dissension among brothers. *(NIV, Proverbs, 6:16~19)*

(해석) 여호와의 미워하는 것 곧 그 마음에 싫어하시는 것이 육칠 가지니, 곧 교만한 눈과 거짓된 혀와 무죄한 자의 피를 흘리는 손과 악한 계교를 꾀하는 마음과 빨리 악으로 달려가는 발과 거짓을 말하는 망령된 증인과 및 형제 사이를 이간하는 자니라.

(비교연구1)

② There are six things **which** the Lord hates, seven **which** are an abomination to him: haughty eyes, a lying tongue, **and** hands **that** shed innocent blood, a heart **that** devises wicked plans, feet **that** make haste to run to evil, a false witness **who** breathes out lies, **and** a man **who** sows discord among brothers. *(RSV)*

(비교연구2)

③ For there are six things, the Lord hates—no, seven:
Haughtiness
　Lying
　Murdering
　Plotting evil
　Eagerness to do wrong

A false witness
Sowing discord among brothers. *(LBV)*

세 개의 글 모두가 똑 같이 복문으로 된 문장구조를 사용하였다. 즉, 콜론을 앞뒤로 살펴보면, 앞에는 1형식의 변형인 「there+be+명사+that+s'+vt'」를 사용하였고, 뒤로는 여러 개의 명사들을 콤마 또는 대등접속사 and를 사용해서 나열하고 있고 그리고 경우에 따라서는 명사 뒤에 관계형용사 절이 뒤따르는 경우 「~명사+that+v'+~」도 있다. 그러나 LBV에서는 각각의 명사들을 위에서 보듯이 순서대로 나열하고 있다.

한글성경 요절에서 "여호와의 미워하는 것 곧 그 마음에 싫어하시는 것이 육칠 가지니"라는 부분을 위의 본문에서 찾아보면, 모두가 형용사절을 포함한 1형식의 변형인 「there+be+명사+that-절」을 사용하고 있다.

① **There are six things** (that) <u>the Lord hates</u>, (there are) **seven** (things) <u>that are detestable to him</u> *(NIV)*

There are six things <u>which the Lord hates</u>, (there are) **seven** (things) <u>which are an abomination to him</u> *(RSV)*
→**There+be+명사** *(that/which+s'+vt')*, *(there+be)* **명사** *that/which+be'+~.)*
여호와께서 미워하심에 더하여 몹시 싫어하시기까지 하시는 것이 여섯 또는 일곱 가지가 있다.

② There are six things, the Lord hates―no, seven *(LBV)*
여호와께서 미워하시는 것이 여섯 가지, 아니 일곱 가지가 있다.

같은 방법으로, 한글성경 요절에서 "교만한 눈과 거짓된 혀와 무죄한 자의 피를 흘리는 손과 악한 계교를 꾀하는 마음과 빨리 악으로 달려가는 발과 거짓을 말하는 망령된 증인과 및 형제 사이를 이간하는 자"라는 부분을 위의 본문에서 찾아보면, 모든 문장에서 여러 개의 명사들을 콤마 또는 대등접속사 and를 사용해서 나열하고 있고 그리고 명사를 단독 제한으로 앞에서 하거나 다른 어구를 동반한 절인 관계형용사절(밑줄 친 부분)로 제한하고 있다.

◈ ~형용사+명사

    (단어형태인 일반형용사와 분사가 앞에서 제한)

    ~<u>haughty</u> **eyes**, a <u>lying</u> **tongue**
    교만한 눈, 거짓을 말하는 혀
    ~a <u>false</u> **witness**
    (거짓을 토해내는) 부정한 증인

◈ =명사+<u>that(who)</u>+동사+~

    (주격관계대명사로 이끌어진 형용사절로 뒤에서 제한)

① :~**hands** <u>that shed innocent blood</u>, a **heart** <u>that devises wicked schemes</u>, **feet** <u>that are quick to rush into evil</u>, a false **witness** <u>who pours out lies</u> and a **man** <u>who stirs up dissension among brothers</u> *(NIV)*
죄 없는 사람의 피를 흘리게 하는 손, 악한 계교를 꾸미는 마음, 악으로 치닫는 발, 거짓을 토해내는 부정한 증인, 형제 사이를 이간하는 자

② :~**hands** <u>that shed innocent blood</u>, a **heart** <u>that devises wicked plans</u>, **feet** <u>that make haste to run to evil</u>, a false **witness** <u>who breathes out lies</u>, and a **man** <u>who sows discord among brothers</u> *(RSV)*
죄 없는 사람의 피를 흘리게 하는 손, 악한 계교를 꾸미는 마음, 악으로 치닫는 발, 거짓을 토해내는 부정한 증인, 형제 사이를 이간하는 자

③ : **Haughtiness**

Lying

Murdering

Plotting **evil**

Eagerness to do wrong

A false **witness**

Sowing **discord** among brothers *(LBV)*

교만, 거짓, 살인, 음모를 꾸미는 죄악, 악행에 대한 열망,
부정한 증인, 형제 사이에 이간질

(비교연구3)

There are seven things that the Lord hates and cannot tolerate: A proud look, a lying tongue, hands that kill innocent people, a mind that thinks up wicked plans, feet that hurry off to do evil, a witness who tells one lie after another, and a man who stirs up trouble among friends. *(GNB)*

(28). ① I will show you **what** he is like **who** comes to me **and** hears my words **and** puts them into practice. He is like a man building a house, **who** dug down deep **and** laid the foundation on rock. When a flood came, the torrent struck that house but could not shake it, because it was well built. *(NIV, Nuke, 6:47~48)*

(해석) 내게 나아와 내 말을 듣고 행하는 자마다 누구와 같은 것을 너희에게 보이리라. 집을 짓되 깊이 파고 주초를 반석 위에 놓은 사람과 같으니

(비교연구1)

② Every one **who** comes to me **and** hears my words **and** does them, I will show you **what** he is like: he is like a man building a house, **who** dug up deep, **and** laid the foundation upon rock; when a flood arose, the stream broke against that house, and could not shake it, because it had been well built. (RSV)

(비교연구2)
③ But all those **who** come **and** listen **and** obey me are like a man **who** builds a house on a strong foundation laid upon the underlying rock. When the flood waters rise and break against the house, it stands firm, for it is strongly built. (LBV)

NIV와 RSV에서 사용한 문장구조는 똑 같다. 단, who가 이끄는 형용사 절이 선행사인 he을 원칙대로 뒤에 놓은 것과 특수구문으로서 문두로 도치된 것의 차이가 있을 뿐이다. 특히 "What he is like"는 "(사람)의 인품"을 나타낼 때 사용하는 관용적인 구문이다.

I will show you **what** he is like **who** comes to me **and** hears my words **and** puts them into practice. (NIV)
→s+vt+o+what+s'(he)+be'+like (*who+vi'~+and+vt'+~+ and+vt'+~*). *관계대명사 who의 선행사는 he이다
내게 와서 내 말을 듣고 그리고 그것을 행하는 자가 누구의 인품과 같은지를 너희에게 밝히고자 한다.

Every one **who** comes to me **and** hears my words **and** does them, I will show you **what** he is like. (RSV)
→(*명사+who+vi'~+and+vt'+~+and+vt'+*),s+vt+o+what+ s'(he)+be'+like. *관계대명사 who로 제한받는 명사는 he와 동격
내게 와서 내 말을 듣고 그리고 그것을 행하는 자가 누구의 인품과 같은지를 너희에게 밝히고자 한다.

그리고 뒤 따르는 문장구조도 같다. 즉, 관계대명사 who가 이끄는 형용사절을 포함한 복문이다. 현재분사 building은 형용사의 제한석 용법으로 (관계대명사 who가 제한하는 명사와 같은) 명사 house를

뒤에서 한정수식하고 있다. like는 형용사로 쓰였지만 자체 속에 전치사의 성질도 가지고 있기 때문에 그 뒤에 명사를 받는다.

He is like a **man** *building* a house, *who* dug down deep and laid the foundation on rock. *(NIV)*
He is like a **man** *building* a house, *who* dug up deep, and laid the foundation upon rock. *(RSV)*
→**s+be+like+명사**(*doing~*), (*who+v'~+and+v'~*).
*해석: "~로서~하는 사람"
*현재분사와 관계사는 똑 같은 선행사인 명사를 제한 수식
그는 집을 짓는 자로서 땅을 깊이 파서 반석위에 기초를 놓는 사람과 같은 자이다.

(비교연구3)
Anyone who comes to me and listens to my words and obeys them — I will show you what he is like. He is like a man who, in building his house, dug deep and laid the foundation on rock. The river flooded over and hit that house but could not shake it, because it was well built. *(GNB)*

著者略歷

◆ 영문학(英文學) 박사
◆ (現) 칼빈대학교 교수
◆ (現) 칼빈대학교 언어교육원장
◆ (現) 한국기독교어문학회 정회원
◆ (現) 한국영어영문학회 정회원
◆ (現) 한국 T. S. 엘리엇학회 정회원
◆ (前) 국민대학교 출강
◆ (前) 루터대학교 출강
◆ (前) 편입학원 및 입시학원 강의

著 書

◆ 홀로서기 영어특강 (1993, 법문출판사)
◆ 영어 길들이기 (1997, 법문출판사)
◆ 33문형만 알면 정말로 쉽다 (2000, 범일미디어)
◆ 영문법과 독해방법론 (2004, 범일미디어)
◆ 문법, 조금만 알면 독해가 쉽다 (2006, 범일미디어)
◆ VOCA 놀면서 정복하기 (2006, 법문출판사)
◆ 짬짬이 하는 기초영문법 (2009, 법문북스)

짬짬이 하는 기초영문법 정가 12,000원

2009年 2月 20日 1版 印刷
2009年 2月 25日 1版 發行

저 자 : 여 인 천
발행인 : 김 현 호
발행처 : 법문 북스

152-050
서울 구로구 구로동 636-62
TEL : 2636-2911~3, FAX : 2636-3012
등록 : 1979년 8월 27일 제5-22호
Home page : www.bubmun.co.kr

• 파본은 교환해 드립니다.
• ISBN 978-89-7535-143-3 13740
• 본서의 무단 전재·복제행위는 저작권법에 의거, 3년 이하의 징역 또는 3,000만원 이하의 벌금에 처해집니다.